Truth In History 3

柳生一族
将軍家指南役の野望

相川 司／伊藤 昭 著

新紀元社

まえがき

「柳生一族」―その伝説を剥ぐ―

◉虚実入り混じった柳生伝説

　「柳生一族」との接点は、たとえば少年期に漫画を見たり、青年期にテレビやゲームで知ったり、大人になって時代小説や映画で接したり……と、それは人さまざまであろう。
　その内容も柳生但馬守宗矩ならば「将軍家剣術指南役」、または『兵法家伝書』の著者として、柳生十兵衛三厳ならば柳生新陰流の剣豪、もしくは幕府の隠密として……等々、こちらも各自各様であろう。
　この状況を一言でいえば、柳生一族は多くの「顔」を持ち、しかもその実態は虚実の境が見えにくい、ということだ。
　その柳生一族が活躍した期間は、下表のとおり群雄割拠の戦国時代から徳川幕藩体制の確立期に至る、おおよそ1550〜1700年の約150年である（大名・柳生家としては明治維新まで存続）。
　その間に柳生一族からは、世評に名高い数多くの剣豪を輩出した。いくら剣の天賦の才能に恵まれたからといって、これは尋常なことではない。奇蹟に近い事実、と表現した方が適切かもしれない。

〔**本書で扱う主な時代**〕

群雄割拠　1550　織豊政権　1600　江戸幕府初期　1650　幕藩体制確立　1700

| | 73 82 98 | 03 05 | 23 | 51 80 |

足利幕府／織田信長・豊臣秀吉／徳川家康・徳川秀忠・徳川家光／徳川家綱

29　柳生宗厳　06
　　　71　柳生宗矩　46
【江戸柳生】　　　07　柳生十兵衛　50
　　　　　　　　　15　柳生宗冬　75
【尾張柳生】　79　柳生利厳　50
　　　　　　　　25　柳生厳包　94

🔆 柳生一族のアウトライン

　ここで簡単に虚実を折りまぜて、現在一般に知られている柳生一族の概略を記しておきたい。もともと柳生氏は「柳生の庄」の領主、すなわち大和国（奈良県）の土豪であった。以下、主要人物のあらましである。
　まず戦国時代の当主が**柳生宗厳**—後の**石舟斎**—であり、下剋上の雄・松永久秀に属して槍で活躍する一方で、上泉伊勢守秀綱からは新陰流の伝授を受け、**柳生新陰流**を創始する。
　彼は武将としてはその野望を果たすことはできなかったが、剣術の達人としては後世に名を残した。特に有名なのが、晩年、徳川家康の前で披露した「無刀取り」。敵の太刀を素手で受け止めてしまう、という秘技である。
　続いて「江戸柳生」の**柳生但馬守宗矩**。
　この柳生宗厳の５男は、たまたま徳川家康に仕えてから運が開けた。振り出しは２百石という小禄の旗本で、将軍・徳川家光の剣術指南を勤め、最終的には大名—大和国・柳生藩（１万石）の祖—となった当時有数の人物だ。
　一介の剣術使いとしては、破格の立身出世を成し遂げた、といっていい。
　しかも親友・沢庵和尚は宗矩を「古今無双の達人」と評し、彼の書いた**『兵法家伝書』**は宮本武蔵の『五輪書』とともに、兵法書の最高峰といわれ、いまもなお読み継がれている。
　その一方で宗矩は、時代劇や小説などでは、権謀術数を弄するとか、裏で忍びを操るとか、そういう風に設定される場合が多い。なにかしら底知れない面がある、そういう印象が強い人物だ。
　そして柳生宗矩の長男が、一族きってのヒーローである**柳生十兵衛三厳**。時代劇、時代小説、ゲームソフトでも非常に人気が高く、なにかしら愛すべき剣豪である。
　その隻眼（片目）を鍔で覆った旅装束の浪人姿は、映画『魔界転生』、『柳生一族の陰謀』などを通じて、いまや完全に定番化している。
　とりわけ、将軍・徳川家光や父・柳生宗矩の密命を帯びて諸国を探索し、諜報活動を行ったという**十兵衛隠密説**は有名な話だ。これは「じつは柳生は忍びではないか？」という説とも、リンクする内容である。
　ところが、実際の十兵衛は「兵法研究家」の呼称がふさわしい人物で、

父・宗矩の死後はその全所領を相続できずに旗本に逆戻りし、しかも不審な死を遂げてしまう。これは大きな謎だ。

その十兵衛の弟が**柳生飛騨守宗冬**（ひだのかみむねふゆ）、そして**柳生列堂**（れつどう）。

宗冬は、柳生家を再び大名に戻すことに成功した、いわば功労者だ。

しかし創作の世界では、じつは宗冬が「表柳生（剣）」、列堂が「裏柳生（忍び）」の総帥にされてしまうケースがある。しかも一生を僧侶で終えた「列堂」ならぬ公儀刺客人・「烈堂」は、漫画『子連れ狼』では最大の敵役として登場するのである。

一方、他流試合を禁じた〈将軍家御留流（おとめ）〉としてステータスを誇った「江戸柳生」に対して、「柳生の正統は尾張にあり」としたのが柳生宗厳の孫・**柳生兵庫助利厳**（ひょうごのすけとしとし）——後の**如雲斎**（じょうんさい）——。「尾張柳生」の祖である利厳は「江戸柳生」の宗矩の甥にあたるが、年齢的には8歳ほど下に過ぎない。

その3男が尾張柳生「最強」と謳われた**柳生厳包**（としかね）、後の**連也斎**（れんやさい）である。

尾張藩剣術指南として将軍・家光が開催した「慶安御前試合」で宿敵・「江戸柳生」の柳生宗冬と雌雄を決した、という伝説もあり、時代小説ではお馴染みの剣豪だ。

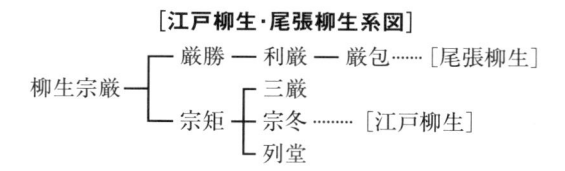

[江戸柳生・尾張柳生系図]

```
柳生宗厳 ┬ 厳勝 ─ 利厳 ─ 厳包 …… [尾張柳生]
         └ 宗矩 ┬ 三厳
                ├ 宗冬 …… [江戸柳生]
                └ 列堂
```

本書の特徴は「柳生一族の実像」と「時代背景」「柳生新陰流の秘密」への3つのアプローチ

以上のように柳生一族は、典型的なイメージ先行型である。

しかもその実態がヴェールで覆（おお）われていることが、大いに作家などの創作意欲を刺激し、現在でも奔放な想像力を駆使した「柳生一族」に関係する作品が、いろいろなジャンルで数多く発表されている。

アレンジ自由自在の格好のテーマ、それが柳生一族であり、どうしてもフィクションと史実とが混在状態で、「虚実」が取り混ぜて語られるケースが

多い。これぞまさに「柳生伝説」である。

　そこで本書では、一体どこまでが虚像・フィクションで、どこまでが史実なのかをできるかぎり客観的にチェックし、柳生一族の「実態」にアプローチすることに努めた。これが第1のポイント。

　続いて第2のポイントは、**時代のトレンドに対する柳生一族の自在の適応能力の実証**である。柳生一族が活躍した時期は、日本史上屈指の激動期だった。つまり彼らはその時代を生き抜き、サバイバルに成功したのである。

　ただ、それは強かったからとか、そういう単純な話ではない。彼らが剣術で身を立てた背景には、次のような「時代の流れ」がある。多少現在の常識からは離れているかもしれないが、そのひとつのイメージを記したい。

　戦国期の主力の武器は槍と飛び道具（弓矢、鉄砲）だった。刀（剣）はその補助的な武器であり、決してメインといえるような存在ではなかった。現実に槍を持った者と刀を持った者が戦えば、槍が勝つに決まっている。鉄砲もまた然り。

　しかし、1615（元和元）年に徳川家が「大坂夏の陣」で豊臣家を滅ぼし、名実ともに政権を確立してからは、徹底した平和路線が推進された。

　その結果、武士の武器携行までもが規制を受けたが、唯一許されたのが刀であり、江戸時代に剣術が隆盛を迎えた大きな背景がここにある。言い換えれば本来殺傷能力の高い武器が、江戸幕府によって意識的にブレーキが掛けられた、ということになる。

　このように本書では、いまからすれば＜意外＞と思われるような当時の事実、異説、薀蓄を織り交ぜながら、柳生一族の実態を探るとともに、『兵法家伝書』などを通じて一族が研鑽した「**柳生新陰流**」**の秘密**―陰の流れとは？―というテーマにも迫りたいと思う。これが第3のポイントである。

　本書を通じて、いまから400年前に活躍した＜柳生一族＞が読者の方に少しでも身近に感じていただければ、著者たちにとってこれに勝る喜びはない。

相川　司

伊藤　昭

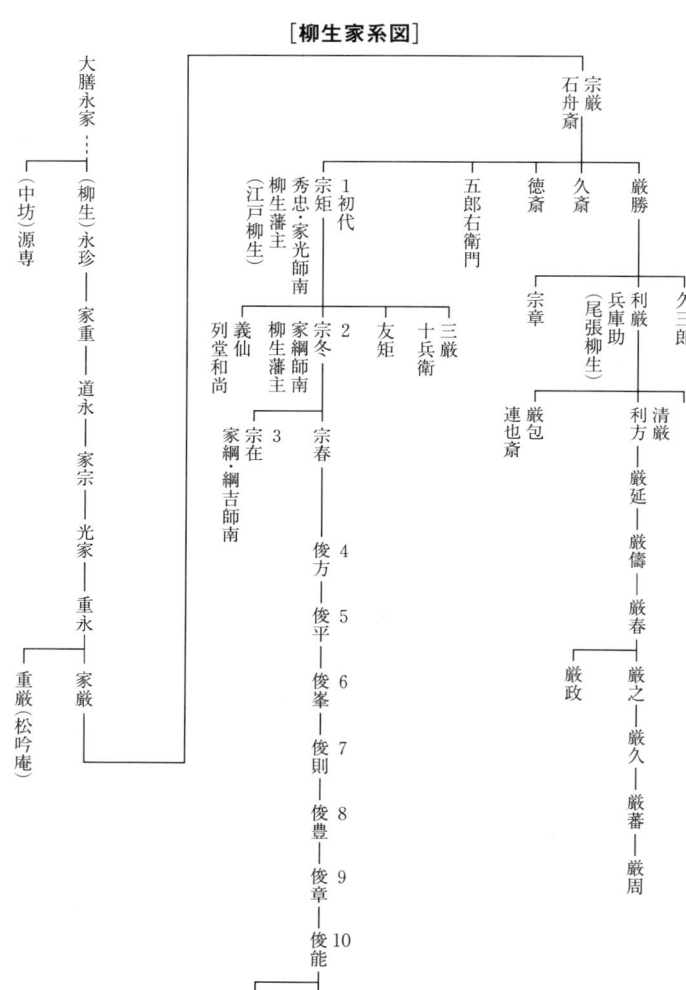

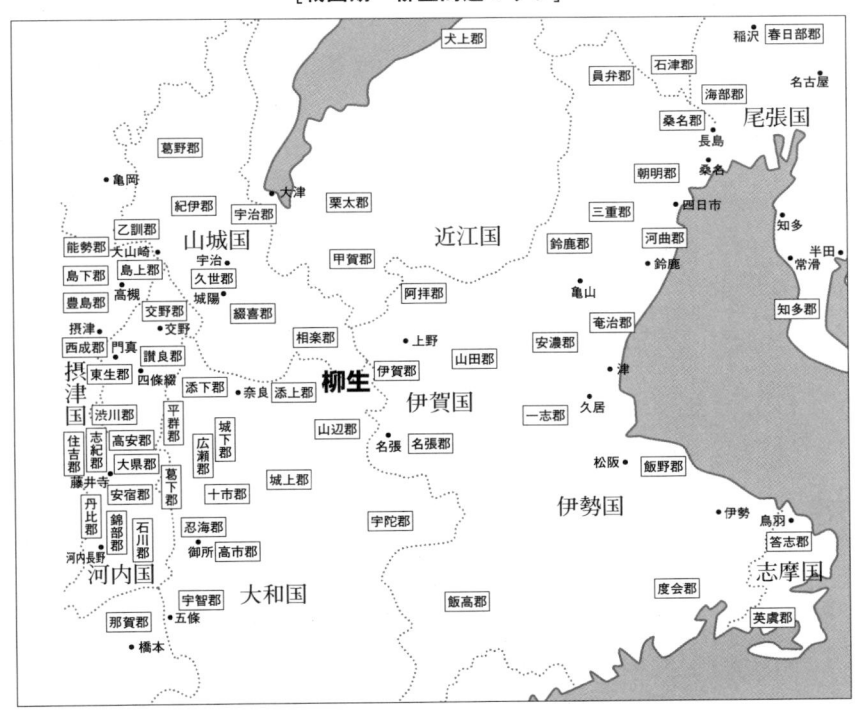

[戦国期　柳生周辺マップ]

柳生一族
将軍家指南役の野望

Truth In History

目次

まえがき──「柳生一族」−その伝説を剥ぐ−　2

I 柳生創世記──柳生一族の発祥

1 将軍家指南・柳生新陰流の成立　*014*
刀は戦闘時の補助的な武器／徳川・天下泰平路線の原動力は武器の規制／
刀の機能は首切りと防御・護身用／柳生新陰流のトレンド感覚

2 大和・柳生一族の伝説　*021*
大和国は唯一の宗教国／「柳生の庄」の荘官・柳生氏の出自／
南北朝〜室町時代の柳生伝説

3 室町〜戦国時代の柳生一族　*027*
柳生は弓術の家系／管領・細川一族の「仁義なき戦い」／
時代のニューウエーブ・下剋上！／柳生家厳の戦国サバイバル

II 柳生新陰流の創始者・柳生宗厳

1 柳生宗厳──その人生の軌跡　*038*
槍の達人・柳生新左衛門宗厳／梟雄・松永久秀との関わり／
上泉伊勢守、柳生但馬守の身分の違い／上泉秀綱を取り巻く関東の環境

2 新陰流の創始者・上泉秀綱　*044*
兵術「陰流」を伝授される／合戦のための理論・上泉軍法／
ルートは北畠具教→宝蔵院胤栄→柳生宗厳／上泉秀綱と柳生宗厳──偶然の出会い

3 柳生宗厳への新陰流伝授　*051*
「天下第一」と絶賛された上泉秀綱／「一国唯一人」新陰流の印可状／
「陰の流れ」とは？

4 柳生新陰流の秘密（I）　*056*
謀略こそが勝利への道／初級入門編『進履橋』／
「手にダメージを！」が技のポイント

8

- 5 柳生新陰流の秘密（Ⅱ）　　*061*
  柳生宗矩の「兵」の定義／伝授の対象となる武具は？／
  ロジカルな柳生宗矩の視点／刀を構えないのが技法・「活人剣」

- 6 柳生宗厳の真髄「活人剣」　　*066*
  宗厳流・活人剣の３つのポイント／「無刀取り」は究極の護身術／
  柳生宗厳独自の工夫「棒心」

- 7 柳生宗厳──失意の晩年　　*071*
  柳生宗厳のトリレンマ／仏門に入り「柳生石舟斎」を名乗る／徳川家康との出会い

- 8 柳生石舟斎の最期　　*077*
  「所領没収の憂き目」の経緯／柳生石舟斎、困窮の原因／柳生石舟斎の身辺／
  柳生新陰流の行く末

Ⅲ 江戸柳生の躍進──柳生宗矩の時代

- 1 徳川家旗本への道程　　*084*
  柳生宗矩の若き日々／出世の第一歩は徳川家への仕官／
  「関が原の合戦」のミッション／つかの間の平和の到来

- 2 将軍家剣術指南の処世術　　*090*
  剣声を高めた大坂夏の陣の「７人斬り」／坂崎出羽守事件──政治手腕の発揮／
  「出羽守の武勇にあやかれ」／徳川３代、宗矩厚遇の秘密

- 3 宗矩、大名へのステップアップ　　*096*
  ライバルは小野派一刀流／立身出世レース／沢庵和尚との出会い／
  宗矩の「噂」、沢庵の忠告

- 4 「紫衣事件」をめぐる諸相　　*101*
  「紫衣事件」の経緯／「紫衣事件」後の沢庵／沢庵、宗矩、家光のトライアングル

- 5 宗矩の栄達と「島原」の乱　　*109*
  「総目付」就任と大名への昇進／「島原の乱」での家光への諫言／柳生宗矩の洞察力

- 6 宗矩流・兵法の極意　　*114*
  バイブル『兵法家伝書』の成立まで／『兵法家伝書』のエッセンス

- 7 将軍・家光の厚情と宗矩の最期　　*120*
  生まれながらの将軍の心的外傷／家光流「無刀取り」の応用／
  宗矩の最後の願いと臨終

IV 江戸柳生最大のヒーロー・十兵衛見参

1 柳生十兵衛の青春彷徨　*130*
柳生十兵衛のヒーロー伝説／柳生十兵衛・隻眼の謎／
柳生十兵衛・リタイアの謎／柳生十兵衛の言い分

2 十兵衛と柳生一門ネットワーク　*135*
十兵衛隠密説の真相／十兵衛隠密説の検証／柳生一門・剣流ネットワークの構築

3 十兵衛による「新陰流印可の傾向と対策」　*141*
処女作の成立と父・宗矩の印可／十兵衛「兵法書」のアウトライン／
「柳生新陰流」理解のためのキーワード

4 十兵衛の素顔とその最期　*146*
再出仕から故郷柳生への回帰まで／兵法書に見る十兵衛の素顔／十兵衛変死の真相

V 後継者たちの明暗──友矩・宗冬・列堂兄弟の春秋

1 柳生友矩、家光に愛された男　*152*
将軍・家光との蜜月時代／突然の故郷への隠棲／友矩早世の死因究明

2 柳生宗冬・能楽による武芸開眼　*155*
「剣術嫌い」の少年時代／大名への復帰の道／能楽の成立と隆盛／
踊る柳生一族、あるいは宗矩の趣味と実益

3 江戸柳生「旗本⇔大名」の変転の真実　*161*
柳生宗矩の栄達に見る徳川幕府のシステム／
柳生家相続問題における宗矩の思惑／柳生家、大名復帰までの動き

4 柳生列堂の正体　*166*
奔放な菩提寺の住職

5 「その後」の江戸柳生と幕末のお家騒動　*169*
宗冬以後の柳生藩主／江戸柳生、かつての栄光／「紫縮緬」の悲劇

VI 尾張柳生の祖・柳生利厳

1 祖父・石舟斎宗厳からの相伝　*176*
武具携行の取り締まり規制／殺人が最も少なかった江戸時代／
加藤清正に仕官した柳生利厳／柳生石舟斎からの新陰流相伝

2 尾張柳生の誕生　*181*
柳生利厳、修行の旅／御三家筆頭・尾張徳川家／将軍・家光の母の秘密／
「尾張藩兵術指南」柳生利厳

3 尾張柳生をめぐる伝説　*187*
尾張柳生・江戸柳生、不和の原因／宮本武蔵伝説と柳生利厳／
尾張藩主・徳川義直の「野望」／柳生如雲斎・利厳の最期

4 尾張柳生、その一族　*193*
柳生利厳の息子たち／長男・清厳、「島原の乱」で戦死／江戸時代の武士の呼び方／
「柳生新左衛門」は嫡子の通称／通称に隠された秘密

Ⅶ 尾張柳生最強・柳生連也斎

1 若き日の連也斎厳包　*200*
「微妙な兵法指南役？」柳生利方／柳生厳包、口伝をメモに／新陰流の伝授形態／
死んでも奉公一筋、「殉死」

2 柳生連也斎の風変わりな後半生　*204*
上覧「慶安御前試合」の開催／尾張柳生VS江戸柳生、幻の立合い／
尾張柳生の完成者・厳包の剣／「生涯不淫」奇人・連也斎／その後の尾張柳生

Ⅷ 柳生一族略伝

柳生宗厳　*212*／柳生厳勝　*214*／柳生宗章　*216*／柳生宗矩　*218*／
柳生三厳　*220*／柳生友矩　*222*／柳生宗冬　*224*／柳生列堂　*226*／
柳生利厳　*228*／柳生厳包　*230*

付録：武芸者列伝・主要周辺人物略伝
上泉秀綱　*232*／疋田文五郎　*233*／宝蔵院胤栄　*234*／金春七郎　*235*／
庄田喜左衛門　*236*／小野忠明　*237*／荒木又右衛門　*238*／宮本武蔵　*239*／
松永久秀　*240*／織田信長　*241*／足利義輝　*242*／島左近　*243*／
徳川家康　*244*／徳川秀忠　*245*／千姫　*246*／春日局　*247*／
坂崎出羽守　*248*／徳川家光　*249*／沢庵　*250*／松平信綱　*251*

コラム──柳生伝説ウソかマコトか
　柳生の里紹介　*034*／
　「紫衣事件」と『柳生武芸帳』の謎解き　*107*／
　「宗矩流」サバイバルの鉄則　*126*／
　「柳生十兵衛の最期」　*150*／
　表柳生、裏柳生の虚実　*168*

あとがき──　*252*

Ⅰ 柳生創世記

柳生一族の発祥

西暦	和暦	柳生一族の主な出来事（☆＝主要一般事項）
1185	文治1	☆源頼朝、守護・地頭を任命（1192鎌倉幕府開設）
1331	元弘1	後醍醐天皇、笠置潜幸。柳生一族が楠木正成を推挙？
1334	建武1	☆建武の中興
1467	応仁1	☆応仁の乱、起る（〜77）
1498	明応7	柳生家厳、誕生（〜1585）
1529	享禄2	家厳の子・宗厳、誕生（〜1606）
1544	天文13	家厳、筒井方に付属
1559	永禄2	松永久秀、大和国進駐。家厳、久秀に付属
1560	永禄3	☆桶狭間の合戦（今川義元ＶＳ織田信長）
1565	永禄8	☆久秀、将軍・足利義輝を殺す
1568	永禄11	☆久秀、織田信長より大和国安堵

1 将軍家指南・柳生新陰流の成立

ⓘ 刀は戦闘時の補助的な武器

　大和国（奈良県）の一士豪であった柳生一族から、戦国時代から江戸時代初期にかけて時代劇や時代小説で知られる**柳生石舟斎宗厳**、**但馬守宗矩**、**十兵衛三厳**、**兵庫助利厳**、**連也斎厳包**などの数多くの達人を輩出した。この流派を**柳生新陰流**という。

　柳生新陰流とは、上泉伊勢守秀綱（232ページ参照）が創始した新陰流に柳生宗厳が工夫を加えた流儀の意味であり、後に徳川将軍家指南の剣術となったことから、現在でも特に著名な存在である。

　この**剣術**の「術」にはテクニカルな技の色合いが込められているのに対して、現在日常的に使用される剣道とは明治時代初期の廃刀令[*1]以降の用語であり、「道を切り拓き修める」といった精神論やスポーツ性が加味されている点に大きな違いがある。

　さらに厳密にいえば、柳生一族が活躍した時代では、剣術よりは「刀術」の呼び方のほうがより正確であろう。

　というのも、剣とは『指輪物語』（映画名『ロード・オブ・ザ・リング』）などで描かれるように、西洋の甲冑の騎士が馬上でふりかざす両刃のものであり、日本刀とはあくまでも片刃のものを指す。たとえば刀を鞘からすべらし一瞬の間合いで相手を斬る「居合い斬り」[*2]を、「抜刀術」というのも、そのひとつの名残といえる。

　ほかにも剣術を兵法、兵術、武芸、武術というケースもあり、いまではこれらの定義はかなり曖昧になってしまっている。本書では主に、最もポピュラーな剣術と表記するが、各章ごとにニュアンスの違いについては、必要に

Ⅰ　柳生創世記

[*1] **廃刀令**：明治政府は1870（明治3）年に庶民の帯刀を禁止し、続いて1876（明治9）年には大礼服着用者（貴族）、軍人、警察官を除き、士族の帯刀を禁止する法律を発令した。江戸幕府の旧習の打破の側面もあるが、現実的には「転換期の治安維持」のための武器規制である。
[*2] **居合い斬り**：居合いとは刀を抜かない、鞘に納めた状態で敵と対峙することをいう。刀を構えることなく、刀を鞘から滑らし、一瞬にして敵の間合いに入って斬る。

刀（片刃）　　　　　　　　剣（両刃）

応じて説明していきたい。

　「剣術ならば武器は剣」と思われるのは当然のことなのだが、ここではまず「戦闘時における武器とはなにか？」というテーマからスタートしてみたい。

　それは柳生一族が生き抜いた戦国時代から江戸時代にかけての戦闘の実態が、テレビや映画、小説で培われたイメージとはいささか異なる面があることによる。

　意外かもしれないが、一言でいえば当時の刀の位置づけは、戦闘時のメインの武器ではなかったのだ。その誤解をまず解いておきたい。

　平安時代後期に武士が登場して以来、その主力武器はなによりも**弓矢**であり、実際の戦闘は遠距離戦、敵味方の間で相当の間隔をおいて展開された。

　当時の武士を指して「弓馬の道」というのも、当時の騎馬武者は馬上から敵を弓矢で射ることが要求されたためであり、いまも鎌倉で開催される流鏑馬*3はその典型的な名残である。遠距離戦のケースで必要なのは「飛び道具」であり、弓を持たない兵卒は石（礫）を敵に投げまくったといわれる。

　これがいざ白兵戦（接近戦）に転じると、効力を発揮するのが**槍**。そのリーチの長さを利用して、敵の鎧・兜などの防具で覆われていない部分、たとえば手首、脇の下など肌の隙間を突きまくる。

　1583（天正11）年、天下統一を目指した羽柴秀吉（後の豊臣秀吉）が越前国（福井県）の柴田勝家を攻めたときに、活躍した配下——福島正則、加藤清正たちを「賤ヶ岳の七本槍」*4と賞賛したことはよく知られ、いまでも「一番槍」という言葉が残っている。

　それに先立つ山崎の戦い（1582）では、明智光秀が秀吉に敗れ、落ち延び

Ⅰ　柳生創世記

＊3　流鏑馬：約250mの馬場で、馬を走らせつつ3ヵ所の的を射る弓馬術（騎射術）。
＊4　賤ヶ岳の七本槍：1583年の近江国（滋賀県）での戦いで、羽柴秀吉の小姓9名（うち2名は死亡）が先頭に立って一番槍を競い合った。その戦功により福島正則、加藤清正、脇坂安治、加藤嘉明、片桐且元などは後に大名にまで出世した。福島正則への秀吉の感状が現存しているが、そこには「一番槍其働無比類候（一番槍の働きは比類のないものだ）」と書かれている。

ようとしたところを山中で「落ち武者狩り」によって殺されるが、それも鎧の隙間を「竹槍」で突かれたため、といわれている。さらに民謡・黒田節*5 で、大名に仕えた家臣が「槍一筋の家柄」を誇るのも、槍で手柄を挙げて出世したからである。

鎧武者　　　　　　　足軽

⑪徳川・天下泰平路線の原動力は武器の規制

　この弓矢や槍に加えて、天下分け目の関が原の戦い（1600）のころには、殺傷能力が著しくアップした**鉄砲**が勝敗を左右したのは周知の事実である。この武器革命のポイントは次の2点にある。

①鉄砲は輸入依存型

　当時の日本の製鉄・冶金（やきん）技術は未成熟であり、鉄砲の大半は海外からの輸入に頼らざるをえなかった。その代金支払いに際して西洋人が金を望んだことから、各大名は金山の開発に努め、日本から多大な金が海外へ流出する結果となった。

---

*5　**黒田節**：福岡藩・黒田家にまつわる民謡。武将・黒田長政に仕えた母里太兵衛は、槍の名人で大酒飲み。その太兵衛が主君の使者として、やはり酒豪で知られる武将・福島正則のもとに赴く。そこで「酒は飲め飲め」と勧められた太兵衛は、見事に大杯の酒を飲み干して、正則愛用の名槍「日本号」を拝領する。

いまでは価値観が逆転しているが、当時の日本では金よりもむしろ銀のほうが高価だった。ちなみに両替商という言葉があるが、当時の国内主要流通通貨がおおよそ＜西日本は銀、東日本が金＞だったから、どうしても両替が必要になったのである。

②ソフトの重要性

鉄砲＝ハードは、弾薬＝ソフトがないと機能しない武器であり、しかも弾薬の原材料である硝石（南米チリ産）はそのすべてを輸入に依存せざるをえなかった。この点は見過ごされがちだが、幕末に活躍した旧幕府の完全西洋式部隊・伝習隊ですら、弾薬が底をついたために「やむなく自分たちで製造したが、使いものにならなかった」という話が残っているほどだ。

徳川幕府の実施した鎖国令の目的は、鉄砲のみならず硝石の輸入を幕府が独占するものであり、さらに幕府は首都・江戸への搬入を関所において「入り鉄砲に出女」と厳しくチェックした。

いわば徳川幕府の一貫した統治政策は、『武家諸法度』をベースとして**武器の規制**に主眼に置いたものであり、武器を持った徒党―グループ集団―の蜂起、たとえば「島原の乱」などは徹底的に弾圧された。

それが徳川300年の天下泰平＝平和路線の基礎にあり、『忠臣蔵』で知られる大石内蔵助以下の赤穂浪士が切腹させられた背景も、彼らが武装集団だったからだ。武器を持って市中を横行する行為自体が、平和な時代では犯罪に該当する。

このように江戸時代では、鉄砲やそれ以外の槍などの武器も一定の規制・取り締まり対象となり、市中では太刀・脇差だけが携行を許された可能性が高い。

Ⅰ 柳生創世記

[当時の武器の殺傷可能距離]

武　器	長　さ	攻撃範囲
刀（常寸太刀）	約70cm（刀身）	約1m
槍	20cm（槍先）＋2〜3m（柄）	約3m
弓	約2.2m	約30m
鉄砲	約0.9m	約100m

⓫ 刀の機能は首切りと防御・護身用

それでは戦国期に刀はどのように使われたのか？　一言でいえば刀は、槍のサブ的な存在で、首を切る武器である。

戦場での武士は鎧・兜を身に纏い、敵からの襲撃を防御しようとする。このような鎧武者を刀で斬りつけた場合、鉄と鉄とのぶつかり合いの衝撃で刀は撥ね返されてしまい、刃が駄目になるか、刀自体がゆがんでしまうか、場合によっては折れてしまうこともありうる。

江戸時代の武士の教科書的な存在だった『武道初心集』*6 にも「戦場に赴く際には必ず予備の刀を家来に携行させないと、わが身が危険である」と、戦場のリスクマネージメントが記載されているのもそのためである。また、兜の一部に刃を立てた刀が「兜切り」として珍重されたのも、言い換えれば通常の刀では到底兜に刃が立たずに折れてしまったからだ。

つまり刀、当時の言葉で「打ち刀、太刀」は現在の時代劇のイメージとは異なり、槍で突き倒し殺傷させた敵の首を切る＜包丁＞の機能を果たした。

首切りとは蛮行のように聞こえるが、「織田信長（241ページ参照）が攻め滅ばした浅井長政の首実検*7 を行った」といった類の話は数多く残っている。

武士は敵方の著名な武士を殺したときに殊勲の証拠として首を取り、その首級を腰にいくつもぶら下げて武功を競ったのである。この風習は幕末のころまで残り、鳥羽伏見の戦いで旧幕府軍は敵の首をぶらさげ、その重みのためにフットワークが悪かったことが敗戦理由のひとつに挙げられている。さらに函館・五稜郭まで戦い続けた旧幕府軍の軍律にも「敵の首級取るに及ばざる事」と明記されているほどで、換言すれば約140年ほど前まで戦闘時の首取りが、頻繁に横行していたことになる。

さらにいえば、江戸時代以前、戦乱期に生きた武士の価値観は、①**一所懸命***8 ──自らの領地を拡大するに命を懸ける──ことと、②**功名**──武功を挙げて出世

---

*6　**武道初心集**：江戸時代初期の軍学者・大道寺友山が平易に武道の規範を書いたもので、江戸時代を通じて読み継がれた。その冒頭には「武士たるものは、元旦から大晦日までの日夜、常に死を覚悟していることを、一番の心構えとすべきだ」と記されている。なお本文に引用した話は、黒澤明監督の映画「七人の侍」で、俳優・宮口精二が数本の刀を準備して野武士と闘うシーンを彷彿させる。

*7　**首実検**：勝利軍が、切り取った敵軍の大将以下の首を、検分する戦場の儀式。織田信長は敵将・浅井長政の首に漆を塗り、金粉で黄金仕立てとした。その首で酒宴を開いたのは有名な話である。

し所領を増やす─にあり、主君への忠義・奉公といった儒教的な概念は、平和が訪れた江戸時代以降に発生したものだ。

　実際の戦場負傷者の＜武器別負傷要因＞では、その大半は鉄砲・弓矢によるものであり、以下槍、石（礫）と続き、刀はレアケースに近い。この事実は戦闘そのものが、遠距離戦主体ということの証でもある。

　ここでもうひとつの刀の機能を挙げれば、それは**防御・護身用**だ。

　たとえば戦場での武士や兵卒は刀で、飛んでくる矢を振り払ったのである。一方、武将クラスでは自らが弓、槍を片手に攻撃要員となることはありえず、まずなによりもそのミッションは部隊の指揮を執ることにある。

　刀にはその指揮刀機能もあるが、むしろトップ層が恐れるのは、日常生活の武装していないタイミングでの不意の襲撃や、味方の寝返りによる暗殺・謀殺のリスクといえる。

　仮に屋敷内で襲撃に遭った場合、咄嗟に槍を持って戦うことは、天井の低い日本家屋では不可能に近く、まずは敵が突き出した槍を刀ではたき、一瞬にして槍先をかわし反撃に転じる。

　いわば瞬時のリスク回避、護身のために、貴人─身分の高い人─というべき将軍・足利義輝（242ページ参照）や徳川家康（244ページ参照）などは熱心に剣術に励んだのだ。

　江戸時代に至り、柳生宗矩が将軍家指南として徳川将軍家に剣術を伝授し、柳生新陰流が**御留流**として門外不出、他流試合が禁じられたのも、防御法の流出を防ぐセキュリティシステムと考えたほうが理解しやすい。

🈁柳生新陰流のトレンド感覚

　元来、柳生一族が先祖以来連綿として伝えたのは、刀のみならず弓矢、槍などをも含んだ幅広い**総合武芸**であったと思われる。

　それが戦国時代の柳生宗厳から江戸時代の宗矩の父子2代に及ぶ時代、いわば＜戦争から平和＞の転換期に、剣術の世界で柳生新陰流として結実するわけだが、上記の流れに沿ってその特徴を整理しておきたい。

　第1は時代のトレンド─戦時の**戦場介者**（鎧武者）剣術から平時の**素肌剣**

Ⅰ　柳生創世記

---

*8　一所懸命：「武士が自らの所領を生命を懸けて守ること」が本来の意味で、命懸けでひとつのことに立ち向かうときに用いられた。後に「一生懸命」と変化した。

術―に柳生一族が見事に対応した点である。両ケースの前提は＜刀対刀＞の対決であり、一方が槍を持っていればリーチの差で、槍が圧倒的に強いのは自明の理だ。

　そこでまず戦時だが、対峙（たいじ）する双方の介者（鎧武者）には鎧・兜の重量問題が大きくのしかかる。それでなくても製鉄技術が未発達の時代の鎧・兜は、身体に数十kgの負担がかかり、そのために構えは自然とかなり前屈（まえかが）みにならざるをえない。

　その姿勢のままで、互いに防具で覆われていない部分を刀で突き、斬りまくるのだ。時代劇ではいとも簡単に刀で鉄製の胴を斬るシーンが登場するが、ありえない話だ。ガチンという衝撃が走って刀は破損、もしくは刀の反動で自分自身がケガをすることもありうるのだ。このような鎧武者同士の剣術をまず完成させたのが、柳生宗厳なのである。

　次に平時―鎧・兜を脱いだ状態―、つまり素肌に近い平服での戦いをイメージしたのが素肌剣術であり、立った姿勢で敵と対峙することになる。

　こういうシチュエーションが成立するのは、主力武器（鉄砲、弓矢、槍）が物理的に使用できないか、もしくは治安政策、平和維持路線のために使用が規制されていることが前提にある。

　言い換えれば刀だけが携行できる環境下であり、江戸城松の廊下で浅野内匠頭（たくみのかみ）が刀を抜いたようなケースはことごとく切腹させられており、暗黙の「抜刀禁止令」が存在していた可能性もある。

　意外かもしれないが、幕末を除けば「江戸時代は殺人事件が非常に少なかった」といわれ、たとえば武士が「無礼打ち」[*9]とばかりに無腰の町人を殺した場合、これは殺人事件であり重罪に処せられた。

　現在の警官も拳銃を携行しているが、「発砲が認められるのは真にやむえないケースのみ」と厳しく規制されており、むやみやたらと発砲することはありえない。法治国家とはそうしたものであり、江戸時代も同じ構図だった。また、そうでなければ治安を保つことは不可能に近い。

　話が多少それたが、素肌剣術を集大成したのが柳生宗矩である。スタイル

Ⅰ　柳生創世記

[*9]　無礼打ち：1629年、『寛永版武家諸法度』（177ページ参照）が制定されたときに、江戸には辻番が設置され、次の「覚」が発令された。「人を切った者があれば、その近くの屋敷の者は出合って殺害者をどこまでも追いかけて、刀・脇差を取り上げ、ことの仔細を確認して奉行所に届け出ること。もし、殺害者が刀・脇差を差し出さないときは、打ち殺しても構わない」
　「無礼打ち」として人を殺害しても罪に問われない―斬り捨て御免―とは、俗説である。治安の乱れた幕末ですら、町人を殺害した志士・清河八郎は、幕府から全国に指名手配を受けている。

は現在の剣道のイメージに近いが、その真髄は攻撃型ではなく**防御・護身型**、すなわち敵を迎え撃つことにあった。これが第1のポイントである。

この点がほかの剣術流派―攻撃一辺倒―と大きく異なる点であり、平和期が到来してもトップの暗殺・謀殺リスクは消えないことから、柳生一族や門弟たちはこぞって将軍家や諸藩の大名の剣術指南に採用されたのである。

その柳生新陰流では護身・防御のために敵の**心理**を読むことを非常に重視した。

一例を挙げれば、極意のひとつに「水月」があるが、さながら月の影＝相手の心の動きが、水＝自分の心に自然と映る境地を意味している。

要するに柳生新陰流の第2のポイントは、技の修練のみならず精神面の修行をも志向し、時代のトレンドに即した柳生宗矩の近代性にあるといえよう。

2 大和・柳生一族の伝説

大和国は唯一の宗教国

柳生の庄は奈良から北東に約4里（16キロ）。

現在では奈良市の一部となっているが、かつてこの地を大和国添上郡柳生郷といい、山城国（京都府）や伊賀国（三重県）と境を接する一帯であった。

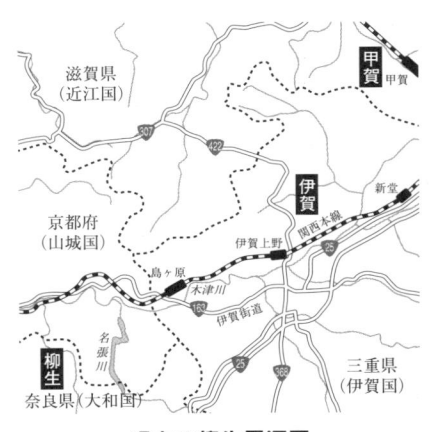

現在の柳生周辺図

柳生の里

Ⅰ 柳生創世記

I 柳生創世記

「やぎゅう」という地名は古代朝鮮語の「夜岐布」、「夜支生」を漢字に当てはめたもので、武蔵国（埼玉県）高麗郡などと同様に、古代に朝鮮民族が日本へ移住してきた土地のひとつであろう。

またこの地は、「楊生」、「柳弓」と記されることもあり、そのことは改めて28ページで触れるが、いずれにしても、この土地に代々住み着いた土豪が**柳生氏**の苗字を名乗った。

そもそも大和国は、天皇・公家に代わって初めて武家が政権を担った鎌倉幕府にあっても、**興福寺**（藤原一族の氏寺）が代々の＜守護職＞を勤めていた点に大きな特徴がある。

鎌倉幕府によって各国の守護に任命された有力な御家人（武家）は国内の軍事・警察権を掌握、次第に領主化していき戦国時代には＜守護大名＞となっていく。甲斐国（山梨県）の武田氏や薩摩国（鹿児島県）の島津氏などは、その典型的な例といえよう。

だが、大和国は武家ではなく寺が守護を勤めた、その意味で別次元の国なのである。このようなケースはほかに例がなく、平安時代末期の神仏習合[*1]によって**春日大社**（藤原一族の氏神）の実権をも握った興福寺は、国内に多くに寺領・神領を抱え、軍事力としては**僧兵**[*2]を擁して勢威を振るった。

いわゆる南都北嶺—京都の南の興福寺と北の比叡山・延暦寺—は、武家政権下でも強大な2大宗教勢力であり、興福寺は戦国時代に至るまで計り知れないほどの影響力を国内に誇ってきた。

その興福寺の僧兵（衆徒）の棟梁を代々勤めていたのが筒井氏や越智氏であり、戦国末期の筒井順慶のころに、ようやく筒井氏が戦国大名化する。

しかしそこに至るまでの400年近く、大和国の土豪は①南北朝時代は南朝の皇居・吉野が国内にあったことから戦乱に苛まれ、②室町時代から戦国時代にかけては、畿内に覇権を唱えた勢力の推移＜足利将軍家→管領・細川氏→三好一族→松永久秀→織田信長→豊臣秀吉＞に応じて、自らのサバイバルを賭けて戦闘を繰り広げたのである。

---

*1　**神仏習合**：渡来した仏教と日本古来の神道との信仰上の融和であり、たとえば仏菩薩は日本では神の姿となって現れる、といった考え方。藤原氏の氏神（神道）は春日大社、氏寺（仏教）は興福寺となる。
*2　**僧兵**：武器を持って戦う僧侶の意味だが、江戸時代以降の呼称であり、それまでは悪僧と呼ばれた。悪には「強い」のニュアンスも含まれている。もともとは興福寺の僧兵を衆徒、春日大社の神人を国人といった。「国人」という言葉は後に一般化した。

⓫「柳生の庄」の荘官・柳生氏の出自

　柳生氏の先祖は春日大社の神職出身で、小柳生庄という**荘園**の荘官（統治官）だった大膳永家と伝えられる。

　荘園とは、奈良時代の律令制度に由来し、京都などに在住する公家や寺社が遠隔地に所有する私有地―田畑、山林など―を指す。所有者の多くは現地には赴かず、代わりに地元メンバー（国人）などに経営を任せた。分かりやすくいえば荘官は「代官」であり、その事務所を「庄」といった。いまも「庄屋」という言葉があるが、元来はその庄の屋敷の意味である。

　武家政権となった鎌倉時代以降も、この荘園に対しては＜守護不介入＞とされた結果、新勢力の軍事権はおよばず、依然として旧勢力（公家・寺社）の権益は守られた。

　要するに荘園は治外法権なのだが、次第に武家は武力で荘園を侵食していく。そのように一族郎党を引き連れて、荘園に乱入する武士団を「悪党」といった。なお、この表現はあくまでも旧勢力の立場からのものである。

　当時の柳生氏は旧勢力側の荘官として、柳生の庄を新勢力である悪党などから守る立場にあったと考えるべきであろう。このような地元生え抜きの土豪を**国人**[*3]といい、後に彼らは連合して一揆を起こすなど、連携プレイは密なるものがあった。

　その柳生氏の祖先・永家のさらなる遠祖は、＜学問の神様＞として知られる**菅原道真**[*4]ともいわれている。たしかに菅原氏は、柳生に近い大和国添下郡菅原の地から発祥した一族であり、ある程度の地縁は存在するのは間違いないが、それ以上のことは詳らかではない。

　むしろ後の柳生一族が、たとえば柳生宗矩が「柳生但馬守　平宗矩」と署名しているように「平」姓を称したことに注目すべきであろう。鎌倉時代以降の武士の多くは、その先祖を4大姓―源平藤橘[*5]―に付会させた経緯があり、柳生氏もその一環なのかもしれない。

　一方、隣国の伊賀国には忍者として知られる「服部一族」などの平氏の子

Ⅰ　柳生創世記

[*3] **国人**：在地の小規模領主層（土豪）の総称。比較的勢力が弱い彼らが地域横断的に結集し、連合体として守護大名を排斥したのが、「国人一揆」といわれる。特に権力闘争の結果、戦場と化した畿内諸国の一揆が知られる。

[*4] **菅原道真**：（845〜903）　平安時代前期の公家、学者。藤原氏の勢力を抑制するために、醍醐天皇によって右大臣にまで登用されるが、最後は九州の大宰府に左遷され、配所で没した。北野天満宮に祀られている。

孫が、各所に存在していた。『平家物語』に平清盛の郎党として平家貞（たいらのいえさだ）という人物が登場し、保元・平治の乱では北伊賀の武士団を引き連れて活躍するが、その子孫といわれている。

ここで改めて柳生氏の系図（6ページ参照）を見ると、柳生宗厳以降は「宗」や「厳」の字が、その子孫（但馬守宗矩、十兵衛三厳……）に代々引き継がれている。これを**通字**といい、現在でも子供が親の一字をもらったりするケースに名残が見られる。

たとえば足利将軍家（3代・義満……15代・義昭）の「義」や、徳川将軍家（初代・家康……3代・家光……14代・家茂）の「家」などが通字の代表例だが、柳生氏も宗厳の父は家厳（いえよし）であり、系図上からは家厳以前の当主の名前に「家」の字を数多く見出すことができる。

憶測かもしれないが、柳生氏もまた「平家貞」系として、宗厳までは代々「家」を通字とした可能性も十分にあると考えられる。

このように中世の柳生一族は春日大社に関係した土豪であり、平氏を称して柳生の庄の荘官を連綿として勤めていたのである。

🀄 南北朝〜室町時代の柳生伝説

鎌倉時代末期の1331（元弘元）年に、後醍醐（ごだいご）天皇はときの鎌倉幕府に反旗を翻して京都の御所を脱出し、山城国笠置寺（かさぎでら）（京都府相楽郡笠置町）の衆徒を頼り、そこに立て籠もった。

天皇自らが主導権を取って討幕による政権交代、つまりは旧勢力の復権を目指した行動であり、これが**南北朝の動乱**の始まりとなる。

そのときに「笠置寺に程近い柳生の地から当主・柳生永珍（ながよし）が一族を挙げて味方に馳せ参じた」と江戸時代の柳生藩の記録『柳生家譜』には記されている。

だが、頼みとした守護クラスの有力な武士はこの挙には参加せず、『太平記』によれば、孤軍の天皇は皇居とした本殿の南にある常盤木（ときわぎ）の夢を見る。

＊5　源平藤橘：日本を代表する4つの姓で、源氏、平氏、藤原氏、橘氏を指す。姓とは天皇家から与えられたもの──賜姓──で、苗字（名字）は私称。もしくは姓＝血族、苗字＝家・一族と考えた方が理解しやすい。たとえば徳川家康の姓は源、苗字が徳川であり、姓は「の」を付けて読むのが特徴である。ちなみに豊臣秀吉の「豊臣」とは苗字ではなく、秀吉への新たな賜姓である。苗字は羽柴であり、姓と苗字が混同された代表的なケースといえよう。

天皇は「木に南と書くのは楠という字」と思い、笠置寺の僧・成就房に対して「この付近に楠という武士がいるか？」と質問すると、「河内国（大阪府）に楠木正成*6という弓矢で知られる者がいる」との回答を得る。

　この「南木の霊」といわれるエピソードで南朝最大の忠臣・楠木正成が動乱の舞台に登場してくるわけだが、『柳生家譜』では柳生永珍の弟・中ノ坊源専が正成を推挙した僧だ、と伝えている。

　ほかの史料には見当たらない話であり、これを単なる**柳生伝説**と片付けてしまうこと簡単だが、この話から以下の推理を展開することも可能であろう。

①情報ネットの中心地・柳生

　従来の歴史常識からすると多少違和感を覚えるかもしれないが、当時は定住型の農耕民以外にも数多くの漂泊民＝非農耕民（山民、商人、職人、芸人など）が存在し、「まつろわぬ民」―古代から政権に服従しなかった民族―の子孫といわれている。猿楽師（能楽師）や忍者もまた漂泊民のひとつである。これは歴史学者・網野善彦*7が提唱したもので、「日本民族は一元的な農耕民」という既成概念を否定し、じつは多種多様な民族の集合体だった、という考え方であり、その漂泊民の移動がさまざまな情報の伝播・媒介となった。

　柳生の地は、畿内を結ぶ山岳ルートの重要ポイントに位置しており、漂泊民によって情報―近隣土豪の動向など―が数多く集積する要地だったと考えられる。したがって大和国の柳生一族が、河内国の楠木氏の情報を仮にキャッチしていても、かならずしも不思議というわけではない。

②柳生藩の記録に楠木氏が登場する理由

　しかし、柳生・楠木氏の具体的な接点を史料上に見出すことはできず、後になって柳生氏サイドが「先祖は著名な正成と縁があった」と、いわば箔付け、修飾を施した可能性もかなりある。

　というのも、江戸時代に至って柳生氏は大名となるが、幕府の創設者・徳川家康が征夷大将軍に就任するために本姓を源氏として、新田義貞（南朝方）―足利尊氏（北朝方）のライバル―の一族・得河氏の末裔と称したこと

I　柳生創世記

＊6　**楠木正成**（？〜1336）：鎌倉時代末期に赤坂城などで神出鬼没の戦いを展開し、北条方を悩ませた南朝方の武将。後に北朝方の足利尊氏と戦い、戦死。この正成を「楠木流」―忍術、軍学―の祖とするする説もある。ちなみに由比正雪は楠木流軍学を名乗った。

＊7　**網野善彦**（1929〜2004）：民衆の視点で、日本中世史を解明しようとした歴史学者。中世は農民だけでなく、商人、芸能人など多様な職種の人々が活躍したとする。その歴史観はアニメ『もののけ姫』などにも影響を与えた。

に多いに関係がある。

　つまり、楠木正成は新田義貞と並んで南朝に尽くした代表的な武将だったからで、柳生藩サイドが将軍との南朝の「縁」を強調したい、との意識が働いたのであろう。

③柳生氏と能楽の関係

　多少話はそれるが、いまでは楠木正成の実像は、河内国・和泉国（大阪府）の荘園を侵略する「悪党」だったことが判明しており、さらにその姉妹が伊賀国の服部一族に嫁ぎ、後の大和猿楽の祖・**観阿弥**[*8]を産んだという説―観阿弥は正成の甥―もある。

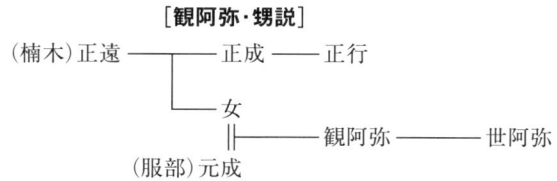

　観阿弥の出身地には大和説、伊賀説があり、駿河国（静岡県）での能興行の直後に死亡したと伝えられる。この伝説からも想像できるように能役者は前述の漂泊の民であり、中世の畿内を横断し東海道へと連なるルートは、現代の想像を超えて密接に機能していた。

　余談ながら本能寺の変（1582）で、明智光秀の軍勢に襲われた織田信長が自殺を遂げたとき、徳川家康はわずかな家臣とともに摂津国・堺（大阪府堺市）に滞在中であり、難を避けるために領地の三河国（愛知県）への帰還を急ぐ。

　これが家康にとって最大の危機といわれた「神君伊賀越え」―210キロにおよぶ逃避行―であり、家康一行は＜摂津→山城→甲賀→伊賀→伊勢＞を苦労して横断し、伊勢国（三重県）からは海路で三河国へ無事に戻っている。

[*8]　**観阿弥、世阿弥**：観阿弥（1333～84）は能の観世流の祖。興福寺、春日大社で能を演じ、後に、足利義満の庇護を受けたことで知られる。世阿弥（1363～1443）は観阿弥の子で、『風姿花伝』によって能を大成させた。

[*9]　**大和4座**：猿楽とは、謡にのせて猿楽師の舞と所作によって進行する古典芸能。中世の猿楽師は座（団体組織）を結成し、寺社の法会などで上演した。その代表が興福寺、春日大社に参勤した大和4座であり、後の観世、金春、金剛、宝生座となる。猿楽は、室町幕府の年中行事で上演される公式の音楽・演劇「能楽」となり、それは江戸幕府でも踏襲された。

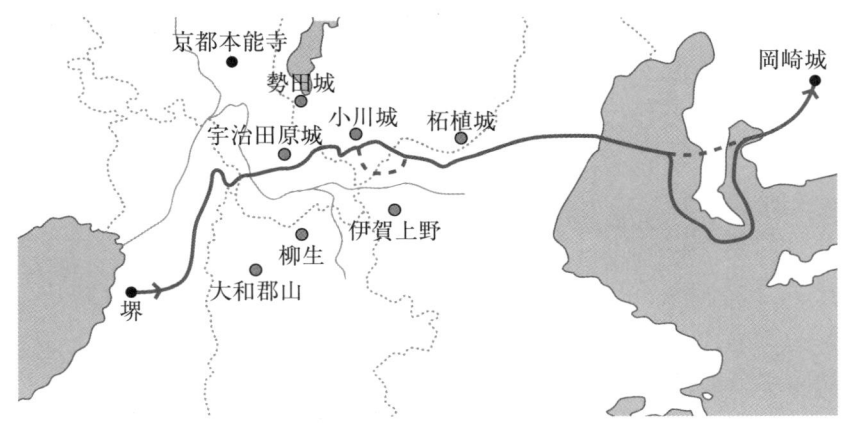

徳川家康の伊賀越えルート（----は別説）

このように畿内には、たしかに複数の山岳コースが実在したのである。

　話を戻すが、観阿弥の子が足利義満に仕え、猿楽を大成させたことで知られる**世阿弥**[*8]である。この親子が春日大社に奉仕した大和4座[*9]のひとつ観世座の祖にあたり、そこにもまた、柳生一族との接点を見出すことができる。

　その後、足利義満の庇護を受けた能楽は室町幕府の**公式芸能**となり、江戸時代もその伝統が受け継がれ、徳川将軍家や諸大名はこぞって贔屓の能役者を高禄で召抱えた。

　要するに、江戸時代においては貴族化した大名の嗜みが能であり、僧・沢庵和尚が「能狂いの度が過ぎます」と、柳生宗矩をたしなめる手紙を書いていることからも当時の熱狂度が想像できよう。

　この逸話は後のものだが、もともと柳生氏はそのロケーションや出身からして、非常に能楽との関係が深かった。この点については、また改めて触れることとしたい。

3 室町〜戦国時代の柳生一族

柳生は弓術の家系

　南北朝・室町・戦国時代の柳生氏、すなわち柳生宗厳に至るまでの系図は

次のとおりである。

永珍（没101歳）―家重（80歳）―道永（78歳）―家宗（？）―光家（70歳）―重永（79歳）―家厳（89歳）―**宗厳**（78歳）

人生50年といわれた時代としては、非常に長命な家系（89ページ参照）という点がまず目を引き、「家」が通字であることも一目瞭然だが、その中にあって注目すべき人物は室町中期以降の**柳生家宗・光家**の親子である。

ともに歴史上ほとんど名を残した人物ではないものの、まず家宗は『柳生家譜』に「精兵の射手」―弓矢の名人―と記録されている。

この弓は泰平が続いた江戸時代になると、盛り場や寺社の境内に設けられた矢場（娯楽施設）で的を射る**楊弓**という遊戯にもなり、庶民の間ではかなり流行した。

時代劇にもよく登場する楊弓自体は、遊戯用の長さ2尺8寸（約85cm）の小弓で、矢場が盛況だった背景には「矢取り女」がそこで売春をしていたためといわれている。

それはともかく、じつは楊弓というネーミングには「楊生の弓」、つまり柳生の別表記・楊生に由来するとの説がある。さらに興福寺の僧が記した『多聞院日記』では、柳生宗厳（通称・新左衛門）のことを「小柳弓新左衛門」と表記しているのだ。弓の音読みは「きゅう」だから、「こやぎゅう」と呼ばれたのであろう。

このような風評、記録は明らかに柳生氏と弓との密接な関係を示唆したもので、尾張柳生家の子孫・柳生厳長の著『正傳・新陰流』にも「そのころの柳生氏は代々、弓の家としてほまれがあった」と記されている。

どうやら柳生の名が世間に知られたのは剣術ではなく、まずは戦闘時の**弓術**からだったようだ。

続く柳生光家は京都の室町幕府管領[*1]・細川高国（1484～1531）に仕え、細川一族の内紛によって高国が没落した後に柳生の庄に戻ったが、ある年に伊賀者に殺されたという。

それ以上の内容は詳らかではないが、これ以降の柳生氏には、断続的に伊

Ⅰ　柳生創世記

---

*1　**管領**：室町幕府で将軍の政務を補佐する最高職制。足利氏の一族である斯波、細川、畠山氏が交替で勤めた。

賀者との関係が見え隠れし始める。伊賀者とは忍者だった可能性が高く、**柳生忍者説もあながち架空の産物とはいいきれない側面を有している。**

⑪管領・細川一族の「仁義なき戦い」

　柳生光家の孫が柳生家厳（いえよし）（1498〜1585）となるが、その人物に触れる前に室町時代後期からの京都の複雑な政局を追い、そこに柳生氏をオーバーラップさせることとしたい。

　というのも、柳生氏は京都に程近い大和国の小勢力なので、その動向は政局がストレートに反映されるからだ。言い換えれば、柳生氏は政局の狭間（はざま）の中で翻弄（ほんろう）されながらも、つねに**一族のサバイバル**を模索し続けたことになる。

　さて室町幕府・足利将軍家の権威が失われたのは、東軍・細川勝元と西軍・山名宗全が10年以上も京都を中心に戦い続けた応仁の乱（1467〜77）以降である。ちなみに西軍が陣を構えた場所が、「西陣織り」で有名な京都西陣の一帯。

　その後、幕府の実権を掌握したのが管領・細川政元（勝元の子、1466〜1507）で、政元は信濃国（長野県）・飯綱権現（いづなごんげん）*2 の**魔法**に凝り、なんと本当に空を飛んだという。この話は、当時の史料に少なからず記録されている。

　　政元魔法を行い給い、空へ飛び上がり空中に立たなとして不思議を顕（あらわ）し……
　　　　　　　　　　　　　　　　　　　　　　　　　　　　　　　『足利季世記』

　知られざる日本の「魔法使い」*3 というべき政元は、修行のために女人をいっさい近づけず、3人の養子（澄之（すみゆき）、高国、澄元）を迎えていたが、養子の間で相続争いが勃発し、まず澄之派の家臣が政元を風呂場で暗殺する。

　最後まで政元自身は魔法による不死を信じていたようだが、このように貴人が襲われるのは武器を帯びていない場所が多い。

＊2　**飯綱権現**：長野県北部の戸隠山近くにある権現。権現とは仏が神として現れることで、その神を権現といった。古来より修験者の霊場として知られ、新陰流の創始者・上泉秀綱がここに参籠したという。また江戸時代の神道無念流の創始者・福井兵右衛門もこの地で剣の奥義を悟った。ちなみに「真田忍群」として有名な猿飛佐助、霧隠才蔵は忍術・戸隠流という。
＊3　**魔法使い**：「（政元は）種々の不思議をあらわし、空中へ飛びあがったり、空中に立ったりして、喜怒も常人と異なり、分からぬことなどを言う折もあった」（エッセイ『魔法修行者』幸田露伴）

I 柳生創世記

余談ながら、いまでも神社にお参りするときに拍手(かしわで)を打つが、これは古代の貴人（天皇、公家など）に対して手をオープンにして、「私は武器を持っていません」と証明したことに起因する風習だ。

　さて、政元を暗殺した澄之は他の養子連合（高国・澄元派）によって滅ぼされるが、今度は高国・澄元の間に不和が生じ、一旦は高国が勝利を修め、澄元は領国・阿波国（徳島県）への引き揚げを余儀なくされてしまう。

　この阿波国を牛耳っていたのが細川氏の重臣・三好(みよしし)氏であり、澄元・晴元親子はその応援を得て京都を攻めて高国を攻め滅ぼす。この高国に仕えたのが、前述の柳生光家である。

時代のニューウエーブ、下剋上！

　いわば傀儡政権(かいらいせいけん)と化した足利将軍家は、家臣の管領・細川一族の＜仁義なき戦い＞に振り回され続けたが、その細川氏自体も内紛を繰り返して次第に衰退し、さらにその家臣である三好氏が幕政の実権を握っていく。

　このように、身分的に下位の者が上位の者を退けて勢威を振るうことを下剋上*4 ――下が上に剋(か)つ――という。つまり真の実力者が、従来の権威にすがろうとする者を凌駕していくプロセス、新勢力の台頭といえる。

　実力で畿内・四国を制圧した三好長慶(ながよし)（1523～64）は、将軍を追放するなどして、実際の将軍任命・罷免権までをも手中に収めていく。ただし、一気に権威を否定するのではなく、権威を活用する手法を採った点が時代の過渡期を感じさせる。

　その長慶にも次世代の下剋上の波は、否応(いやおう)なく押し寄せる。

　今度は三好家の家臣・**松永弾正(だんじょう)久秀**（1510～77）（240ページ参照）が実力を蓄えて、長慶の子・義興を毒殺して三好氏の実権を我が物としてしまう。さらに長慶の死後、1565（永禄8年）年、久秀は三好一族とともに13代将軍・足利義輝*5 を京都に襲撃し、自刃させるに至る。

　「嘆ずべし、言語道断」、当時の公家の日記には短くそう記されている。

---

*4　**下剋上**：松永久秀は京都の商人出身、『国盗り物語』（司馬遼太郎）で知られる「美濃のまむし」こと、斎藤道三も灯油商出身といわれる。当時の公家の言葉を借りれば「氏、素性のない者」である。

*5　**足利義輝**（1536～65）：室町幕府第13代将軍。下剋上の嵐の中で、松永久秀や三好義継に二条御所を襲われ、自殺した。新当流を学び、「剣豪将軍」ともいわれた。

Ⅰ　柳生創世記

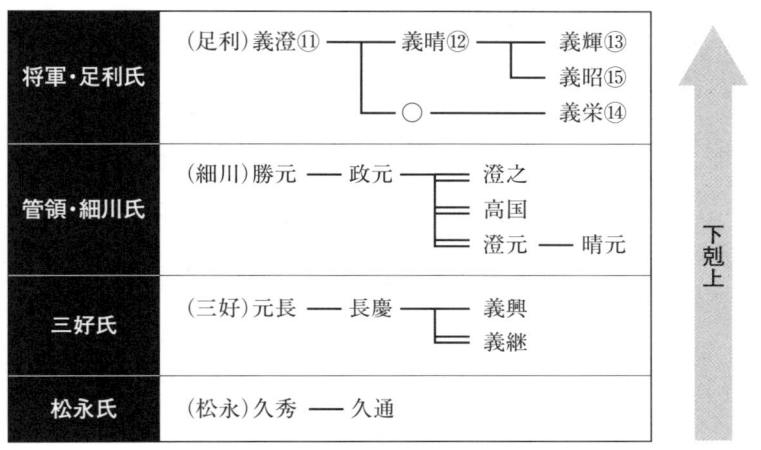

その義輝の弟が後の15代将軍・義昭であり、近臣・細川藤孝などに伴われて越前国の戦国大名・朝倉義景を頼り、さらに織田信長の庇護化に入ることになる。

当時の旧勢力や江戸時代の封建思想の視点からは、久秀の①主家の乗っ取り、②将軍の謀殺、③奈良の大仏殿焼き討ちは**悪行**とされるが、それぞれが旧来の価値観・権威・宗教を徹底的に否定した行動であり、「天魔王」[*6]と名乗った**織田信長**（織田本家を壊滅、15代将軍・足利義昭を追放、比叡山延暦寺を殲滅）と極めて似通った面が存在する。

その久秀は後に三好一族と対立関係に陥り、信長にしたがうことになる。そして信長は、久秀の非凡な才略を愛し続けたという。

そう、ふたりに共通するキーワードは＜仏敵＞なのである。余談ながら信長が延暦寺を焼き討ちしたり、石山本願寺との合戦を繰り広げたのは、信長の越前国・織田神社[*7]の末裔（まつえい）としてのアクション、すなわち日本にも中世ヨーロッパ同様に「宗教戦争」が存在した、と考えたほうが理解しやすいかと

I 柳生創世記

[*6] **天魔王**：織田信長は武田信玄（仏門に帰依した法名）からの書状の返書に「第六天魔王」と自署している。天魔王とは仏法の天敵の意味で、外道のニュアンスに近い。松永久秀も仏敵、天魔王のひとりといっていい。

[*7] **織田神社**　越前国丹生郡（福井県）にある神社で、織田信長の先祖はここの神官といわれる。室町時代、3管領のひとつ斯波氏が越前国・守護となり、織田氏はそれに従った。織田氏はその後、斯波氏がやはり守護を勤めた尾張国（愛知県）へ守護代として下向することになる。このようにして織田氏は尾張国に勢力を張り、信長の代には斯波氏を放逐する。これもまた下剋上である。

思う。

　神仏習合ならぬ神仏戦争の意味であり、逆にいえばそう考えない限り、理解できない行動が信長にはある。

⑪柳生家厳の戦国サバイバル

　さて畿内の動乱に応じて、大和国に覇を唱えた武将が＜木沢長政→三好長慶→筒井順昭→松永久秀＞とめまぐるしく交代するたびに、**柳生家厳**はその実力者に属した。

　そこに国人―弱小勢力の土豪―の悲哀を見る思いがするが、その中でサバイバルのために権力者を見極める情報感性、政治的なセンスも養われたのかもしれない。

　まず**木沢長政**（？〜1542）は、あまり知名度は高くないが、下剋上の典型のような武将で、「稀代の悪人」（『畠山家記』）といわれた。出身は甲賀（滋賀県）で3管領のひとつ畠山氏の家臣から頭角を現し、大和国に笠置山城などを築いて三好一族に対抗した。

　当初、柳生家厳はこの長政に属して笠置山城にいたが、あるとき三好派の伊賀の忍び[*8]が城に放火したのをきっかけとして、家厳は長政を裏切ったと伝えられる。火術は忍びが最も得意とする術であり、ここにもまた柳生氏と伊賀との接点が登場する。

　木沢長政が敗死後の家厳は、三好長慶にしたがって戦功を挙げたようだが、1544（天文13）年、興福寺衆徒の棟梁・**筒井順昭**[*9]からの攻撃を受けると、筒井方へと転じてしまう。

　この順昭は大和国外からの侵略勢力に対抗した人物で、後に「洞が峠」[*10]で、天下の形勢を様子見した話で知られる筒井順慶の父にあたる。元来が僧

[*8] 伊賀の忍び：江戸時代に書かれた伊賀忍術の集大成本『万川集海』には、「戦とは敵の隙に乗じて、速やかに不意を撃つものだ。それを考えれば、忍術がなければ敵の密計、陰謀は知ることができない」と書かれている。なお、この本の中には「陽忍編―謀略などの頭脳プレイ」、「陰忍編―潜入・奇襲などの具体的アクション」、「忍器編―水器・火器などの実用ツール」といった項目がある。

[*9] 筒井順昭（1523〜50）：「元の木阿弥」という諺がある。意味は「一時よい状態にあったものが、元の状態に戻る」ことで、その由来はこの順昭にある。順昭が若死にし、子（後の順慶）が幼かったことから、松永久秀が侵略してくる恐れがあった。そこで順昭と声の似た奈良の盲人・木阿弥を身代わりにして病床に置いた。いわば影武者である。しかし、順慶が成人後は木阿弥は不要となり、奈良に戻ったという。

[*10] 洞ヶ峠：1582年の山崎の合戦。明智光秀に味方するはずの順慶はこの峠まで出陣したが、ここで天下の形勢を観望したまま動かなかった。そういう俗説がある。現在でいう日和見主義である。

[筒井氏系図]（＝は養子）

```
(筒井)順興 ──┬── 順昭 ── 順慶 ══ 定次
            └── ○ ── 順斎
```

兵出身だから坊主頭であるが、実態は武士なので、これを半僧半士という。

後に石田三成に高禄で仕え、「三成に過ぎたる者」といわれた勇将・島左近（？〜1600）（243ページ参照）もこのころは大和国人のひとりであり、柳生氏と同様に筒井氏の傘下に属した。左近自身も柳生氏と関係の深い人物である。

このような柳生氏、島氏の立場を被官といい、江戸時代の家来といった隷属度の高い主従関係よりは、もう少し緩やかな従属関係にあった。当時は忠義という概念はまだ希薄であり、むしろ＜軍役提供＝所領安堵＞のギブアンドテイクの関係に近い。

したがって、権力の前に柳生氏はフレキシブルであり、1559（永禄2）年に今度は松永久秀が大和国に進駐してくると、柳生家厳は筒井氏のもとを離れ、久秀方に加わることになる。

久秀の進駐、悪行について、『多聞院日記』では次のように記している。

● 「8月10日、松永久秀が大将となり三好の人数が和州（大和国）に乱入し、筒井は没落した」
● 「久秀の入国以来の悪逆は万人を悩ますこと幾千万、限りがない」
● 「寺社は奈良中で相果てた」

まさに旧勢力は、久秀を脅威として捉えているが、整理の意味も込めて久秀の有名な事件を年表でまとめておきたい。

[松永久秀関係年表]

年	事件
1549（天文18）年	三好長慶の重臣となる。
1559（永禄2）年	大和国へ進出し、信貴山城を拠点とする。
1563（〃6）年	三好長慶の嫡男・義興を毒殺する。
1565（〃8）年	三好一族とともに将軍・足利義輝を謀殺する。
1565（〃8）年	三好一族と敵対し、奈良の東大寺大仏殿を焼き払う。
1568（〃11）年	織田信長に降伏し、大和国支配を安堵される。
1577（天正5）年	信長に背くが、敗戦により自殺する。

ちなみに1559年、松永久秀は50歳、筒井順慶は11歳。そして柳生家厳は62歳、後に登場する嫡男・宗厳は31歳だった。

Ⅰ 柳生創世記

COLUMN

柳生伝説ウソかマコトか——柳生の里紹介

　JR奈良駅から北東にバスで50分。静かな山間(やまあい)の里が、**柳生新陰流**揺籃(ゆりかご)の地・柳生の里である。

　武蔵が、「ふしぎだ」何度も呟く……「山に樹が多い……この柳生谷四箇の庄の山は、みな樹齢が経っている。……これはこの国が、兵火にかかっていない証拠だ。……だからこの国は、経済にも豊かで、子供もすこやかに育てられ、老人は尊敬され、若い男女は、どんなことがあっても他国へ走って、浮いた生活をしようとは思わない」
（小説『宮本武蔵』吉川英治）

　宮本武蔵が、柳生谷に石舟斎を訪ねる途上での感慨である。
　たしかにこの町は、江戸時代にタイムスリップしたかのような懐かしさがある。
　柳生の里で、旅人がまず訪れる史跡といえば、石舟斎の菩提(ぼだい)を弔う神護山(しんごさん)・**芳徳禅寺**(ほうとくぜんじ)であろう。1638（寛永15）年、柳生の里を一望に見下ろす山王台上に、柳生宗矩が創建。もと柳生家居館の跡という。開山は沢庵和尚で、のち柳生家の菩提寺となる。

芳徳禅寺

本堂

　1711（正徳元）年、大火にあったが、柳生宗冬が彫らせた宗矩像と、列堂が彫らせた沢庵和尚像は、ともに焼失を免れた。いまも、第1世住持・列堂和尚の像とともに、本堂に3体並んで安置されている。

　目を半眼にした宗矩の木像は、剣豪というより政治家といった方が似つかわしく、沢庵の像は、「日本猿の面貌によく似て」いる。また列堂の像は、「瞳孔の大きな目に、太い一文字眉が、ズッシリとついている」（ともに作家・村山知義の印象）。本堂内には、柳生家ゆかりの甲冑、墓肌撓、十兵衛の秘伝書『月之抄』などが展示されている。

　本堂裏手には**柳生家墓所**がある。約80坪の敷地には、宗矩の五輪の墓を囲むように柳生一族の墓石が立ち並び、凛とした雰囲気を漂わせている。なお墓所の片隅には、

上泉伊勢守供養塔

Ⅰ 柳生創世記

新陰流の祖・上泉伊勢守の供養碑（柳眼塔）が、柳生一族を見守るようにひっそりと立っている。

その芳徳寺から坂道を下ってすぐの所に、**柳生正木坂剣禅道場**がある。建物は、興福寺の一部（明治期には奈良地方裁判所の一部）を移築、昭和40年に完成した。もと柳生友矩の居住跡だが、弟・宗冬が寺として「等閑院」とした友矩の住居は、芳徳寺火災の時に類焼している。石舟斎の命日にちなむ4月の「柳生まつり」には、ここで奈良県下の剣道大会が催され、この地の主だった友矩の衣鉢を継ぐ少年達の裂帛の気合が響く。

なお十兵衛時代の正木坂道場は、ここではなく、柳生陣屋の敷地内にあった。現在の柳生公民館あたりで、「柳生城跡」の石碑が立っている。

道場から南下し、細い山道を左に入ってしばらく登ると、柳生戸岩谷の**天之石立神社**に至る。そこには、天岩戸が割れてこの地に飛来した、と伝わる2個の巨石が祭られている。

さらに百メートルほど奥に進むと、中央から2つに割れた7メートル四方の大きな花崗岩がある。かつて、柳生石舟斎がこの地で修行中、天狗を切り捨てたと思い、気付いたら巨石を2つに割っていた、という伝説の**一刀石**である。

あたりは杉木立が空を覆い、ひとつ道を外れれば、大小の花崗岩が木の根に食い込む険しい崖となって、往時のままの荒々しさを残している。そして静寂のなか山道に佇めば、石舟斎や十兵衛の厳しい修行が偲ばれ、おのずと粛然となるのである。

正木坂道場

一刀石

旧柳生家老屋敷

広い道に戻って、芳徳寺向かいの高台を望めば**旧柳生家老屋敷**がある。幕末の「紫縮緬事件」で国許派の領袖となった上席家老・小山田家の屋敷である。

昭和39年、作家・山岡荘八が当時の金で「85万円か、450万円で購入」（『史談家康の周辺』）。この金額の開きがなんとも大らかで、さすが国民的流行作家である。ＮＨＫ連続ドラマ『春の坂道』（昭和46年放映）の構想もここで練られたといい、屋敷内には、柳生家使用の陶器などのほか、山岡の写真も飾られている。昭和55年、奈良市に遺贈され、一般に公開。尾張の石工が築いた美しい石垣と本宅、庭園は、小山田家

Ⅰ　柳生創世記

昔日の栄華を物語っている。

　こうした主要な史跡のほか、柳生宗矩が3年の歳月を費やして建てた坪数1347坪の**柳生陣屋跡**や、十兵衛が西国の旅に出るとき植えたとされる**十兵衛杉**（現在は落雷により立ち枯れ）、宗矩がおふじを見初めた、という**おふじの井戸**など、さまざまな史跡が徒歩30分圏内に点在し、訪れた柳生ファンを喜ばせている。

　ただ宮本武蔵がいう「豊かな地」も、古代では、春日大社の後背地にあたることから、古墳・地蔵も多く、死者を弔う場所だった、と伝えられる。陽光溢れる山間の村、という「陽」の面と、古代からの弔いの地、という「陰」の面の両面を併せ持つ、まさに柳生新陰流発祥の地にふさわしい場所なのである。

Ⅰ　柳生創世記

地図：
- 古城山剣塚
- 十兵衛杉（現在は落雷のため枯れている）
- 369
- 柳の森
- 柳生家の墓
- 芳徳禅寺（資料室）
- 旧柳生藩家老陣屋敷（柳生観光協会資料館）
- もみじ橋
- 山岡荘八文学碑
- 柳生宗矩の木像
- 至奈良
- 摩利支天山
- 正木坂道場
- 八坂神社
- 旧柳生藩陣屋敷跡（史跡公園）
- 369
- 旧柳生街道
- 天石立神社
- 一刀岩
- 至名阪国道針インター

II 柳生新陰流の創始者・柳生宗厳

西暦	和暦	柳生一族の主な出来事（☆=主要一般事項）
1452	享徳1	陰流の祖・愛洲移香斎、誕生（～1538）
1508	永正5	新陰流の祖・上泉秀綱、誕生（～73）
1529	享禄2	柳生新陰流の祖・柳生宗厳、誕生（～1606）
1552	天文21	宗厳の長男・厳勝、誕生（～1616）
1555	弘治1	☆川中島の合戦（武田信玄ＶＳ上杉謙信）
1563	永禄6	上泉秀綱、北畠具教の紹介で宗厳と会う
1565	永禄8	上泉秀綱、宗厳に印可。☆松永久秀、将軍・義輝を殺す
1566	永禄9	宗厳、多武峯の合戦に参戦し久秀より感状
1568	永禄11	宗厳、落馬事故
1570	元亀1	上泉秀綱、叙位（従四位下）
1571	元亀2	宗厳・厳勝親子、辰市の合戦に従軍し厳勝が負傷、宗厳の5男・宗矩、誕生（～1646）
1573	天正1	上泉秀綱、逝去
1575	天正3	☆北畠具教、織田信長と和議
1577	天正5	☆松永久秀、信長の攻撃により自刃
1579	天正7	柳生利厳（宗厳の孫）、誕生（～1650）
1585	天正13	家厳、逝去
1593	文禄2	宗厳、『兵法百首』を完成。出家し、石舟斎と号す
1594	文禄3	宗厳・宗矩親子、徳川家康に拝謁。宗矩が仕官。柳生の所領没収
1597	慶長2	☆豊臣秀吉、朝鮮出兵。厳勝の長男・久三郎が朝鮮で戦死
1600	慶長5	☆関が原の合戦。宗厳・宗矩が西軍の後方撹乱
1601	慶長6	宗厳、金春七郎へ伝授
1603	慶長8	宗厳の4男・宗章、米子で討死
1604	慶長9	宗厳、孫・利厳に伝授
1606	慶長11	宗厳、逝去
1607	慶長12	宗矩の長男・十兵衛三厳、誕生（～50）
1632	寛永9	宗矩、『兵法家伝書』を完成

1 柳生宗厳──その人生の軌跡

槍の達人・柳生新左衛門宗厳

柳生宗厳は1529（享禄２）年に、家厳の長男として柳生の庄に生まれた。通称を**新次郎**、**新介**、**新左衛門**といい、**但馬守**を名乗った。後の**石舟斎**である。

若き日の宗厳は父とともに筒井氏に属し、その一方で、中条流[*1]や新当流[*2]の武芸を学んだと伝えられる。

そして、1559（永禄２）年以降の柳生氏は、＜家厳─宗厳─厳勝＞の３代に渡って松永久秀に仕えることになり、宗厳はその軍勢の一員として数多くの合戦に従軍する。

宗厳にとって一大転機が訪れるのは、1563（永禄６）年、35歳のときの新陰流の開祖・**上泉秀綱**との出会いだが、そのことは後述したい。

1566（永禄９）年、宗厳は久秀軍の一員として大和国多武峯（桜井市）へと出陣する。延暦寺系の僧兵が久秀に反抗したためであり、この合戦で活躍した宗厳に対する久秀の「感状」が残っている。

多武峯東口において槍を働かれ、数輩疵首討ち捕られ候段、……比類無き御働きいよいよ戦功……

宗厳が**槍**で数人を傷つけ、首級を討ち捕った働き振りを褒めた内容だが、これからも分かるように、柳生新陰流の創始者──剣術の達人──ですら、戦闘時の活躍は槍と明記されているのである。彼が実際に刀を使ったのは、首切りのときであろう。

逆にこの合戦で宗厳は、敵の弓によって拳を射られたとも伝えられる。

その２年後、今度は宗厳が落馬し、重体に陥るという事件が起きる。詳しいことは分からない。が、合戦ではなく、奈良からの帰路途中の事故のよう

Ⅱ 柳生新陰流の創始者・柳生宗厳

[*1] **中条流**：南北朝時代のころの武士である中条長秀が創始した流派で、後に栄えた「一刀流」「冨田流」は、この流れである。
[*2] **新当流**：下総国香取郡（千葉県）の飯篠長威斎（1387〜1488）が創始した剣術流派で、神道流ともいう。塚原卜伝が修業した剣術として有名。

で、これを知った興福寺の僧たちが嘲笑したと記録されている。

　おそらくは拳のケガの後遺症が原因なのだろうが、嘲笑には「武芸の達人・小柳弓新左衛門が落馬するとは不覚」というニュアンスが込められており、宗厳にとっては苦い話だったといえよう。

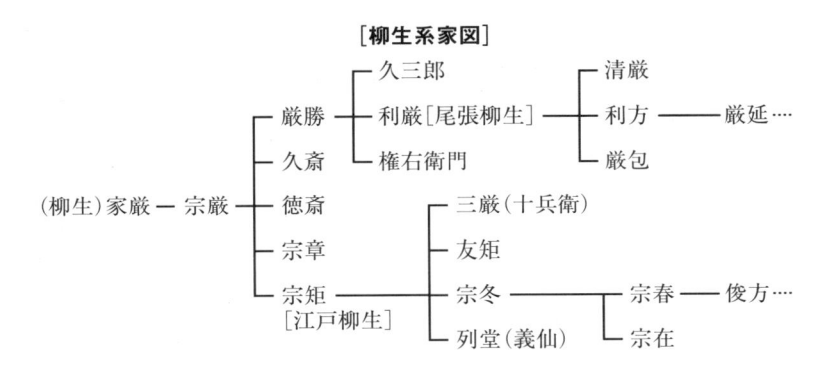

[柳生系家図]

```
                        ┌ 久三郎        ┌ 清厳
              ┌ 厳勝  ─┼ 利厳[尾張柳生]─┼ 利方 ── 厳延……
              │        └ 権右衛門      └ 厳包
              ├ 久斎
(柳生)家厳 ─ 宗厳 ─┼ 徳斎        ┌ 三厳(十兵衛)
              ├ 宗章        ├ 友矩
              └ 宗矩 ──────┼ 宗冬 ──┬ 宗春 ── 俊方……
                [江戸柳生]   └ 列堂(義仙) └ 宗在
```

⓬ 梟雄・松永久秀との関わり

　宗厳の傷が癒えた後も大和国の戦乱は治まらず、松永久秀と筒井順慶以下の国人連合との間で戦闘が続いていた。

　中でも1571(元亀元)年の辰市(奈良市)の合戦は、大和国始まって以来の大激戦となった。このとき筒井軍の先鋒を勤めたのが島左近であり、彼は一時期、久秀にも仕えていたといわれる。

　その結果、松永軍は多くの討死者、負傷者を出して総崩れとなり、手ひどい惨敗を帰した。

　じつは、この戦いに宗厳(43歳)とともに長男・厳勝(20歳)が松永軍に加わっていたが、厳勝が筒井軍の銃弾を腰に受けて重傷を負い、不具となってしまう。この悲劇的な出来事が、後述する**江戸柳生家**(宗厳の5男・宗矩の流れ、大名家)、**尾張柳生家**(厳勝の子・兵庫助利厳の流れ、尾張徳川家家臣)を生む遠因となる。

　以上のとおり、柳生一族は一貫して久秀派だった。それはなによりも、宗厳が久秀に味方することで立身出世を期待したためであり、久秀の有する革新性─旧来の価値観の否定─、権謀術数への共鳴もあったのかもしれない。

　後に触れるが、宗厳は立身出世という〈世渡り〉に失敗したことから、柳

生新陰流にいわば＜引き籠り＞した経緯がある。彼が「流儀名を高めるために、刀で鎧武者を斬りまくった」といった小説的なイメージは、価値観が完全に逆転しており、単なる虚像にしか過ぎない。若き宗厳の思いは、槍を持って殊勲を挙げること、それに尽きる。

端的にいえば柳生宗厳は松永久秀に世渡りを賭けて挫折し、上泉秀綱の新陰流によって癒される。それが彼の人生の軌跡といって過言ではない。

さて1577（天正5）年に久秀は、足利義昭の扇動によって信貴山城に立て籠もり、織田信長に反旗を翻す。だが信長軍の攻撃で城は落ち、久秀（68歳）は自刃を遂げる。

その最期のときに、「茶人としての信長が久秀秘蔵の茶釜・平蜘蛛(ひらぐも)を譲るように求めたが、久秀はその天下の名物を粉々に砕いてしまった」という話が残っている。

旧来の価値観・権威を否定し続けた久秀の反骨精神が窺えるエピソードだが、ここにも、じつは柳生一族が絡んでくる。『柳生家譜』では、「久秀に仕えていた宗厳の叔父・柳生松吟庵(しょうぎんあん)*3 が、落城の際に平蜘蛛を貰い受けた」と記録されているのだ。

実際、松吟庵という人物の事績はハッキリせず、真偽も分からない話だが、平蜘蛛伝説に記された内容は、久秀と被官の立場を超えた柳生一族との信頼関係を強く感じさせるものがある。

余談ながら、久秀が抱えた幻術師が有名な果心居士(かしんこじ)*4 であり、果心にはさまざまな逸話があるが、久秀からの依頼で三好一族数名を呪法によって暗殺したという。

🔟上泉伊勢守、柳生但馬守の身分の違い

これまで主に柳生宗厳の武士としての側面を追ってきたが、以降は新陰流の開祖・上泉伊勢守秀綱との出会い、柳生新陰流の創始を述べていくこととⅡ 柳生新陰流の創始者・柳生宗厳

---

*3　**柳生松吟庵**（生没年不詳）：「家厳の弟」説のほかに「宗厳の弟」説もある。宗厳の弟は七郎左衛門重厳といい、兄以上の使い手だったという。なお、この「七郎」という通称は、奇しくも江戸柳生、尾張柳生を代表する十兵衛三厳と連也斎厳包が名乗っている。
*4　**果心居士**（生没年不詳）：大和国に生まれたという以外、何も分かっていない幻術師。あるとき幻術を所望された果心が、扇で手招きすると、部屋の屏風から水が溢れだし、人々を溺れさせた。そして一同が気付くと濡れた跡もない座敷で、ただ横たわっていただけという。また、松永久秀から「恐ろしいものを見せろ」といわれ、久秀の死んだ妻を幻術で出し、恐怖させたともいわれる。この果心も飯綱権現で修行したひとり、という説もある。

する。だがその前に、全体の理解を深める観点から、**位階、官位**についての予備知識を持っておきたい。

というのも上泉伊勢守秀綱は、後に武田信玄[*5]から一字を拝領して信綱を名乗り、上洛後は位階を従四位下に任ぜられ、正式な官位として武蔵守を賜っている。そして本姓は藤原氏だから、彼の最終的な名は＜上泉武蔵守　藤原信綱＞となる。ちなみに名前を賜ることを「偏諱(へんき)」といい、一種の主従関係にあることをあらわす。

あえて、これまで詳しく述べなかったが、じつは柳生家厳は美作守(みまさかのかみ)、そして宗厳も但馬守(たじまのかみ)と名乗っていた。

ところが、これは彼らが勝手にそう称しただけで、正式の官位ではない。あの宮本武蔵の名前も武蔵守の意味があり、こちらもまた私称である。

一方で、上記の上泉武蔵守信綱や宗厳の5男・但馬守宗矩は正式なものとなる。柳生氏の親子が同じ「但馬守」といっても、そこには違いがある。

では一体、なにが違うのか？

分かりやすく記すと、朝廷貴族は古代律令制以来、正一位から始まる30等級の身分に位置づけられた。これを**位階制**といい、その最下級クラスの官僚でも、大半の庶民からすれば雲の上の人々である。

そして一定の位階に叙任すれば、特定の官位への就任（任官）が可能、という仕組みになっている。

つまり正一位ならば太政大臣、正三位ならば大納言、従四位ならば地方官の国司（○○守）……といった具合に、位階と官位とが連動しているのだ。

このような**人事システム**は身分制度の典型であり、江戸幕府でも厳格に運営された。律令制自体は存在しなくても、そのフレームだけは踏襲されたわけで、じつは現代の会社組織にも大きな影響を与えている。

よくあるケースが「職能（＝位階、資格）が主事に昇格すれば、役職（＝官位）として課長に登用される」といった制度であり、いまでも数多くの企業がこのシステムを採用している。

つまり上泉秀綱は位階が従四位下、柳生宗矩は従五位下だったから○○守を正式に名乗れたのである。その意味で秀綱などは貴人─身分の高い人─といっていい。逆に柳生宗厳は**無位無官**の身である。

Ⅱ　柳生新陰流の創始者・柳生宗厳

[*5]　**武田信玄**（1521〜73）：甲斐国の戦国大名。諱は晴信で、出家して法名を信玄といった。秀綱は晴信の「信」をもらったことになる。ちなみに晴信の「晴」は12代将軍・足利義晴から賜わった一字。

[位階制のしくみ]

6段階	正/従	一位		公卿
	正/従	二位		
	正/従	三位		
24段階	正/従	四位	上/下	貴族
	正/従	五位	上/下	
	正/従	六位	上/下	下級官人
	正/従	七位	上/下	
	正/従	八位	上/下	
	正/従	初位	上/下	

[名前の構成]

苗字	通称	本姓	諱(実名)
柳生	又右衛門	平	宗矩

　　　　　┆
　　　　　└→任官して但馬守

II 柳生新陰流の創始者・柳生宗厳

　ここでもうひとつ。現代でいえば＜ブランド＞に近いが、国にも上国（大国）・下国（小国）といった格差、微妙なバランス感があった。
　さらに官位が武蔵守であっても、それが現実の武蔵国（東京都、埼玉県）の国司とは限らないのだ。必ずしも官位と現実とがリンクするわけではない、そこも大きなポイントである。
　なお本書では、混乱、煩雑さを避けるために上泉秀綱、柳生宗厳で統一を図る。ただし当時、「秀綱」といった実名を諱（いみな）＝忌み名といい、その諱で呼ぶことは失礼という風潮が存在したことは、記憶に留めていただきたい。たとえば将軍を義輝公と呼ぶことはありえず、公方様となる。
　武士にあっても官位―上泉武蔵守（秀綱）、柳生但馬守（宗矩）―とか、通称―柳生新左衛門（宗厳）、柳生十兵衛（三厳）―で呼ぶのが一般的なのである。

🔟 上泉秀綱を取り巻く関東の環境

　上泉氏は上野国大胡(群馬県勢多郡)を所領とする土豪で、室町時代は関東管領*6・上杉氏に従属していた。

　関東一円を勢力下に収めた上杉氏は、戦国時代に急速に力を強めた北条早雲—後北条氏の始祖—の攻撃を浴び、衰退の一途を辿り始める。

　その弱体化した家名を、1552(天文21)年に当主・上杉憲政から譲られたのが越後国(新潟県)の長尾景虎、後の**上杉謙信***7である。

　上杉謙信というと、武田信玄との数度に渡る信濃国(長野県)での激闘—川中島の合戦(1553～64)—が特に有名だが、その半生は関東管領としての復権に捧げられていた。

　彼にとって関東の合戦は、不法侵入者—後北条氏(本拠地・小田原)、武田氏(本拠地・甲府)—の排斥、つまりは＜聖戦＞であった。最盛期の謙信は、越後国から遠く小田原城にまで迫ったこともある。

　要するに戦国時代の関東の形勢は、後北条、武田、上杉氏の勢力の三つ巴状態であり、上泉秀綱(1508～73)はその時代を生きた。

　当初、上杉憲政に従っていた秀綱は、1555(弘治元)年に北条氏康の攻撃を受けるとその軍門に下る。しかし、今度は上杉謙信が越後国から南下して反撃を開始すると、秀綱はそれに味方して上杉管領家の重臣・長野業正に付属する。

　そのころ秀綱は、後北条氏の兵が立て籠もる安中城(群馬県安中市)攻め

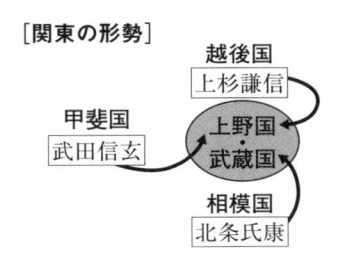

[関東の形勢]

　　　　　　　越後国
　　　　　　　上杉謙信
　甲斐国　　　　　↓
　武田信玄　→　上野国・
　　　　　　　　武蔵国
　　　　　　　　　↑
　　　　　　　相模国
　　　　　　　北条氏康

＊6　**関東管領**：室町幕府は、足利一族を鎌倉公方として関東を統治させ、その補佐役を関東管領として任命した。この職は代々上杉氏が世襲した。
＊7　**上杉謙信**(1530～78)：歴史家・八切止夫に「謙信女人説」という天下の奇説がある。謙信は養子になる以前は長尾景虎といい、子供がないままに脳溢血で死亡したとされる。が、信頼できる史料に「越後の景虎は大虫で死んだ」と書かれていることが、女人説の最大の根拠だ。いまも「腹の虫が…」というときがあるが、当時、大虫とは体内の婦人病を指す言葉だったという。

に参加し、槍を振るって武功を挙げたために「上野国一本槍」、「長野十六人の槍」と称せられたという。ここでも、またしても**槍**での活躍である。

その後、永禄年間に秀綱は**武者修行**[*8]として何度か西国に行ったようだ。

後に記す柳生宗厳との出会いも1563（永禄6）年のことである。

どうにも秀綱の生涯な不明な点が多く、時期の特定が微妙なのだが、永禄年間に主君の長野氏は武田軍によって滅ぼされ、秀綱は落ち延びて上野国内に潜伏する。そこへ武田信玄から召抱えの申し出があり、名前の一字をもらい信綱と改名する。

だが、秀綱は「今後、武田家以外には仕官はしない」と誓約した上で、再び武者修行の旅に出立したと伝えられる。当時の秀綱は50歳代、すでに老境の域にある。

ともあれ、これから述べる上泉秀綱と柳生宗厳には21歳の年齢の開き、身分の差もあるものの、次の共通項を見出すことができる。

①**武士としての境涯**：ロケーションは東西と異なるが、ともに土豪の家に生まれ、戦国乱世の中で弱小勢力としての悲哀を味わいつつ、その地を制圧した武将に従ったこと。

②**武芸者としての活躍**：ともに合戦では槍で殊勲を挙げ、かつ剣技に優れ剣術流派の創始者となったこと。

③**兵法の革新性・実用性**：「兵法は時代によって常に新たなるべし。然（しか）らざれば、戦場戦士の当用に役立たず」（上泉秀綱）といった兵法観・精神論も共通の認識だったこと。

Ⅱ 柳生新陰流の創始者・柳生宗厳

2 新陰流の創始者・上泉秀綱

❶兵術「陰流」を伝授される

某（それがし）、幼少より兵法兵術に志しあるによって、諸流の奥源を極め、日夜工夫（くふう）

[*8] **武者修行**：上泉秀綱に先立つ塚原卜伝（45ページ参照）の場合は、かなり大掛かりだったようで、その様子が『甲陽軍鑑』に描かれている。「卜伝は兵法修行を行うにあたり、大きな鷹3匹を肩に、乗り換え用の馬3頭を曳かせ、80人もの供を連れて……」かなりのデモンストレーションを意識した様子が窺える。

鍛錬(たんれん)を致す……

　後に上泉秀綱が柳生宗厳に与えた「印可状」の一節であり、この文章によって秀綱が幼少期から兵法と兵術の修行に励んだこと、新陰流には諸流の工夫が加わっていることが分かる。
　なによりも、彼が**兵法**＝武芸理論・学問と**兵術**＝武芸技能とを明確に区分している点が特徴的なのだが、江戸時代以降はこの2つのジャンルが一元的に兵法と呼ばれたり、剣術と一緒のように思われてしまうことになる。
　さて若き日の秀綱は、**陰流**(かげりゅう)の開祖・愛洲移香斎(あいすいこうさい)(1452～1538)の子・元香斎(げんこうさい)から常陸国(ひたちのくに)(茨城県)で刀・槍を伝授された、と伝えられる。
　その愛洲一族は南朝に味方した伊勢国の水軍、いわば海賊である。したがって移香斎の活動範囲は幅広く、36歳のときに日向国(宮崎県)の鵜戸明神(うどみょうじん)で陰流の奥義を開き、さらに八幡船(ばはんせん)に乗って遠く中国大陸の明(みん)にまで達したという。
　いささか大袈裟な感じもするが、南北朝時代のころに南朝が劣勢からの挽回を期すべく海路で、北畠親房(きたばたけちかふさ)を常陸国に、また懐良親王(かねながしんのう)[*1]を九州に派遣し、さらに親王が明国と通商した事実を考えれば、あながち虚構の世界とは言い切れない面がある。
　また、秀綱は陰流を学ぶ以前には、塚原卜伝高幹(つかはらぼくでんたかもと)からは新当流を学んだという説もある。ちなみに**塚原卜伝**[*2]は常陸国出身の高名な武芸者で、武芸をもって諸国を遍歴し、足利将軍家や伊勢国の国司・北畠具教(きたばたけとものり)(親房の子孫)といった貴人に、新当流・一の太刀を伝授したことで知られる。
　上泉秀綱は、兵術面ではこれら諸流派での修行を活かし、愛洲陰流に新工夫を凝らして、最終的に**新陰流**を創始する。なお、陰流、新陰流については53ページで詳述したい。
　その開眼の場所は、山岳の修験者(しゅげんしゃ)の信仰を集めた信濃国・飯綱権現という説もある。この権現は前述の細川政元の魔法が有名だが、上杉謙信の信仰も厚かったことでも知られ、さらに江戸時代に栄えた神道無念流の開祖・福井

II 柳生新陰流の創始者・柳生宗厳

[*1] **懐良親王**(1329～83)：後醍醐天皇の皇子。九州での南朝勢力の挽回に尽力し、全盛期は「征西将軍」として九州全土を掌握した。中国の明とも通交したことでも知られ、明側の史料には約20年にわたって「日本国王良懐」(名前が逆転)の入貢が記録されている。
[*2] **塚原卜伝**(1490～1572)：新当流の祖・飯篠長威斎に剣を学び、各地に数多くの門人を擁した。卜伝は将軍・足利義輝へ秘伝「一の太刀」を伝授したという。

兵右衛門が、この地で奥義を悟ったと伝えられる。

⑪合戦のための理論・上泉軍法

続いて上泉秀綱の**兵法**について触れてみたい。

意外かもしれないが、当時の戦国武将は呪術や占星術を重視するケースが多く、そのエキスパートを**軍配者**（軍師、陰陽師）として側近に抱えていた。

つまり戦国武将は、軍配者の進言に基づき合戦の日時の吉凶、陣の配備、攻撃のタイミングを判断したわけで、言い換えれば軍配者は現在の気象予報士的な機能も果たしていたことになる。

いまも相撲に名残を留める軍配扇の表には日、裏には月が描かれているのも、昼間と夜間の合戦で区別して使用されたからだ。なにも相撲の勝ち名乗りのように、勝者を指すためのものではない。

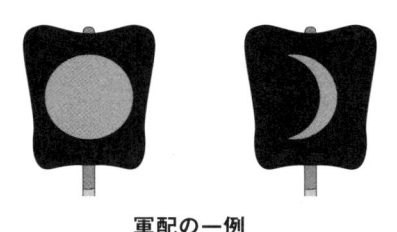

軍配の一例

その軍配に関して秀綱が25歳のときに、小笠原氏から家伝の『軍配兵法書』を伝授された、という話が残っている。**軍配兵法**とあるように、これは合戦時に役立つ天文学、気象学、方位学などの理論のことを指す。

このように秀綱には軍配兵法の権威という一面があり、兵法、兵術ともに優れた当時有数の人材であった。

その秀綱の軍配兵法は「上泉軍法」といわれ、上泉氏代々＜秀綱―秀胤―義胤＞へと相伝された。

秀綱の孫にあたる義胤は江戸時代の人で、軍法で彦根藩・井伊家や岡山藩・池田家に仕え、剣術で尾張藩・徳川家にも召抱えられたことがあったという。その際に世話をしたのが、柳生宗厳の孫・兵庫介利厳であり、師弟関係の縁が子孫にまで伝わった、というべき逸話であろう。

後で触れるとおり、秀綱自身が兵術は諸国の弟子に伝授した一方で、軍法

Ⅱ 柳生新陰流の創始者・柳生宗厳

は子孫にだけ伝えた点に、彼にとっての軍法の重みを感じ取るべきであり、当時の評価も軍法の方が高かった可能性が強い。

要するに秀綱は単なる武芸者ではなく、＜学者＆武芸者＞といったほうが適切であり、柳生宗厳はその武芸の一面を受け継いだことになる。

⓫ルートは北畠具教→宝蔵院胤栄→柳生宗厳

永禄年間（1558〜69）の約10年間に、上泉秀綱は門人の神後伊豆守宗治や甥の疋田文五郎景兼（233ページ参照）を供に連れて、幾度か京都へ上っている。

1563（永禄6）年、京都を目指して諸国遍歴の旅に出た秀綱一行は、途中、尾張国を経て伊勢国の国司・**北畠具教**（1528〜76）のもとを訪れた。

北畠氏は南朝に尽くした公家・北畠親房の子孫で、代々伊勢国の国司に任ぜられた名門の家柄である。

後醍醐天皇は「建武の中興」で、武家政権が設置した守護に対して国司―古代律令制の職制―を復活させるべく、諸国に公家を派遣した経緯がある。その中で伊勢国の北畠氏、飛騨国（岐阜県）の姉小路氏、土佐国（高知県）の一条氏を＜三国司＞という。

中でも北畠氏は第3代・満雅が後南朝の王子を奉じて室町幕府に反抗したことで知られるが、それ以降も守護を上回る勢威と実力を誇り、多気（三重県多気郡大台町）に御所を構えていた。

その第8代国司が北畠具教であり、母は細川高国（28ページ参照）の娘といわれる。

具教は、塚原卜伝から新当流**一の太刀**の伝授を受けた。一の太刀とは必殺技で「一文字に構え、敵の打つところを引き、後一文字にて勝つ」とされるが、抽象的で分かりにくい。それよりも貴人向けの護身術、「刺客の繰り出す槍を一瞬にして打ち払う技」と考えたほうが、合理的であろう。

ともあれ具教は、分かりやすく表現すれば＜剣豪大名＞というべき存在で、諸国を歴訪する武芸者のパトロン的な役割をも果たしていた。

ここで上泉秀綱は具教から、大和国・奈良興福寺内にある宝蔵院の覚禅坊胤栄（234ページ参照）を紹介される。じつは具教の弟が、興福寺東門院の院主を勤めていた。その縁であろう。

宝蔵院胤栄[*3]は伊賀の出身で、興福寺の衆徒を勤める傍ら刀槍術を研鑽し

Ⅱ 柳生新陰流の創始者・柳生宗厳

ていた。後に鎌槍で知られた宝蔵院槍術の創始者となる。ちなみに当時の僧兵が主に用いたのは、長刀（薙刀）である。

その胤栄の知己が柳生宗厳であり、知らせを受けて奈良に駆けつけた宗厳は、初めて上泉秀綱と出会うことになる。

余談ながら、その数年後、北畠具教は尾張国から侵攻してきた織田信長と戦い、1575（天正3）年、最終的に信長の2男・信雄*4に家督を譲ることで、和議を結ぶ。

その翌年、隠居していた具教の館を、信長の意を含んだ家臣が訪れ、突如として具教に槍で襲いかかった。その結果、一の太刀で防御する間もなく具教は暗殺され、ここに北畠氏は滅亡する。

⑪上泉秀綱と柳生宗厳──偶然の出会い

従来から剣豪のイメージが定着している秀綱が、槍術の胤栄を訪れたことに多少違和感を覚える向きもあろう。

この点について、＜秀綱─胤栄─宗厳＞を結ぶキーワードを剣術オンリーとするよりは、むしろ**槍術、刀槍術**と考えるべきなのであろう。というのも彼らは戦国時代を生き、しかもいずれもが「槍」での活躍が顕著だからだ。

また秀綱と宗厳の出会いは、具教が直接紹介したという説もあるが、秀綱の「奈良直行」からすれば、やはり胤栄が宗厳を引き合わせたのであろう。

秀綱自身は「（新陰の流れを）天下に出して伝授せしめん為、上洛を致すところ、不慮に参会申し……」（柳生宗厳あて「印可状」）と記している。

出会いは宗厳の不慮の参会、すなわち思いがけない宗厳の試合への参加にあった。いわば偶然の産物であり、このころの宗厳はまだ知名度の低い存在だったと思われる。

奈良宝蔵院での刀槍の試合は3日間、1日1回ずつ行われた。

その結果、胤栄と宗厳はいとも簡単に敗れ、秀綱の門人となった。秀綱は

＊3　宝蔵院胤栄（1521〜1607）：胤栄の用いたのは、有名な三日月が交差したような形の鎌槍（十文字槍）。この槍は柳生宗厳と一緒に工夫した、という説もある。また、胤栄は新当流を学んだと伝えられる。どうやら宗厳とはかなり親密な間柄だったようだ。なお、宝蔵院流槍術は弟子の胤舜に受け継がれた。

＊4　織田信雄（1558〜1630）：北畠家の養子となり、一時期「北畠具豊」といったが、後に織田姓に戻る。徳川家康と共同戦線を張った「小牧・長久手の合戦」の後は豊臣秀吉に属し、尾張・伊勢の国主、内大臣となったが、秀吉によって徐封された。最後は家康のもとで、5万石の大名に遇せられた。

蟇肌撓　　　　　　　　　蟇肌撓(柄)

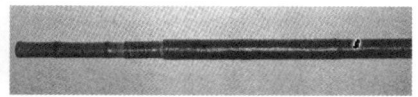

56歳、胤栄は43歳、そして宗厳が35歳のときである。

　ただし、実際の試合は高弟・疋田文五郎が宗厳と3度立ち会い、すべて勝利を修めたという話もある。最初から秀綱が試合に臨んだとも思われず、むしろこの話のほうが真実に近いのであろう。

　いずれにせよ試合に際して、秀綱（もしくは文五郎）は木刀を用いず、彼が考案した蟇肌撓で臨んだという。

　この竹刀は、長さが約3尺3寸（約1m）、太さが約1寸弱（約3cm）。割った竹を革の鞘袋―刀の鞘が傷ついたり濡れるのを防ぐ保護袋―で包み、赤漆を塗ったものだ。その漆のひび割れ状態が、蟇蛙の肌に似ていたことから「ひきはだ」の名がついた。

　要するに、秀綱は剣術の技能向上、稽古でのケガ防止のために革新的な剣術道具を開発したわけで、実用新案特許・蟇肌撓は柳生新陰流に引き継がれ、現在の剣道で使用される竹刀のルーツとなった。

　完敗した結果、宗厳は入門の証として馬などを進上し、秀綱一行を師と仰ぎ柳生の庄へと招き入れる。そして秀綱はこの地に半年以上も滞在し、新陰流を宗厳に伝授する。

　その間の宗厳の熱心な対応について、秀綱は感謝の念を込めて「種々ご懇切ご執心、その計らい謝し難く候」と記している。

　その一行の中で疋田文五郎（後の栖雲斎）だけは早い段階で柳生の地を去り、武芸の回国修行を続けたという。

　文五郎は秀綱の甥にしてかつ最古参の弟子であり、おそらく新陰流を最も

Ⅱ　柳生新陰流の創始者・柳生宗厳

＊5　細川藤孝（1534〜1610）：足利将軍家の近臣で、明智光秀とともに15代将軍・義昭を奉じて織田信長を頼った。後に、豊臣秀吉、徳川家康に仕え、大名となった。子・忠興は小倉藩主、孫・忠利は熊本藩主に封ぜられた。和歌に優れ、細川幽斎の名でも知られる。

色濃く継承した人物だったのであろう。

　じつに生涯無敗を誇り、後に細川藤孝*5（宮津城主）、織田信忠（信長の長男）、豊臣秀次*6（秀吉の甥）、細川忠興（小倉藩主）、寺沢広高（唐津藩主）など錚々たる武将、大名の指南を勤めたことでも知られ、彼の流儀を疋田陰流（ひきたかげりゅう）という。また、約3.6mの長槍を操る槍の名手でもあった、と伝えられる。

　その文五郎の剣技に関して、徳川家康が語った有名な逸話が残っている。「文五郎の技は確かに優れているが、人によって剣術の習得法には違いがある。天下の主、大名には自ら人を斬る技は必要ではなく、戦場などでの危機を切り抜けられればいい。貴人にとっては一騎打ちの剣術は不要、その理屈が文五郎には分かっていない」

　後に柳生宗厳が、家康の前で剣技を披露したのと同時期の話といわれるが、当時の貴人が必要とした剣技のポイントが「奇襲に遭った際の防御・リスク回避の護身術」にあったことがよく分かるエピソードだと思う。

　なお、文五郎晩年の唐津藩時代の門人が、柳生の＜宿命のライバル＞として時代小説、時代劇に登場する山田浮月斎（ふげつさい）（108ページ参照）であり、文五郎自身は大坂城に入り、1605（慶長10）年に70歳で城中に没したと伝えられる。

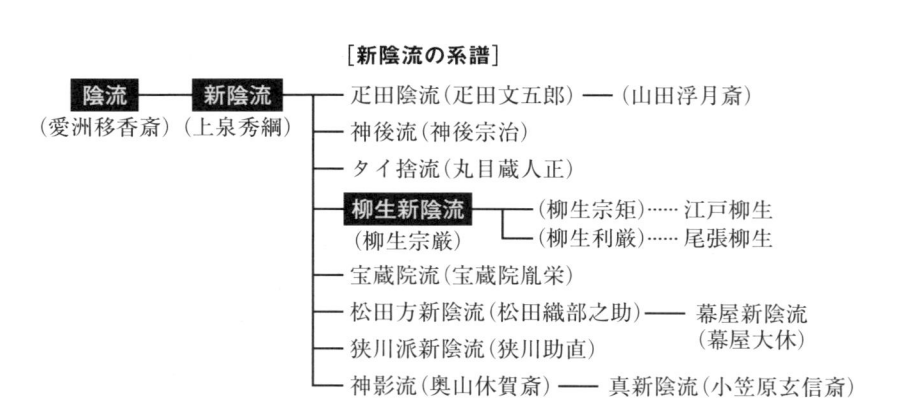

Ⅱ　柳生新陰流の創始者・柳生宗厳

[新陰流の系譜]

陰流（愛洲移香斎） ― **新陰流**（上泉秀綱） ―
- 疋田陰流（疋田文五郎） ―（山田浮月斎）
- 神後流（神後宗治）
- タイ捨流（丸目蔵人正）
- **柳生新陰流**（柳生宗厳）
  - （柳生宗矩）……江戸柳生
  - （柳生利厳）……尾張柳生
- 宝蔵院流（宝蔵院胤栄）
- 松田方新陰流（松田織部之助）― 幕屋新陰流（幕屋大休）
- 狭川派新陰流（狭川助直）
- 神影流（奥山休賀斎）― 真新陰流（小笠原玄信斎）

---

*6　**豊臣秀次**（1568〜95）：豊臣秀吉の姉の子供で、後継者のいない秀吉の養子となり、1591年には関白に就いた。ところが1593年に、秀吉の実子・秀頼が生まれたことから疎んじられ、自殺を命じられた。

③ 柳生宗厳への新陰流伝授

◉「天下第一」と絶賛された上泉秀綱

　1564（永禄7）年、柳生の地に滞在中の秀綱のもとに、後北条氏に従っていた嫡男・秀胤の戦死の報が届き、それを契機として秀綱はこの地を後にする。上泉氏の場合、父は武田信玄、子は北条氏康に属していた。

　だが、故国に戻った様子はなく、秀綱は高弟・神後宗治を連れて京都に上り、将軍・足利義輝の招きによって軍配兵法を講義し、また新陰流の型を披露した。

　確実な史料とは言い難いが、それを見た将軍・義輝が、「上泉の兵法は古今に比類がない。天下一というべし」と記した感状も残り、また**兵法新陰流軍法軍配天下第一**と絶賛したともいう。

　特に後者から窺えるのは、賞賛は上覧演武のみならず軍配兵法の講義にも向けられていた、つまり軍配師としての秀綱が認められた点である。

　たしかに貴人は護身用の剣術を必要とし、新陰流の型にも興味はあったろうが、なによりも大事なのは合戦時における＜大将としての立ち振る舞い、教養＞にあった。

　翌1565（永禄8）年、将軍・義輝が謀殺された年、秀綱は京都から大和国に赴き、柳生宗厳、宝蔵院胤栄に「一国唯一人」の新陰流印可を与え、さらに翌年、宗厳に『新陰流総目録』全4巻を授けている。

　どうも秀綱の動向はハッキリしないのだが、1565（永禄9）年には、一旦上野国に戻り、再び上洛を果たしたようだ。

　その旅の途中かどうか分からないが、秀綱が東山道を辿り甲斐国に滞在したときに、三河国出身の**奥山休賀斎公重**を門人にした。

　徳川家の剣術指南というと、柳生宗矩や小野次郎右衛門の名が即座に浮かぶが、家康はこの奥山休賀斎について剣を学んだ。彼の流派を後に「神影流」という。

　余談ながら、休賀斎の弟子が「真新陰流」の開祖・小笠原玄信斎長治。日本で新陰流を修行した後に明国に渡り、そこで矛術を会得して帰国し、秘術「八寸の延金」を考案したというから、じつに壮大な人物だ。ただし、肝心

Ⅱ　柳生新陰流の創始者・柳生宗厳

の秘術の中身はよく分かっていない。

さて、再び京都に戻った秀綱は、将軍や縁戚の大納言・山科言継(やましなときつぐ)などの貴人に対する軍配兵法の伝授活動を続け、言継の推挙を得て1570（元亀元）年に朝廷から位階を従四位下に叙された。

『山科言継日記』では、秀綱は領地名にちなんで大胡武蔵守と記されており、このころに武蔵守に任官されたと思われる。正式の官位であり、当時の武士にとっては最大の名誉といえる。

1571（元亀2）年、65歳を迎えた秀綱は柳生宗厳を訪ねたようだが、7月には京都を去って故国へと向かい、そこで子・秀胤の供養を行ったと伝えられる。没年には諸説あり、不思議なほどその最期の様子はよく分かっていない。

⑪「一国唯一人」新陰流の印可状

話を1565（永禄8）年に戻す。この年に上泉秀綱は柳生宗厳に新陰流の印可状を授けている。印可とは「芸道などで奥義の許しを与えること」で、いまの免許と考えていい。つまり印可状は免許証に相当する。

一流一通の位(ひととおり)、心持(こころもち)、一(ひとつ)も残さず相伝申し候

現存する印可状には、このように「新陰流の一切すべてを相伝する」と記され、「今後、新陰流を学びたいと望む者がいれば、誓詞を入れさせることで、九箇(く)（新陰流の基本の太刀）まで指南することはかまわない。それ以上のことは真実の人に限る。上方(かみがた)に数百人の弟子がいる中で、このような印可を与えるのは**一国唯一人**（一国で一人だけ）だ」（意訳）と続く。

この表現の後半をストレートに、「秀綱は日本で唯ひとりだけ宗厳に新陰流2代目の＜正統＞を伝えた、流儀の後継者とした」と解釈する向きもあるが、その内容はいわゆる**免許皆伝**―師が弟子に奥義をすべて伝えること―と、**指南免許**―武芸指導の許可―の意味である。

この誤解の原因は「一国唯一人」の＜国＞を日本全体と考えたからで、このケースの＜国＞は大和国を指すものだ。しかも＜一人＞と書かれても、かならずしもひとりとは限らないのである。

というのも、秀綱には疋田文五郎をはじめ神後宗治、奥山休賀斎などの数多くの弟子が存在し、大和国に限っても同内容で、より丁寧な印可状が宝蔵

Ⅱ 柳生新陰流の創始者・柳生宗厳

院胤栄にも与えられているのだ。

それ以外にも、大和国では柳生近在に住む松田織部之助清栄や同郷の狭川甲斐守助直も、秀綱の門人に列していた。つまり彼らは宗厳にとって地域の兄弟弟子にあたり、柳生との縁は深く、それぞれが「松田方新陰流」、「狭川派新陰流」を創始している。

要するに、秀綱はまず胤栄と接点を持ち、その知人・宗厳を紹介される。その後、柳生の地に移った秀綱は、宗厳をはじめとする武芸に熱心な土豪、地侍の集団指導にあたった、というのが実態に近いと思われる。

江戸時代に至り、＜将軍家指南・柳生新陰流＞の名が天下に轟いたために、秀綱と出会ったころの宗厳を畿内随一の剣豪だった、と思われがちだが、当時の宗厳はそこまでの存在ではなかったと思われる。

⓫「陰の流れ」とは？

柳生新陰流は新陰流の一派であり、＜陰流（愛洲移香斎）→新陰流（上泉秀綱）→柳生新陰流（柳生宗厳）＞とプロセスを経て完成されたものだ。

じつのところ、武芸の内容は分かりにくい。それは技の名称が書かれていても、肝心のポイントが**口伝**―口頭による伝授―とされているからだ。マニュアルがあり、そこにすべてが記載されているわけではない。元来、和歌や茶道などの芸道の奥義は、すべて口伝によって代々伝えられたもので、武芸もまたその例外ではなく、口伝こそが権威そのものだった。

言い換えれば、後に柳生新陰流がステータスを得た要因は、この既成概念を打破した点に求められる。つまり柳生宗矩がその著『**兵法家伝書**』で口伝を整理し、一元的にまとめあげたことは、兵法の革命に等しい出来事なのだ。

ちなみに、柳生一族の中で特に剣豪として名高い柳生十兵衛三厳（宗矩の長男）は、その半生を柳生新陰流の研究、著作活動に捧げている（141ページ参照）。

そのため**陰流**に関する史料はほとんど残っていないが、江戸時代の学者・松下見林[*1]の著作『異称日本伝』に、「鵜戸権現へ参籠した愛洲移香斎が見た夢の中に、神が出現して猿[*2]の形を顕し、奥秘を示した。これを名付けて

Ⅱ 柳生新陰流の創始者・柳生宗厳

[*1] **松下見林**：江戸時代中期の儒学者で、博覧強記で知られ、『異称日本伝』は30年の歳月を費やして完成された。本書の中で、日本でほぼ最初に「邪馬台国はどこか？」に取組み、邪馬台国＝大和国、卑弥呼＝神功皇后としたことでも著名。

陰流といった」という一節がある。

権現とは神仏習合のひとつで、仏を日本の神として崇めることに由来し、新陰流の上泉秀綱も「飯綱権現に参籠して奥義を悟った」という伝説があるように、剣術の開眼にあたっては＜神の霊夢＞というステップが重要なポイントとなっている。

具体的な陰流の目録は秀綱の記録に残っており、剣技として「猿飛、猿廻、山陰、月陰、浮草、浦波」の名称が挙げられている。さらにそれらのネーミングは、＜新陰流→柳生新陰流＞へと引き継がれていく。

陰流で判明しているのはわずかこの程度であり、実際問題として以下の2つの大きな疑問点に直面してしまう。

①**陰とは何か？**

現在では陰陽師・阿倍晴明が知られているが、**陰陽**[*3]とは「万物に陽と陰がある」という中国の思想である。現代でもかなり影響が残っており、「陽気、陰気」「太陽暦（太陽）、太陰暦（月）」や「山陽地方、山陰地方」などと使用されている。

したがって、本来は陽流が存在しての陰流という対比構造があって然るべきなのだが、その点に触れたものはない。

この陰陽について、下川潮の『剣道の発達』では「勝を目ざして進む一心を指して陰といい、剣を振う身体四肢の動作を陽とする」（意訳）と記され、これがおそらく最もポピュラーな解釈なのであろう。

ただ、「**陰＝心**」という解釈は「剣の道を極める」といった精神論であり、合戦に明け暮れた愛洲移香斎や上泉秀綱が「そこまでの精神の高みに達していたのか？」という新たな疑問が生じてしまう。

これまでも述べてきたように、彼らの剣術（正確には兵術、刀槍術）は、まずなによりも合戦での実用性—敵を斃すこと—が第一義にあったはずだ。

その視点に立てば、目録の冒頭に書かれた「猿飛」は、猿のように敏捷に枝を飛んで敵から姿をくらますこと。「山陰、月陰」も自然を利用して相手の眼を欺き、姿を消すこと。

つまり、自らの姿を物陰や自然の陰に隠して敵に勝つ、場合によっては瞬

Ⅱ 柳生新陰流の創始者・柳生宗厳

---

*2 **猿**：神社などに祀られる祭神の使者として、さまざまな動物が登場する。たとえば権現では猿、稲荷では狐である。
*3 **陰陽**：自然界の万物はすべて陰と陽の気から生じている、という考え方。6世紀ころに日本に伝わったが、六曜（大安・友引）、鬼門、干支など現在の日常生活にまで影響している。

時に姿を消して再びチャンスを狙うといった柔軟な姿勢こそが、陰流の本質だったと思われる。闇に乗じて相手を斃す。その意味では、伊賀の**忍び**と同質の技だったようにも考えられる。
②陰と影の違いは何か？
　上泉秀綱が柳生宗厳に与えた『新影流兵法秘書』という著作が現存している。じつは、このタイトルが奇妙なのだ。というのも秀綱は最初に「陰」と書いている。ところが、それをわざわざ消して横に「影」と書き直しているのだ。なにか意味があるに違いない。
　だがもどかしいことに、この違いもまた明快に論じることが難しい。
　また、ほかにも字が異なる例は存在する。
　一般に新陰流は、陰流に新たな工夫を加えたことによるネーミングとされるが、その一方で上泉秀綱の弟子が「神影流」と唱えたケースが存在し、この場合は2文字ともに異なっている。たしかに発音は同じだが、表意文字から受ける印象には、かなりの隔たりがある。
　この陰と影の違いについて、先に引用した『剣道の歴史』では、「あたかも水が月の影を移すように、ただちに我が心に敵の心、すなわち影をうつして、これに対して勝を制する」（意訳）と、「**影＝敵の心の動き**」のように説明している。
　たしかに後の柳生新陰流では、「敵の心（影）を自らの心に映して敵に勝つ」、「相手の心の襞(ひだ)を読む」ことに最大のポイントが置かれ、心理学的性格をも帯びていたのは間違いないと思われる。
　多少話を急ぎ過ぎたが、推測を交えて上記の2点をまとめて整理したい。
①**愛洲移香斎・陰流**（室町時代後期）→敵を斃すために自然を利用した実戦的な武芸を、霊夢で開眼した。いわゆる正攻法（陽）ばかりとは限らないので、「陰流」と称した。
②**上泉秀綱・新陰流**（戦国時代）→飯綱権現参籠による開眼説、軍配兵法の大家であることなどから、神霊による啓示を重視したことは間違いない。
　一方で、ひきはだ竹刀の新開発に見られるとおり、武具の工夫、指導法は合理性に富んでいた。陰流継承者として、ポイントを前者に置けば「神陰流」、後者であれば「新陰流」となる。
　さらに秀綱は、物理的に光が遮られた状態「影(きえぎ)」に着目し、自著に**新影流**──「新工夫＋物理性」──と記した可能性もある。
③**柳生宗厳・柳生新陰流**（戦国時代）→宗厳は、戦場での介者剣術から素肌

Ⅱ　柳生新陰流の創始者・柳生宗厳

剣術への過渡期に生き、特に敵の心を読むことに工夫を凝らした。その考え方は宗矩に受け継がれていった。

4 柳生新陰流の秘密（Ⅰ）

謀略こそが勝利への道

　新陰流を知る上で重要な書がふたつある。
　すなわち、上泉秀綱が柳生宗厳に与えたとされる1566（永禄9）年の『**新陰流目録**』と、時代を経て1632（寛永9）年に柳生宗矩が著した『**兵法家伝書**』である。このように柳生新陰流は、秀綱から数えれば60年以上の歳月を経て完成されたものなのだ。
　ここでまず、柳生新陰流の集大成というべき『兵法家伝書』を整理しておくと、この著は「**進覆橋**（しんりきょう）、**殺人刀**（せつにんとう）、**活人剣**（かつにんけん）」の3部から構成されている。
　第1部「進覆橋」は『新陰流兵法之書（の）』ともいわれ、＜秀綱→宗厳→宗矩＞と伝えられた新陰流の技法が整理されたもので、いわば秀綱オリジナルの入門編だ。続く第2部「殺人刀」、第3部「活人剣」は、宗厳・宗矩親子が工夫した柳生新陰流の秘伝・極意が記され、奥書にも「習いの外（ほか）の別伝なり」―独自の工夫編―と明記されている。
　さて、先に揚げた『新陰流目録』で、秀綱は新陰流について次のように記している。

　　兵法には念流、新当流、陰流がある。……私は諸流の奥源を究（きわ）め、陰流において奇妙（普通と異なり優れていること）を抽出して新陰流と名付けた。……燕飛（えんび）（猿飛）は懸待表裏（けんたいひょうり）の行いで五箇（ごか）（眼、意、身、手、足）が肝要だ。……この流儀は私が久しく摩利支尊天*¹の秘法を修め、日夜鍛錬、工夫して、尊天の導きによって忽然（こつぜん）と自らの内面から流出したものだ。（意訳）

---

*1　**摩利支天**：もともとがインドの神で、日本では武士が護身、隠身、得財、勝利などを祈願する守り本尊として信仰を集めた。

Ⅱ　柳生新陰流の創始者・柳生宗厳

このように秀綱は「新陰流は、各流派のエキスを抽出し工夫を凝らして編み出した」と記し、文中に**懸待表裏**という言葉が記されている。
　それは「敵に懸かっていくのも、待ち構えるのも計略・謀略」という意味であり、新陰流の本質を言い表したものといえる。
　これを『兵法家伝書・殺人刀』では次のように詳細に説明している。
①**懸**：立会うや否や、一心を込めて敵に切り掛け、先手の太刀をとろうとすること。
②**待**：すぐさま切り掛かるのではなく、敵が仕掛けてくる先手を待つこと。待つといっても厳しく用心している状態だ。
③**表裏**：これが兵法の根本だ。表裏とは略だ。偽りでもって真を得ることだ。略と思いつつも、仕掛けられると乗ってしまうものである。当方が表裏を仕掛ければ、敵は乗ってくるから、それに乗る者に勝つ。敵が乗ってこないと判断できれば、また仕掛けることもできる。このことを仏法では方便[*2]……、武家では武略という。略とは偽りのことだが、偽りによって味方に損なわずに勝てれば、偽りは真実となる。（意訳）
　よく、「攻撃型一辺倒の剣術流儀が多い中にあって、新陰流は受けて立つという姿勢があった」といった解説がなされることがある。
　たしかにそのとおりで、これも陰陽の考え方では＜攻撃＝陽（身体）、守勢＝陰（心）＞となる。より綺麗に表現するならば、新陰流は横綱相撲、王者の風格を漂わせている、となろう。
　だが、懸待表裏とは「敵に勝つためには、表に出ると見せ掛けて裏をかく」、「謀略（陰謀、偽り）をめぐらしてでも敵に勝つ。勝利こそが真実なのだ」と、より勝利への強い意思が込められているのだ。さらにいえば、「攻守の駆け引きに際しての謀略は自由自在に操れ」と理解すべきキーワードなのである。
　兵法研究家・柳生十兵衛はその著『月之抄』で、表裏とは「隠し、たばかる心なり」と定義している。
　ここまでハッキリと書いてしまう点に、柳生一族の＜凄み＞を感じるが、一連のニュアンスからすれば、「新影流」よりも陰謀のニュアンスを秘めた「新陰流」の方が実態にふさわしいかと思う。

Ⅱ　柳生新陰流の創始者・柳生宗厳

[*2]　**方便**：よく「嘘も方便」という言い回しで使われるが、その意味は「衆生を救うための仮の手段」である。

初級入門編『進覆橋』

じつは、『兵法家伝書・進覆橋』でも**表裏**について触れている。

策(はかりごと)を心の中で考えていれば、外敵に勝てる。わが心のうちに油断なく、敵の動きや働きを見て様々に表裏を仕掛け、敵の機を見る。よく敵の機を見て、太刀でもって勝つ。大軍を率いて合戦に勝つことと、立相(立合い)の兵法とに変わりはない。……太刀さきの勝負は心にある。心から手足も働くものだ。(意訳)

この『進覆橋』が完全に上泉秀綱のオリジナルとすれば、「本質を見抜く力」を教えた秀綱は、柳生宗矩にとっても「師」といって過言ではない。

というのも、後半部分の「ふたりの立会いと大勢の合戦も、勝負の本質は一緒である」といった考え方は、後に宗矩が最も得意とし、『兵法家伝書』の随所にそのような論旨展開が散見されるからだ。ただし、これは後の話。

さて秀綱オリジナルの新陰流を見ていきたいが、それは名称が羅列された目録―リスト―に過ぎず、しかも「立相(立合い)の習いは口伝にあり、書き表わすのは難しい」と注釈が付いている。

そこで、その目録をできる限り分かりやすく、柳生十兵衛の「兵法研究書」を参考にして以下挙げておきたい。

【目録の構成】
①初級入門編の**三学**とは、「身構(みがまえ)、手足(しゅそく)、太刀」である。
②その修行にあたっては**五箇**(ごか)、「身を一重になすべきこと、敵の拳(こぶし)を我肩(かた)にくらぶべきこと、我拳を盾につくべきこと、左の肘(ひじ)を延ばすべきこと、先の膝に身を持たせ後の膝をのばすこと」という重要な**身作り**のポイントがある。
③三学の最初は車輪という**構**(かまえ)で、敵を斬るのではなく、軽率に仕掛けないで敵に斬られないようにすべきだ。その構には「一刀両段、右旋左転…」などの5つがある。
④当方が先手を仕掛けるケースでは、9つの太刀筋がある。それが**九箇**(くか)で「必勝、逆風、八重垣、村雲…」などだ。
⑤次に表裏(謀略)を意識して用いる太刀筋を**天狗抄**といい、「花車、手引、序、破、急…」など8つある。敵の動きに従うような心持が必要だ。
⑥**その他**には「無二剣、活人剣…」など6つがあり、それらの応用工夫で数

Ⅱ 柳生新陰流の創始者・柳生宗厳

多くの太刀を学ぶことができる。太刀の数だけを語ってはいけない。
⑦懸かりには序破急（上段、中段、下段27通りの斬り合い）がある。懸かる前が序、懸かるときは破、そして敵と斬り合うときが急となる。

[新陰流の太刀筋]

九箇	必勝、逆風、十太刀	天狗抄	花車、明身、善待	その他	添截（せつ）、乱截、極意
	和卜（かぼく）、睫径（しょうけい）、小詰		手引、乱剣、序		無二剣、活人剣
	大詰、八重垣、村雲		破、急		神妙剣

⑩「手にダメージを！」が技のポイント

　似たようなタイトルの書が多いが、間違いなく柳生宗厳が書いた目録が『新陰流兵法目録事（もくろくのこと）』だ。そして、その最大の特徴は技法の**図解**にある。
　つまり剣を持って立合うふたりの武士──防具を身に付けていない素肌武者──の姿と、その構がイラスト入りで解説されているのだ。
　一例を挙げると、「目録の構成④」の「九箇・逆風」について、次のコメントが添えられている。

　打ち太刀より上段の留（とめ）で懸かるとき、いつものように陰の位に構え、太刀の左の方へ飛び、袈裟（けさ）（斜めに斬りおろすこと）に斬り掛ける。少し身を引く心持で敵をよく見て……左足を踏み込んで、両手を切り留める。（意訳）

　ほかに示された技でも、刀の切る対象はつねに「手首、両手、両腕、拳（こぶし）」であり、そこに時代劇のように胴をなぎ払うスタイルは見ることができない。
　つまり先手を仕掛ける場合は、刀の届く範囲の最も近い露出部分、すなわち＜手＞に徹底したダメージを与えるのがポイントである。
　余談ながら、江戸時代に栄えた芸能の代表といえば歌舞伎であり、現代の時代劇に対する影響も極めて大きいものがある。
　しかし当時の舞台はかなり狭い。その物理的な制約から舞台上で槍を振るうことができず、また「見栄（みば）えがするかどうか？」という演出上の効果から、刀で大袈裟に胴を払う形が採用された、という説もあるほどだ。
　それと引用文の中の「陰の位に構え」も、気になる表現だ。この点につい

Ⅱ　柳生新陰流の創始者・柳生宗厳

59

て柳生十兵衛は研究書『月之抄』で、次のように解説している。

　新陰流の剣は陽の太刀ではなく、陰の太刀だ。構を用いず、構えないのを構とする。敵に働きに順応するのが、新陰流の立場だ。（意訳）

　十兵衛の見解は**構あり＝陽、構なし＝陰**、「構えないから陰流」となる。これは重要な指摘であり、66ページで改めて触れたい。
　もうひとつの『新陰流兵法目録事』の大きな特徴は、「天狗抄」の項目で武士と対峙する**天狗**のイラストが描かれていることだ。あの高鼻で大きな翼を広げた天狗の姿である。
　古来より「権現の使者」である天狗が武芸を教えたという話は数多くあり、源義経[*3]が幼少の牛若丸のころに、鞍馬山（京都市）の天狗から秘術を授けられた伝説は有名である。
　このように「天狗抄」とは謀略剣そのものであり、＜人智を超えた謀略＞のニュアンスが天狗の姿に秘められているように思われる。
　なお、ここで『新陰流兵法目録事』そのものを説明しておきたい。
　これは柳生宗厳が晩年の1601（慶長6）年に、**金春七郎氏勝**（1576～1610）（235ページ参照）に奥義を伝えたものだ。七郎は金春座—大和4座のひとつ—の猿楽師。
　宗厳と七郎とはそれぞれ新陰流、金春流の奥義を交換しあったと伝えられるほどに親密な間柄で、七郎は新当流の長太刀、宝蔵院流槍術なども修行していた武芸のエキスパートであった。
　残念ながら七郎自身は若くして世を去るが、江戸時代に入ると七郎の子は加賀前田家、弟たちは尾張徳川家、仙台伊達家といった有力大名のお抱えの能役者として高禄で召抱えられた（235ページ参照）。
　特に弟たちが仕えた尾張藩、仙台藩には、剣術指南として尾張藩—柳生利厳（宗厳の孫）、仙台藩—柳生権右衛門（利厳の弟）が同様に仕官していた。この点は柳生新陰流と金春流—剣術と能—のリンクの具体例としてとして非常に興味深い一面がある。

II　柳生新陰流の創始者・柳生宗厳

[*3]　**源義経**：平安時代末期の陰陽師・鬼一法眼が、牛若丸に授けた刀術を「鞍馬八流」とする伝説がある。

5 柳生新陰流の秘密（Ⅱ）

⚫︎柳生宗矩の「兵」の定義

　ここで、柳生新陰流に迫るために『兵法家伝書』の興味深いポイントを読み解いていきたい。

　まず第2部「殺人刀」の冒頭で、柳生宗矩は「**兵**」を「弓矢、太刀、長刀（なぎなた）、これを兵という」と明快に定義している。兵法という以上は、まず兵を定義するのは当然だが、ここでの兵は明らかに**武具（武器）**を指す。

　また武具のジャンルも刀（剣）だけでなく、幅広く捉えているのも一目瞭然なのだが、なぜか槍だけは外されている。

　しかし、宗矩が槍に興味が持っていなかったわけではない。それは、柳生十兵衛がその著『昔飛衛（ひえい）という者あり』の中で、次のように記していることからも明らかだ。

　我が祖父、故但馬守宗厳は上泉武蔵守（秀綱）に従って、この道を相伝して以来、一代をかけて深く修行した。心に得てこの道を手中に入れるまでには、おそらくすさまじいものがあっただろう。

　老父（宗矩）はその伝を継いで、若年より心を尽くし、太刀のみならず、槍、長刀（なぎなた）の類に至るまで、兵道とさえいえば、聞かないということはなかった。（意訳）

　このように宗矩はあらゆる武具、兵法に通暁（つうぎょう）していたのだ。また後年の坂崎出羽守（でわのかみ）事件（92ページ参照）を鎮圧した功績により、一旦幕府が没収した出羽守愛用の山姥（やまうば）の槍を、2代将軍・徳川秀忠（245ページ参照）から拝領した事実もある。

　余談ながら大坂夏の陣のとき、後の福山藩主・水野勝成（1564〜1651）は、従兄弟（いとこ）にあたる徳川家康から「明智光秀の武勇にあやかれ」と光秀愛用の槍を拝領したことがある。この勝成は、「島原の乱」でも活躍した武闘派であり、「白柄組」の頭領として知られる旗本・水野十郎左衛門の祖父にあたる。

Ⅱ　柳生新陰流の創始者・柳生宗厳

最近の説では、織田信長から追われた将軍・足利義昭（光秀の先君）の示唆を受けて、光秀は「本能寺の変」を起こしたともいわれ、家康は光秀の行動を謀反（むほん）とは考えていなかった可能性が高い。

逆に謀反と思っていれば、家康が家臣に光秀の槍を「あやかれ」と授けるはずがない。なぜなら、その行為自体が「おまえも謀反を起こせ」と勧奨することになってしまうからだ。

坂崎出羽守もまた然り。おそらくは武勇を誇る大名だったからこそ、柳生宗矩に「彼にあやかれ」と山姥の槍や二階笠の家紋が授けられたのだ。その宗矩が槍を知らぬはずがない。

Ⅱ 柳生新陰流の創始者・柳生宗厳

🔵 伝授の対象となる武具は？

上泉秀綱が**兵術**（技能）と**兵法**（理論）とを明確に分けたことは前述のとおりだ。京都の貴人に伝授した兵法こそが彼のステータスであり、多分彼が官位に就く原動力となったものと思われる。

一方で官位を持たない宝蔵院胤栄や柳生宗厳に伝授されたのが、兵術となる。たとえれば兵法は大将を、兵術は兵卒を対象にしたような感覚だ。

要するに「大将が自ら武具を持って戦う」というのはまずレアケースで、「戦うために兵卒がいる」という理屈だ。幕末の勝海舟がしきりに「剣道指南の身分や格は低い」と語るのも、そのためである。

前述のとおり、柳生宗矩は**兵**を武具と定義したわけで、それに従えば兵を用いる技術が**兵術**となろう。以上を前提として推測を交えつつ、武具の変遷を追ってみたい。

結論めいたことから記せば、確実な史料は存在しないものの、秀綱が宗厳に伝えた兵術はおそらく「槍、太刀（剣）、長刀」を武具とするものではなかろうか？　以下、ポイントを列挙したい。

①**槍**：合戦で殊勲を挙げた秀綱・宗厳、そして宝蔵院胤栄を結ぶキーワードであり、しかも秀綱最古参の門弟・疋田文五郎は後世に疋田流槍術を伝えている。
②**太刀**：「断つ」を語源とする合戦用の刀（片刃）を意味する。刀術、剣術といわれるジャンルである。
③**長刀**：薙刀（なぎなた）とも表記されるとおり、敵をなぎ倒すときに用いられた。長い

柄(つか)の先端に刃が付いている武具で、騎馬武者は敵の馬の脚を切ったといわれるが、戦場では主に足軽が使ったようだ。

当時は武具の大量生産が技術的に難しく、かつコスト面も考えれば、足軽が手にしたのは、竹の先に刀を紐(ひも)でゆわえたようなものが大半だったのではないか、と思われる。また、僧兵のトレードマークでもある。

かつて「槍は突く、長刀は薙(な)ぐ（薙ぎ払う）」といわれたが、それは機能の違いであり、槍が両刃（＝剣）、長刀は片刃（＝刀）という物理的な側面に起因する。ちなみに明治以降の日本軍・歩兵の主力武器は「銃剣」―銃の先に槍の穂を装填したもの―であり、剣といわれるように、その先端は両刃となっている。

いわば長刀は槍のリーチを持ちつつも、技法上は刀の延長線に位置した武具と思われ、実際場面では片刃と両刃の使い分けは想像以上に難しかった可能性がある。

柳生宗矩の武具の定義は「弓矢、太刀、長刀」、後に宗厳の孫・利厳が印可状を得たのは「太刀（新陰流）、槍、長刀（ともに新当流)」である

要するに太刀、長刀は伝授対象の武具と見て間違いなさそうだが、「なぜ、宗矩は定義に弓矢を入れ、その一方で槍を外したのか？」という疑問は依然として残る。残念ながら分からない、というのが結論だ。

ただ、秀綱の伝授には登場しない弓矢は、柳生氏が元来弓術の家系であり、宗矩なりのプライドが働いたことが背景に存在した可能性はある。

また槍の方は、秀綱や宗厳の槍術が宝蔵院流に伝承されたからではなかろうか（「武芸者列伝」234ページ参照）。

[宗矩の武具の定義]

弓矢	槍	太刀	長刀
○	－	○	○

ロジカルな柳生宗矩の視点

上泉秀綱から兵術を学んだ宗厳は研鑽を重ね、その集大成を『新陰流兵法目録事』（60ページ参照）として後世に残した。

だが、同じ「兵法」といっても、秀綱と宗厳の意図することは明らかに異

Ⅱ 柳生新陰流の創始者・柳生宗厳

なっている。

秀綱の兵法は、合戦時の一軍の将として大勢を指揮するための軍法理論。それに対して宗厳が『新陰流兵法目録事』で図解をしたのは、武芸者の**個々の立合い**――兵術の技法――なのだが、それを兵法と位置づけている。

現在のスポーツ競技にたとえれば、試合に際して「ペア」（対）と「マス」（集団）、いやそれ以上の次元の違いがある。

刀と剣が異なる武具であるにもかかわらず、いつしか混同されたように、宗厳は兵術と兵法を同一と見做しているのだ。それは兵術の目録に兵法と明記した点から明らかである。

さらに、ややこしくなるのをあえて承知で記せば、宗矩の『兵法家伝書』の「兵法」は秀綱と同質のものだ。

以上を整理すれば、**兵法**を①上泉秀綱と柳生宗矩は「マス理論」として貴人の立場で捉え、②柳生宗厳は「ペアの兵術」と思ったのである。

柳生宗矩の詳細はⅢ章に譲るが、執筆時点の彼は幕府政治の中枢に参画するほどの立場にあった。

『兵法家伝書』はその貴人の視点で読むことが重要であり、宗矩のいう**治国・平天下の剣**は、「ペア・立合い論」の本質を「マス・政治論」にまで発展させたことに、最大の特徴を見出すことができる。

宗矩自身の表現では、1対1の立合いは「いと小さき兵法」、大将が天下を争うような勝負を「大なる兵法」となり、小兵法は大兵法に通じるという考え方だ。

彼のいう天下とは「諸々の軍勢」であり、「合戦に勝つことが大将の兵法」と断言している。そしてこのロジックは、かつて上泉秀綱が活用した手法である。

さらにいえば宗矩は、父・宗厳伝来の兵術を兵法の高みに、「相手の心を自らの心に映す」という剣の心を大将――治国をミッションとする将軍・大名――の心構えにまで、見事に昇華させているのだ。まさに宗矩は、稀代の武芸者＝政治家＝文筆家なのである。

Ⅱ　柳生新陰流の創始者・柳生宗厳

［柳生宗矩の考え方］

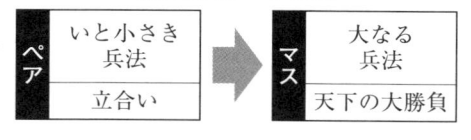

ペア	いと小さき兵法	→	マス	大なる兵法
	立合い			天下の大勝負

⑪刀を構えないのが技法・「活人剣」

『兵法家伝書・殺人刀』での柳生宗矩の主張は「兵法は人を切るものではなく、悪を殺すためのものだ。一人の悪を殺して、万人を活かす略だ」というフレーズに集約される。

たとえの良し悪しは別として、この**一殺多生**（いっさつたしょう）思想は、イラク戦争を起こしたアメリカの考え方と同様であり、これぞまさしく政治家としての発想だ。

上記は一例だが、意外なほど『兵法家伝書』には章タイトル—殺人刀、活人剣—に即した具体的な技法説明があまりなされていない。特に殺人刀はその傾向が顕著であり、タイトルと内容との間にいささかアンバランスな面が見られる。

その点に関して、宗矩も最後の最後の奥書で、ひとつの答えを用意している。

この巻を殺人刀、活人剣と名付けた心は、人を殺す刀は人を活かす剣に通じるからだ。
……乱れた世を治（おさ）めるために殺人刀を用い、すでに治まっている時に用いるのが、殺人刀すなわち活人剣ではなかろうか。これをもって名付けた理由としたい。（意訳）

＜戦争から平和＞の時代によって、剣は人を殺したり、また人を活かしたりもする、といった大意と理解され、技法の違いには触れずに、むしろ抽象的に殺人刀＝活人剣とまで書いている。

だが、技法上では殺人刀と活人剣とは明らかに異なり、結論から先に述べれば、太刀の**構の有無**に違いがあるのだ。

前章で陰陽に触れ、柳生十兵衛の見解—「構ありを陽、構なしを陰」—を引用したが、じつは宗厳が死の前年に孫・利厳へ伝授した『没滋味手段口伝書』（もつじみしゅだんくでんしょ）では、次のように明確に記されている。

当流に構（かまえ）太刀を皆、殺人刀といい、構の無きところをいずれも皆、活人剣という。

以上、これまで述べてきたことを整理すれば、次のようになる。

Ⅱ 柳生新陰流の創始者・柳生宗厳

①殺人刀＝陽＝身体の動き＝懸(けん)(敵に切り掛かる)＝構あり
②活人剣＝陰＝心＝待(たい)(敵の仕掛けを待つ)＝構なし

　当て推量(ずいりょう)かもしれないが、あえて剣と刀を使い分けているのも、剣の両刃に「左右いずれからでも」のニュアンスを込めて、陰陽の対比を図っているようにも思われる。

　いずれにしても、宗厳の時代には両者は区分され、新陰流を名乗る以上は、そのメインを**活人剣**に置いたことはいうまでもない。

　その後の時代環境の変化に応じて、政治家の立場にある宗矩は、殺人刀、活人剣という言葉を自らの世界観・ロジックを語る言葉として用いた、と思われる。

6 柳生宗厳の真髄「活人剣」

宗厳流・活人剣の３つのポイント

　『兵法家伝書・殺人刀』が柳生宗矩の思想論に終始しているのに対して、『兵法家伝書・活人剣』ではかなり技法そのものが記されている。

　したがって、すべてとはいえないが、「陰」を象徴する「活人剣」に、柳生宗厳が考案、工夫した新陰流のエッセンスが織り込まれていると考えるのが自然であろう。

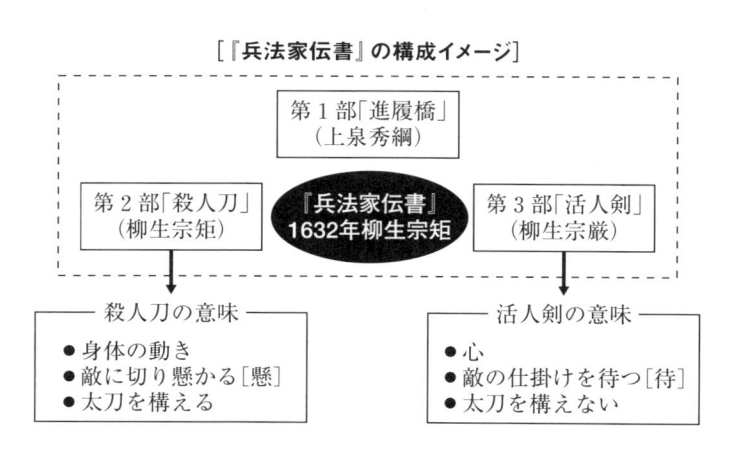

[『兵法家伝書』の構成イメージ]

```
                  第１部「進履橋」
                   (上泉秀綱)

  第２部「殺人刀」   『兵法家伝書』   第３部「活人剣」
   (柳生宗矩)      1632年柳生宗矩    (柳生宗厳)
```

殺人刀の意味
- 身体の動き
- 敵に切り懸かる[懸]
- 太刀を構える

活人剣の意味
- 心
- 敵の仕掛けを待つ[待]
- 太刀を構えない

Ⅱ 柳生新陰流の創始者・柳生宗厳

その「活人剣」は、「数多くの構があるといっても、目的はただひとつ勝つことにある」のフレーズから始まり、以下の3つのポイントに集約される。これを後に柳生十兵衛は、〈兵法の父母〉と表現している。

①手字種利剣(しゅじしゅりけん)

「活人剣」では秘伝扱いとされ、詳細は記されずに、目付き―目線の配り方―に関係があるような書き方である。

そのヒントとなるのが、宗矩の高弟・木村助九郎が書いた『兵法聞書』であり、「手字種利剣は、宗厳が当初修行した新当流の奥義と、九字護身法の工夫によるものだ」と解説されている。

後者の**九字護身法**とは、「臨兵闘者皆陣烈在前(りんぺいとうしゃかいじんれつざいぜん)」と唱えながら、空に指で十文字を切る真言宗の秘法で、当時はその行為で難から逃(のが)れられる、と信じられていた。「臨兵闘者……」といかにも難しそうに聞こえるが、その内容は「寺を守るために戦う僧兵は、みな陣列の前にいる」と、単純に「兵は前に出て戦え、逃げるな」と鼓舞しているのに過ぎないものだ。

それはさておき、手字とは空に十文字を切ること、もしくは十字そのものを指していたようで、後者のケースは手字(じゅうじ)と読むことになる。

一方で柳生十兵衛の研究書では、手字とは「敵の打ってくる太刀がどのようなものであっても、十文字に合わせることだ。そうすれば我が身に当たることはない」とあり、九字護身法のニュアンスが含まれることになる。

次に種利剣も同じく十兵衛によれば手裏見、手裏剣とも書き、それぞれ「手の内」、「手の裏」を指す。このことから時代劇で忍者が用いる手裏剣―手の裏に隠した剣（両刃）―の意味がよく分かる。

以上、**手字種利剣**をまとめれば「敵の太刀に十文字にあわせれば（もしくは空に十文字をきれば）、秘法によって自分の体に当たることはなく、難を避けることができる。また敵が手の裏に剣を忍ばせていないか、にも目を配らないといけない」。おおよそ、これが大意であろう。

②水月

一言でいえば、「間合い」の見切り方である。間隙(かんげき)を縫って敵に近づくことを、水月―月が水に影を映す―にたとえたものだ。この間合いの延長線上に、有名な「無刀取り」がある。

③神妙剣

ネーミングの由来は、「活人剣」では「神が心の内にあると、妙―人智ではかり知れないパワー―が外に発揮される」と書かれている。

Ⅱ 柳生新陰流の創始者・柳生宗厳

神妙剣のポイントは、数多くの太刀を使うと自然に座（軸）が定まってくるので、右左いずれに構えても座がぶれないことにあるようだ。
　ここで留意すべき本文中の「我が身においては、神妙剣の剣の字に、剣と書いたことで知るべし」（意訳）のフレーズだ。
　つまり人間の体は左右対称であり、構えた太刀の軸も同じく左右対称となる。そこで、あえて両刃で左右対称形の「剣」の字を意識的に用いた、という意味であろう。宗厳は刀と剣をきちんと使い分けていた、と考えるべき記述である。
　柳生十兵衛の『月之抄』では、この３つのポイントの**悟り**を次のように記している。

　宗厳は新当流—鹿島神宮が発祥の地—の手字種利剣を極めた。……鹿島神宮と春日大社は一体なので、宗厳は春日大社に誓いをたてて祈り、手字種利剣、水月、神妙剣を会得(えとく)した。（意訳）

　この研究成果でも神の霊験を賜ったという話が登場し、宗厳の工夫とは新当流にヒントを得たものだったことが判明する。
　すべてとはいえないが「活人剣」の主要部分は、上記のような形で宗厳の考案工夫が、メインに据えられているように思われる。
　つまり『兵法家伝書』とは、じつは＜**第１部進履橋＝上泉秀綱直伝の新陰流＋第２部殺人刀＝柳生宗矩の思想論＋第３部活人剣＝柳生宗厳の考案工夫**＞から構成されたもので、「原型のメイン執筆者が１～３部それぞれに異なる」という推測も十分に可能かと思われる。

🔟「無刀取り」は究極の護身術

　時代劇などでも、よく知られる**無刀取り**[*1]。
　最も有名なのは、敵の振り下ろす太刀を、なんと手のひらで受け止めてしまう「真剣白刃取り」だが、加速された数kg近い重量の刀を素手で受けることは到底無理な話だ。仮に刀で受け止めたとしても、刀は折れたり、曲がっ

[*1] **無刀取り**：塚原卜伝は鍋のふたで刀を防いだというが、あり得ない話である。そのような非科学的なことが信じられたケースとして、第２次世界大戦中の「日本軍人が中国で100人斬り！」という報道が有名だが、それを「刀の強度からしてあり得ない」と指摘したのが山本七平である。

たりしてしまうのが常だ。真剣白刃取りとは、架空の産物である。

その無刀取りに関する柳生宗厳の逸話がある。

柳生の地に滞在中の上泉秀綱が京都に発つとき、宗厳に「私は長年、太刀で切り掛かる者に無刀で勝つ技を工夫してきたが、まだ十分な研究ができていない。宗厳は若く優れた素養を持っているので、是非無刀取りを工夫して完成させてほしい」と語ったという。いわば、宿題である。

その無刀取りについて『兵法家伝書・活人剣』では、かなりのスペースを割いて説明している。その一部を挙げてみたい。

①無刀というのは、人の刀を取る芸ではない。刀がない場合は扇(おうぎ)でも竹の杖(つえ)でもいいが、そういった諸道具を自由に使いこなすのだ。その心がけが大事である。

②無刀取りの場合、間合い―敵と自分との間の距離―がどれだけあれば、敵の刀が当たらないかを、見極めることが必要だ。

③無刀は、敵の刀が当たらないような間合いでは、刀を取ることはできない。刀が自分の体に当たる座で取れ。切られて取るべし。

多少矛盾を含んだ内容ながら、まず「間合いを見切る」ことに原点があることは間違いない。すなわち「水月」である。その水月は前述のとおり、新当流の工夫の可能性があり、秀綱直伝の新陰流とは言い切れない面がある。ちなみに塚原卜伝（新当流）には、不意の襲撃を受けたとき、鍋のふたで敵の刀を防いだ、というエピソードが残されている。

しかも**「敵が刀を持ち、自分は素手」**というシチュエーション自体が、合戦時とは思われず、あるとすれば「貴人が居宅にいるときに襲撃された、手元には刀すらない」そういったケースであろう。

新当流・一の太刀は敵の襲撃を刀でかわす防御・護身だったが、その刀すらない状態を想定したのが、無刀取りである。

要するに無刀取りとは、「素手の状態で襲撃されたときは、その場にある道具で凌ぎ、間合いを計って敵の刀を奪い取れ」という貴人―将軍、大名―向けの**究極の護身術**と思われる。

ならば、「無刀取りは宗厳の工夫」とするには無理がある。後述の「徳川家康の前で無刀取りを披露」という逸話も同様だ。

なぜならば、宗厳のそれまでのキャリアには、貴人との接点がないからだ。工夫しようにも、宗厳はそのニーズすらキャッチできない状態なのである。

これが、いままで述べてきた「上泉秀綱・柳生宗矩」（貴人の一員）と「柳

II 柳生新陰流の創始者・柳生宗厳

生宗厳」(一介の武芸者)との、いわば身分上の違いなのである。

　宗厳・宗矩親子が同じ但馬守を名乗っても、親はプライベート、子はオフィシャルであり、そこには歴然とした違いが存在するのだ。

　つまり無刀取りの完成者は、素手がポピュラーな時代環境で、貴人のニーズに応えることができ、しかも容易に貴人と接触できる人物、と考えるのが筋であろう。その人物とは柳生宗矩をおいて他にない。

　以上のことからも、「活人剣」のすべてが宗厳の工夫とは限らない、となろう。

⑩ 柳生宗厳独自の工夫「棒心」

　むしろ、柳生宗厳が手字種利剣などのほかに工夫した極意は、**棒心**にある。「活人剣」では以下のように記されている。

　棒心とは、心を捧げると読む。敵の心は太刀を握った手に捧げられている。そこで敵の握った拳が、まだ動かないときに打つ。その動く、動かないを見るのが重要だ。(意訳)

　剣先から最も至近距離の露出部分、すなわち敵の手、拳を切ることが新陰流技法のポイントであることは前述のとおりであり、この棒心はその前兆——神経の動き——を指したものだろう。

　また工夫の背景には、憶測ではあるが、かつて宗厳が拳を射抜かれケガを負ったことも、微妙に影響しているのかもしれない。代々「弓の家」に生まれた者が、逆に弓で負傷してしまう。そのトラウマ(心的外傷)が、宗厳をして弓から剣を志向させる契機となった可能性もある。

　この棒心について、柳生十兵衛は、父・宗矩の談として以下の内容を記述している。じつに、1尺2寸という表現がリアルに感じられる。

　敵の心に思うところがあれば、身体の動きに表れる。心に思えば敵はそちらに眼をやるし、掛かろうとすれば足が動き、また1尺2寸(腕のひじから拳までの長さ)も動く。その心が発揮される身体の部分を棒心といい、それを見る自分の心が重要だ(意訳)。

　ここで、これから記述することも含めて、柳生宗厳の**大和国人**として、**柳**

生新陰流創始者としての動きを、時系列の年表で整理しておきたい（☆印はこれからの記述内容）。

[柳生宗厳関係年表]

年	事項
1563（永禄 6）年	宗厳、松永久秀方で出陣し槍で殊勲、拳にケガ。
1566（永禄 9）年	宗厳（38歳）、上泉秀綱から新陰流目録を伝授。
1568（永禄11）年	宗厳、奈良で落馬しケガ。
1570（元亀元）年	秀綱、武蔵守に任官。
1571（元亀 2）年	宗厳、久秀方で出陣し嫡男・厳勝が負傷。5男・宗矩が誕生（江戸柳生の祖）。
1577（天正 5）年	久秀、信貴山城で自刃。
1579（天正 7）年	厳勝の嫡男・兵庫助利厳が誕生（尾張柳生の祖）。
1580（天正 8）年	☆宗厳（52歳）、三好一族に新陰流伝授。
1585（天正13）年	宗厳の父・家厳（88歳）、逝去。
1593（文禄 2）年	☆宗厳（65歳）、『兵法百首』を完成。
1594（文禄 3）年	☆宗厳・宗矩、徳川家康に拝謁。宗矩（24歳）、徳川家に仕官。隠田が発覚。
1601（慶長 6）年	宗厳（73歳）、金春七郎に新陰流伝授。
1604（慶長 9）年	☆宗厳（76歳）、孫・利厳に新陰流を一子相伝。
1606（慶長11）年	☆宗厳（78歳）、逝去。
1607（慶長12）年	宗矩の嫡男・十兵衛三厳が誕生。
1632（寛永 9）年	宗矩、『兵法家伝書』を完成。
1642（寛永19）年	十兵衛、『月之抄』を完成。

7 柳生宗厳──失意の晩年

柳生宗厳のトリレンマ

　松永久秀が大和国進駐後、柳生宗厳はつねにその指揮下にあったが、1577（天正5）年、織田信長に信貴山城を攻められた久秀は自刃を遂げてしまう。そして大和国は、筒井順慶が支配するところとなる。

　このとき、宗厳は48歳。当時とすればすでに老境の域にあるが、彼が信貴山城に立て籠もったのか…、などは分かっていない。その前後の宗厳の動向を記録した史料は、ほとんど存在していない。

　宗厳の妻は、近隣の土豪・奥原氏の娘で春桃御前と呼ばれ、その間に5男

Ⅱ　柳生新陰流の創始者・柳生宗厳

6女を儲けた。

　長男が、先年の筒井方との合戦で重傷を負った**新次郎厳勝**。2男・久斎、3男・徳斎は仏門に入り、4男の**五郎衛門宗章**は後に小早川秀秋に仕えた。そして5男が**又右衛門宗矩**である。女子は近在の土豪に嫁いだが、中には伊賀の国侍に嫁した者もいる。

　おそらく久秀滅亡後の宗厳は、一族とともに柳生の庄に逼塞していたのであろう。そのことが窺われるのが、『柳生藩旧記』の厳勝に関する記述にある。

　厳勝は筒井順慶に属して柳生庄を領したが、いつしか事情があり旧地を避けて他国を歴訪し、客死（異郷で死ぬこと）した。そのために宗矩が家を嗣いだ。（意訳）

　おそらく前半の「筒井従属、柳生の庄」部分は、そのとおりと思われる。久秀が滅亡したにもかかわらず、宗厳・厳勝は領地で生存している。その事実だけでも、次代の権力者＝筒井氏に従ったことは、自明というべきであろう。

　ただし、後半部分は事実とはかなり異なっている。じつは、厳勝はケガのために歩行も思うにまかせない状態で、柳生の地で子・兵庫助利厳などをもうけ、そこで没している。要するに柳生の庄を離れなかった可能性が高い。

　したがって、この後半部分は、「だから後に大名となった宗矩が柳生家を継承した」と主張したいがための記述であろう。じつは3男・徳斎が、一時期領主だったことを記録した史料も残っているが、その間の事情は不詳である。

　ともあれ、ここで宗厳の心中を推し量れば、「失意」の一語に尽きる。それは己が賭けた久秀は滅び、しかも後継者・厳勝を負傷させた筒井氏への従属を余儀なくされてしまったからだ。

　つまり久秀の死によって、宗厳にもたらされたのは、①立身出世のあきらめ、②柳生家存続の危機、③筒井氏からの冷遇、の**トリレンマ**（三重苦）だったに違いない。だから『柳生藩旧記』の行間にも、そこはかとない虚無感が漂うのであろう。

Ⅱ　柳生新陰流の創始者・柳生宗厳

仏門に入り「柳生石舟斎」を名乗る

　松永久秀の死後、一時期、柳生宗厳が誓詞を京都の公家・近衛家に入れて、奉公した記録がわずかに残っている。

　詳細は分からないものの、荘園―柳生の庄―が近衛家伝来の所有地で、宗厳の代になってもその荘官の立場にあったことを示唆している可能性が高い。当時でも、まだ荘園制は息づいていたのだ。また、かならずしも宗厳が京都に上ったわけではなく、従来どおりの年貢納入を誓詞に認めたのかもしれない。

　老境の身に残されたのは、結果として先祖伝来の荘園の管理だけになり、精神的にも逼塞を余儀なくされたことが、宗厳をしてより柳生新陰流の工夫へと走らせたのである。

　1579（天正7）年、孫・兵庫助利厳が誕生した年に、宗厳は三好一族のひとりに、さらにかなりの歳月を経た1595（文禄4）年にも三好一族に印可状を与えている。この間、三好氏の勢威は衰えていたが、織田信長、豊臣秀吉に仕えることで家名は保たれていた。

　特に後者の印可状の添え書きは、次のような宗厳の詠嘆、感情が率直に表現された貴重な記録である。

　長々とご造作（面倒）ご懇切を賜りかたじけなく思っております。……世上が移り変わるままに、色々なことが偽りとなってしまいました。それにもかかわらず、いかなるご縁か分かりませんが、従来からのご芳情を珍重（珍しく思い大切にすること）と存じております。まことに有難いことです。（意訳）

　長らく不遇を囲った宗厳は、1593（文禄2）年、65歳のときに出家する。彼がその機会に編んだ和歌集『兵法百首』の最後には、「入道して法名をそうごん（宗厳）、斎名をば石舟斎という」と書かれている。

　これまでも斎名（斎号）として、新陰流では疋田栖雲斎、奥山休賀斎などを挙げてきた。後に孫の利厳は如雲斎、その子・厳包は連也斎を名乗る。その「斎」とは「仏を祀るために身体を清浄に保つ」という意味であり、現在も日常語で使われる「書斎」も、もともとは読書などのために心静かに籠もる部屋なのである。

Ⅱ　柳生新陰流の創始者・柳生宗厳

つまり、頭を丸め仏門に帰依したときに名乗るのが斎名であり、後には文人や画家などの雅号としても使われた。たとえば浮世絵師・東洲斎写楽などは、その代表である。

したがって、この時点以降は「柳生但馬守　平宗厳」は「柳生但馬入道石舟斎宗厳」となり、本書でもここからは**石舟斎**の号を用いたい。

さて、『兵法百首』には、彼がなぜ石舟斎と名乗ったか、を暗示する和歌が載っている。

　　兵法の舵を取りても世の海を　渡りかねたる石の舟かな

書くまでもないが、「兵法には邁進したが、世の中という海を渡りそこねてしまい、石で作った舟のように海に沈んでしまった」という意味だ。

剣への自負心は感じさせるが、なによりも武士としては落ちぶれ果ててしまった自らの境涯を、自嘲しているのだ。さらに、より失意のどん底を感じさせるのが、次の歌だ。

　　世を渡る業の無きゆえ兵法を　隠れ家のみ頼む身ぞ憂き

この歌からすれば、かつて石舟斎には野心があった。そう、**立身出世**を望んだのだ。決して、兵法で身を立てようとしたのではない。彼なりの野望が叶わなかったから、兵法に引き籠もらざるをえなかった、という意味で、だから失意であり不遇なのである。

もしも剣で名声を得るのが目標ならば、このような和歌を詠むはずがない。64歳ながら、とても枯れた境地とは言い難く、いまだに世に対する未練とあきらめが交錯しているように思えてならない。逆にいえば、それほどまでに石舟斎は口惜しい思いをしたのであろう。

そして石舟斎の果たせなかった野望を、なんと現実のものにしたのが宗矩ということになる。なお、この年は天下を統一した豊臣秀吉が、朝鮮にまで出兵（文禄の役）していたころだ。当時の大和国の領主も、筒井順慶は伊賀国の大名となり、秀吉の実弟・秀長に交代していた。

もちろん、兵法の修行・心構えを詠んだ歌、「兵法は器用によらずその人の　好ける心の嗜むにあり」、「兵法は稽古鍛錬つねにして　色に出でさで隠し慎め」、「兵法は隠し慎む心より　勝る極意はあらじとぞ思う」……なども

Ⅱ　柳生新陰流の創始者・柳生宗厳

ある。

　特徴的なことは、若き日の合戦に触れた歌がないことと、歌そのものが非常に平易な点にある。金春七郎に伝えたイラストなどを考えあわせると、石舟斎自身の教授法自体も分かりやすさを追求したものと、考えられる。

⑪徳川家康との出会い

　その翌年の1594（文禄３）年５月、柳生石舟斎（66歳）は又右衛門宗矩（24歳）を伴い、京都郊外に滞在中の**徳川家康**（53歳）を訪れる。
　これは家康が石舟斎を呼んだのか、それともだれかが家康に引き合わせようとしたのか、それもはっきりしない。たとえば家康が「世上に名高い無刀取りを見たい」といって呼んだとする説もある。
　貴人である家康は、何も立合いの剣を学ぼうとしたわけではない。
　「万事に用心のなきと言うはなし（何事も用心のし過ぎということはない）」（『岩淵夜話別集』）と語る家康が、必要としたのは**護身の剣**である。
　その考え方は、家康が疋田文五郎の剣に下した批評「大将が剣を習うのは万一の危機を逃れるためだ」からも裏付けられる。
　その意味からすれば、究極のシチュエーションを設定した無刀取りは、たしかに家康のニーズにマッチした可能性は高い。
　ただしタイムラグがあり、宗厳の時点では無刀取りは完成しておらず、まして落魄していた柳生宗厳の名やその技が天下に鳴り響いていたとは、信じ難い。それは、後世の知名度にもとづく先入観である。
　また紹介者を、家康方に属した武将・黒田長政（後の福岡藩主）とする説もあるが、長政と石舟斎との接点が見出せず、唐突な感じは否めない。ユニークなものとしては、歴史家・八切止夫が唱えた「井伊直政紹介説」がある。後に彦根藩主となる井伊家は、かつて南朝に尽くした遠江国（静岡県）の土豪であり、同国の松下重綱（後に大名）と親しかった。
　その重綱の娘・おりんが柳生宗矩の妻である。要するに宗矩の人縁ルートなのだが、残念ながら宗矩の妻帯時期が判明していない。
　となると、おそらく家康と石舟斎を結ぶ線は、上泉秀綱の門人・**奥山休賀斎**（51ページ参照）だったのではなかろうか？
　家康は剣術指南・休賀斎のもとで新陰流を修めていた経緯があり、家康サイドに護身指南のニーズが発生し、奥山・新陰流ルートによる招聘と推測さ

Ⅱ　柳生新陰流の創始者・柳生宗厳

れる。

　この6年後、1600（慶長5）年に、天下分け目の関が原の合戦が起こる。家康にとって＜天下取り＞がこれから始まる、そういうタイミングなのだ。暗殺などのリスクが懸念され始め、それに対するヘッジとしての謀略剣の導入を意図したものであろう。

　柳生藩の記録のひとつで、宝暦年間（1751〜63）に藩士・荻原信之が書いた『玉栄拾遺』には、このときの出会いを次のように記している。

　京都紫竹村で宗厳公は、その剣術を神君（家康）に上覧した。神君は木刀を持ち、宗厳公にも持つように言ったが、宗厳公は無刀で臨んだ。そのとき、神君は後ろに倒れそうになり、「上手なり、今後はわが師になれ」との上意があった。神君からは刀を賜り、誓詞（起請文―偽りのないことを神に誓う文書―）も入れて頂いた。合わせて二百石の禄高も賜った。（意訳）

　しかも、家康の**起請文**「一、新陰流兵法相伝の事、一、印可なき以前は親子といえども他言すべからざる事、一、その方に対して疎意あるべからざる事（疎略には扱わない）」までもが、現存している。

　これは無刀取りではないにせよ、起請文が存在する以上、石舟斎が家康に対して伝授したのは事実であろう。

　後の話になるが、宗矩は息子・十兵衛に「伝授は、主人、子、徳（富裕な人）、深き執心（熱心）の人の四つには残らず伝えるべきものだ。物を呉れる人に教えろというと、欲に似てしまう。が、宝を入れてまで習おうとする人は仇にはしない。……古今伝授も黄金を積むものだ」（意訳、『月之抄』）と語ったそうだ。

　伝授する相手、いわば**免許対象者**を①義理、②人情、③金、④熱心に4分類してしまうあたりは、天性のマキャベリスト・宗矩を彷彿させる逸話であ

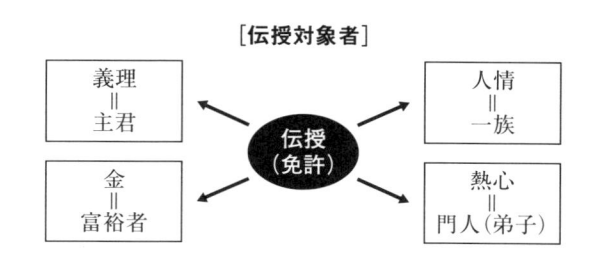

Ⅱ　柳生新陰流の創始者・柳生宗厳

[伝授対象者]

```
義理           人情
 =             =
主君           一族
      ＼ ／
      伝授
     （免許）
      ／ ＼
 金            熱心
 =             =
富裕者         門人（弟子）
```

る。現代にも通じるテーマであり、宗矩の洞察力の凄さには、一種の感動さえ覚えるほどだ。

家康への伝授、これは家康が高貴な身分だから、つまり主君としての相伝となる。かつて塚原卜伝が、一の太刀を足利義輝や北畠具教に伝授したのも同じ考え方、義理免許なのである。

このとき石舟斎は指南に就くことを求められたが、老齢を理由として断り、代わって宗矩を家康に仕官させたと伝えられる。

不遇だった柳生一族にも、ここにようやく一筋の明かりが射したことになる。

8 柳生石舟斎の最期

❶「所領没収の憂き目」の経緯

柳生石舟斎親子が、徳川家康を訪問した1594（文禄3）年、その訪問の前後いずれのタイミングかは分からないが、太閤・豊臣秀吉の検地によって柳生氏の隠田が発覚し、石舟斎は所領没収の憂き目に遭ったと伝えられる。これが家康訪問後の事件とすれば、柳生にとっての災難は、決して終わったわけではなかったことになる。

当時の検地とは「大名が行った農民所有地などの調査測量」であり、狙いは荘園制（私的所有地）を崩壊させることにあった。この時代でも、荘園の中には、平安時代以来の特典―年貢・公事（労役提供）の一部免除―を維持し続けているところもあったのだ。

たとえば織田信長が尾張国を平定したといっても、信長ですら国内各地の荘園からは年貢などの徴集ができないケースが存在した。つまり荘園とは、国内にいまだに残る治外法権地区といっていい。

したがって、戦国大名が領土の支配権を完全なものとするためには、荘園を含めた検地を実施する必要があった。土地からの米の生産高を把握しないかぎり、年貢も見積もることができない。当時の米は一種の通貨であり、米をお金、年貢を税金と言い換えた方が理解しやすいかもしれない。

その最大規模の検地が、豊臣秀吉が1584年以降に全国で実施した**太閤検地**

Ⅱ 柳生新陰流の創始者・柳生宗厳

であり、この検地帳が後の石高制—土地の標準生産高—の基礎データとなり、太閤検地こそが日本で最初の合理的な租税体系といわれている。天下統一とは、なにも合戦の累積、勝敗だけに帰するものではない。兵を動かすのも養うのもすべて米とお金なのである。

さて『柳生家雑記』によれば、柳生の隠田騒動の背景には、石舟斎とは同門の**松田織部之助**＊1 の密告があったという。

松田織部之助が仕えた大和国の土豪・戒重肥後守は、かつて柳生宗厳によって滅ぼされた。織部之助はその遺児を連れて奈良に落ち延び、そこで松田方新陰流の道場を開き、柳生への報復の機会を狙っていた。そして検地の機会に、柳生の隠田を国主・豊臣秀長に密訴し、柳生氏の所領は没収された。……後に旧領を復活した柳生宗矩は高弟・庄田喜左衛門を派遣して織部之助を殺害させた。それを事前に察した織部之助は、成人した遺児・戒重清次を江戸に旅立たせていた。（意訳）

たしかに登場人物は実在するメンバーだが、全体を通じて復讐劇（因果話）に彩られ、事実と異なる面も多く、あまり信頼できる内容ではない。

一方で、石舟斎が所領を失ったことは事実らしく、その４年後、老齢の石舟斎は妻あてに＜家財道具の処分＞に関する**遺言**めいた手紙を書き、その中で「茶道具の売却代金で自分の葬式費用を賄ってほしい」とまで記し、その困窮振りを訴えている。

🈁柳生石舟斎、困窮の原因

この隠田騒動と所領没収の２つの話を絵解きすれば、石舟斎が太閤検地によって荘官としての**権益**を奪われたことを示唆したものであろう。

前述のとおり、それまでの石舟斎は荘園・柳生の庄の荘官を勤めており、年貢を納入された荘園主・近衛家からはその対価（給付）—給田、級分（年貢の一部）—を受け取っていたと思われる。

現在のビジネス契約でいえば「請負業務に対する給与報酬」であり、それ

Ⅱ 柳生新陰流の創始者・柳生宗厳

＊1　**松田織部之助**：上泉秀綱の門人。そのの流れを「松田方新陰流」といい、＜幕屋（戒重）清次—清房—清信＞と続く。この清信の号が大休である。

が柳生氏の生活基盤を支えてきたが、検地実施に伴い荘園制が崩壊した結果、柳生氏への給与はなくなり、より家計が苦しくなってしまったのだ。
　もちろん、給与が給田方式ならば、文字通りの所領没収となるわけだ。
　本来、このテーマは「山間にある柳生の庄の生産物*2は何か？　果たして稲や穀物の生産を行っていたのか？」からアプローチすべきものだが、そこまでの詳しい史料を望むことはできない。荘園によっては、田畑以外に林などを管理したところもあり、伊賀西部から切り出された杉などの木材の通り路だった柳生の庄も、そのタイプだったように思われる。
　余談ながら、この復讐劇にはさらなる後日譚があり、松田方新陰流を修めた戒重清次の子供が江戸で剣名を上げ、幕屋大休*3を名乗る。これが江戸3名物のひとつといわれた「幕屋の兵法」である。もともと幕屋とは戒重家の先祖が拝領した幕に由来し、この流れを「幕屋新陰流」という。
　ただ、『柳生家雑記』のニュアンスからすると、柳生新陰流との間になんらかの反目、相克があったような印象を受ける。そのような悪意があったからこそ、流祖・織部之助にまで遡って、過去を再構築した可能性が高い。

⑪柳生石舟斎の身辺

　このころ柳生一族の中では宗矩が徳川家に仕えたように、ほかにも豊臣政権下の諸大名に仕官する者があった。
　そのひとり、厳勝の長男・**久三郎**は武将・浅野幸長に属して朝鮮に渡り、1597（慶長2）年にその地で戦死した。いわゆる秀吉・朝鮮出兵の第2回目「慶長の役」であり、この石舟斎の孫は21歳で没したという。
　さらに6年後、今度は伯耆国（鳥取県）の米子城主・中村一忠に仕えた石舟斎の4男・**五郎左衛門宗章**（20歳）が、中村家の内紛に巻き込まれ、討死を遂げてしまう。
　その中村家は、1600（慶長5）年の関が原の合戦では東軍（徳川家康方）に属したが、合戦の直前に家康は宗矩を大和国に戻し、石舟斎あてに次の書

II 柳生新陰流の創始者・柳生宗厳

＊2　**生産物**：時期は特定できないが、松永久秀の子・久通が宗厳からの依頼を受けて、蚕の種紙（養蚕紙）を送ったという手紙が残っている。宗厳はこの地で養蚕業を営もうとしていたようだ。
＊3　**幕屋大休**（生没年不詳）：「探入斎の絵（あぶな絵）、外郎の蹴鞠（薬売りの芸）、幕屋の兵法（剣術）」と江戸3名物と謳われ、大休の流れは代々福井藩の剣術指南を勤めた。なお、東映映画「柳生武芸帳」シリーズのラスト「十兵衛暗殺剣」は、柳生十兵衛（近衛十四郎）と大休（大友柳太朗）との死闘を描いた傑作。ただし、あくまでもフィクションである。

状を託した。

　今度筒井順斎（筒井氏の一族）を派遣したので、筒井伊賀守（順慶の養子・定次、伊賀上野城主）と談合の上、牢人などを集めて忠節を尽くしてほしい。

　当時、俸禄、生活基盤を失った武士を牢人（後の浪人）といい、石舟斎もそのひとりだった。
　そして、この時期の石舟斎親子は大和国で、西軍（石田三成方）の**後方撹乱**のミッションに従事したことになる。
　『関原記』という書によれば、「石舟斎は、すでにその前年（慶長4年）、宗矩を島左近（三成の重臣）のもとに送り、ひそかに探りを入れさせた」と書かれている。いかにも謀略活動めいた話だが、事実かどうかは分からない。
　このような一連の記述からすると、いかにも石舟斎は所領没収の後も引き続き柳生の庄に留まっていたように思われる。
　が、先に引用した妻あての遺言めいた手紙には、旅の途中を思わせる一節「年寄りのまま、何処の地で転び果てるかもしれない」が存在する。
　しかも、その内容がわずかな遺産の処理、葬式費用の指示であれば、石舟斎が、柳生の地を離れていた可能性は相当程度ある。
　そもそも妻に手紙を出す行為そのものが、旅先を暗示しているかと思う。
　じつは石舟斎・宗矩親子は、仕官の口を求め諸国を流浪し、島左近の紹介で、石田三成と親しい奥州会津城主・上杉景勝（謙信の養子）を訪問した、という話も残っている。
　すでに徳川家に仕官していたはずの宗矩の名も見られ、一概に信用するには至らない。が、宗矩が牢人親子として登場することは、当時の彼が徳川家で優遇されてはいなかった、まだ無名の存在だったことを意味している。

⑭柳生新陰流の行く末

　その一方で、石舟斎は1604（慶長9）年に、後に島左近の娘を娶ることになる孫・**兵庫助利厳**（26歳）――厳勝の次男――に、柳生新陰流を伝授する。このとき、利厳は叔父にあたる宗矩よりも8歳年少である。

　　兵法は浮かまぬ石の舟なれど　好きの道には捨てられもせず

Ⅱ　柳生新陰流の創始者・柳生宗厳

兵法への愛着を感じさせる、石舟斎の『兵法百首』の一首だが、このころから老齢を意識してか、柳生一族への伝授の頻度が高まってくる。
　すなわち、石舟斎は1604（慶長9）年に、利厳に「兵法の極意ことごとく、貴所に譲り申し候」と認め、『新陰流兵法目録事』を与えて新陰流の伝授を行っている。
　おそらく、このとおりなのだろうが、微妙なことに1606（慶長11）年には、石舟斎は**厳勝**―利厳の父―にも印可を授け、奥書に次のように記している。

　右に掲げたのは、私が78歳のころまでに鍛錬し工夫を究めたもので、それを残らず相伝させる。……たとえ実子であっても、これを洩らしてはいけない。（意訳）

　このとき厳勝は55歳と老齢で、大ケガの後遺症も残っていたはずだ。しかも、すでに子・利厳が伝授されているにもかかわらず……、となにかしら矛盾を覚える内容となっている。
　が、以前に石舟斎は三好一族に相伝した際にも、「今後、極意は貴方さま無くしての相伝があってはならない。拙者の子供にもまだ相伝していないことを、貴方さまへお伝えしておきます」と書いている。
　現在でも一緒だが、この「貴方限り」というフレーズこそが、秘伝を真の秘伝たらしめる、つまり秘術の漏洩をガードするための最善の策だったように思われる。
　ついでながら、もうひとつ厳勝には不思議な話がある。
　石舟斎伝授の10年前、1596（文禄5）年に、なぜか疋田文五郎からも秘伝が相伝されているのだ。上泉秀綱に従ってきた文五郎が、柳生の地を離れ、すでに30年以上の歳月が流れている。それにもかかわらず、なのである。
　じつは事実不詳ながら、一説に文五郎を石舟斎の腹違いの弟とする。もしそうであれば、文五郎から甥への伝授となり理屈は通じるのだが……、分からないというよりほかにない。
　さて、晩年の石舟斎は一族ばかりでなく、金春七郎にも数次にわたり兵法の極意を授け、死の直前にまでおよんだ。猿楽師・金春七郎、彼こそが最愛の弟子だったのかもしれない。
　1606（慶長11）年4月、柳生石舟斎は78歳で、柳生の庄に没した。

その死の翌年、宗矩の長男・七郎が生まれる。後の十兵衛三厳であり、彼は石舟斎の＜生まれ変わり＞といわれた。

柳生宗厳の墓石

Ⅱ　柳生新陰流の創始者・柳生宗厳

Ⅲ 江戸柳生の躍進

柳生宗矩の時代

西暦	和暦	柳生一族の主な出来事（☆＝主要一般事項）
1571	元亀2	宗矩、誕生（～1646）
1590	天正18	宗矩、小田原攻めに従軍
1594	文禄3	宗矩、徳川家康に仕官
1600	慶長5	宗矩、関が原の合戦に参戦
1601	慶長6	宗矩、徳川秀忠の剣術指南
1603	慶長8	☆徳川家康、江戸幕府を開く
1605	慶長10	宗厳、逝去　☆秀忠、2代将軍に就任
1607	慶長12	宗矩の長男・十兵衛三厳、誕生（～50）
1613	慶長18	宗矩の2男・友矩、誕生（～39）
1614	慶長19	☆大坂冬の陣
1615	元和1	宗矩、大坂夏の陣で殊勲。宗矩の3男・宗冬、誕生（～75）　☆『武家諸法度』など発布
1616	元和2	宗矩、坂崎出羽守事件を解決　☆家康、逝去
1619	元和5	十兵衛、徳川家光の小姓に出仕
1620	元和6	☆徳川和子、後水尾天皇の中宮になる
1621	元和7	宗矩、家光の剣術指南
1623	元和9	☆家光、3代将軍に就任
1627	寛永4	☆紫衣事件、起る
1629	寛永6	宗矩、従5位下但馬守に任官。沢庵、流罪
1632	寛永9	☆徳川秀忠、逝去。宗矩、総目付に就任、『兵法家伝書』完成
1633	寛永10	☆徳川忠長、自刃
1636	寛永13	宗矩、大名（1万石）に列す
1637	寛永14	☆島原の乱、起る
1646	正保3	宗矩、逝去

１ 徳川家旗本への道程

◐柳生宗矩の若き日々

　柳生宗矩（初名　宗頼）は、父・柳生石舟斎宗厳、母・春桃御前の５男として1571（元亀２）年に柳生の庄に生まれた。

　通称は**新左衛門**、後に**又右衛門**と名乗った。**但馬守**に任ぜられ、初代の柳生藩主となった人物だ。ここで一時期彼が、父と同じ通称・新左衛門を名乗ったことは記憶に留めていただきたい（196ページ参照）。

　1571（元亀２）年、父・宗厳と長兄・新次郎厳勝は松永久秀に味方して、大和国辰市で筒井順慶軍と戦い、柳生一族の後継者である厳勝が重傷を負って終生不具の身となってしまう。

　その年に、後の柳生家隆盛の礎を築く宗矩が生まれたのである。

　当時、父・宗厳は42歳。長男の戦傷、５男の誕生と悲喜交々の思いが胸中を駆け抜けたに違いない。

　前述のとおり、末子・宗矩の上には、戦傷を受けた厳勝の他に３人の男子がいた。そのうち次男・久斎と３男・徳斎はともに仏門に入り寺の住職となった。さらに４男・五郎右衛門宗章は1603（慶長８）年に仕官先の米子で討死をとげる。５男・宗矩が33歳のときの事件である。

　かくして唯一壮健だった宗矩が、実質的な柳生家の後継者となるのだが、これは後の話。

　実際、宗矩の若き日々のことは、あまり分かっていない。

　わずかに1590（天正18）年、豊臣秀吉が後北条氏の籠もる小田原城を攻めたときに、20歳の宗矩は細川興元（後に常陸国・谷田部藩主、１万６千石）に属して、小田原攻めに従軍したことが分かっているくらいだ。

　細川興元は丹後国・宮津城主（京都府）である細川藤孝の２男であり、どうやら宗矩の兄・徳斎が出家する以前に、その世話になったようだ。また疋田文五郎も一時期、藤孝に仕えたことがある。

　そのような縁で、宗矩は牢人の立場で「陣場」を借りて手柄を狙ったのであろう。かならずしも興元と主従関係を結んだわけではない。

　仕官は戦功次第であり、このころの宗矩は仕官口を求めて諸国を流浪して

Ⅲ　江戸柳生の躍進

いたものと思われる。

ただ「小田原攻め」は大きな戦果もなく後北条氏の降伏によって終焉を迎え、宗矩が細川家に召抱えられることはなかった。

また、宗矩と終生の友というべき僧・**沢庵**（250ページ参照）との出会いも、彼の流浪先だった可能性がある。

出世の第一歩は徳川家への仕官

時は移って1594（文禄3）年。

前章に書いたように柳生の地に逼塞していた柳生石舟斎は宗矩とともに、京都郊外の**徳川家康**のもとを訪れる。

当時、家康は伏見城修築のため京都に滞在中だった。そこで石舟斎が柳生新陰流を披露し、その妙技に感嘆した家康は即座に誓詞を入れて、彼を召抱えようとする。

しかし石舟斎は、66歳という高齢の上、すでに隠居の身であることを理由にこれを固辞し、代わりに24歳の息子・宗矩を推挙する。

かつて**立身出世**を夢見て果せなかった石舟斎は、宗矩にその思いと柳生家の行く末を託したのであろう。その意味からすれば、石舟斎が宗矩を嫡男として認めていたことに、疑いを入れる余地はない。

そして家康はその言を容れて、宗矩を俸禄2百石で召抱えたといわれ、ここに宗矩自身の立身出世の道が開かれることになる。

だが、現実の柳生一族の生活が、ただちに好転したわけではない。むしろ同年の隠田騒動による所領没収―実際は検地による荘官の権益の喪失―のために、石舟斎は生活に困窮する。

かつて諸国流浪中の石舟斎は、妻あてに遺書めいた手紙を出し、その中で「家財処分の結果、もし残ったものがあれば又右衛門（宗矩）に与えてください」（意訳）と記している。

これも石舟斎が宗矩を跡取りとみなしていたひとつの証といえよう。

「関が原の合戦」のミッション

柳生宗矩は1594（文禄3）年以降、石高2百石の**旗本**として徳川家康に仕えた。当時の旗本とは、「戦場での主君直属の親衛隊」のことである。し

Ⅲ 江戸柳生の躍進

がって武田信玄や上杉謙信にも、旗本は存在した。

それが後になって江戸幕府の基礎が固まると「直参旗本」と称され、将軍にお目見の出来る１万石未満の武士を指した。直参とは、「江戸在住を原則として、将軍に近侍する」ことからの呼称である。

ちなみに将軍の家来は、大名・旗本などの違いや禄高の多寡を問わず直臣、大名の家来は仮に禄高は大きくとも陪臣──将軍からすれば家来の家来──と呼ばれた。

宗矩の２百石という水準は決して厚遇とはいえず、下級武士の扱いであった。江戸時代に入ってからの感覚だと、家来が５名程度。ただし、直臣ではある。

そのような宗矩にも、立身のチャンスが訪れる。1600（慶長５）年、天下分け目の「関が原の合戦」である。

石田三成は会津の上杉景勝*1と密約を交わし、家康軍の東西挟撃を企てる。

それを知った家康は、５月に大軍を率いて上杉討伐に向かう。これは家康の陽動作戦なのだが、それに乗ってしまった三成は、西軍の総大将に毛利輝元、副将に宇喜多秀家*2を押し立て、大坂で家康討伐の兵を挙げる。

一方、シナリオどおりの展開に、家康は下野国（栃木県）小山の軍議で諸大名の約束を取り付け、その軍勢（東軍）を反転させて一気に西へ向う。これが、世に名高い「小山軍議」である。

そこで家康は宗矩に対して、「急遽、大和国へ立ち返り父・石舟斎に密書を届けよ」と下知する。同年７月のことである。

密書の文面は、「伊賀国の筒井氏と相談の上で、大和国の牢人を集め、徳川家へ忠節を尽くすように」というものであった。

その詳細は宗矩に託されたわけだが、「帰趨の定まらぬ大和の諸勢力を味方につけよ」との特命であり、西軍の後方撹乱作戦が、最大のミッションであった。

この事実は、柳生親子が明らかに「忍び」の能力を有していたことの証左であろう。柳生新陰流の真髄は**謀略**にあり、忍者もまた然り。

Ⅲ　江戸柳生の躍進

---

*1　**上杉景勝**（1555〜1623）：叔父にあたる謙信には子供がなかったので、その養子となり、越後国など北陸の領主となった。豊臣政権下では五大老のひとりとして会津120万石の大名となったが、関が原の合戦後は家康に降伏し、米沢30万石に移封された。

*2　**宇喜多秀家**（1573〜1655）：豊臣秀吉の信任を得た武将で、五大老のひとり。妻は前田利家の娘・豪姫である。関が原の敗戦後は八丈島に流罪となり、在島生活は約50年におよんだ。なお、坂崎出羽守は秀家の従兄弟にあたる。

一旦、柳生の地に戻った宗矩は近隣の牢人を集めて味方につけた後、合戦の直前に関が原付近で、諸大名とともに家康を出迎えている。

　家康は敵陣の様子に気を取られていたが、このとき「宗矩が家康に近づき『この度はご苦労様です。いずれもここに揃っております』と申し上げると、初めて気付いた家康は、『各々大儀である』と思われた」（意訳）というエピソードが残されている。

　旗本とはいえども小録の身分であり、自らの存在証明、アピールだったのかもしれない。

　そして９月15日、関が原に石田三成方・西軍約８万４千人、徳川家康方・東軍約７万４千人の大軍が集結（東軍・西軍の兵力については諸説あり）。濃霧の中、午前８時から戦闘が開始される。

　三成指揮下の西軍諸大名は積極的に合戦に参加しない者も多く、その実際の戦闘要員は参集した兵力の半分にも満たぬ水準だった。

　それでも、西陣の宇喜多秀家、大谷吉継、**島左近**[*3]などの奮戦によって午前中は一進一退の攻防であったが、家康方に内通していた小早川秀秋[*4]の裏切り行為のために、戦況は一挙に東軍に傾く。西軍総崩れは午後２時ごろ、戦闘開始から６時間の死闘の果てであった。

　余談だが、宗矩より13歳年少の宮本武蔵（239ページ参照）もこの戦場にいた。ただし、西軍、東軍のいずれに付いたのかは分かっていない。『二天記』によれば、武蔵が＜関が原の合戦、大坂の陣、島原の乱＞に出陣したことだけは、たしかなようだ。

　一方、関が原での具体的な宗矩の活躍は伝わっていない。ただ大和国での働きが認められたのか、２千石に加増され柳生の庄の旧領が安堵されたという。父・石舟斎が所領を没収されて以来、６年ぶりの出来事である。

Ⅲ　江戸柳生の躍進

[*3]　**島左近**（？～1600）：石田三成麾下の猛将。関が原で島隊と戦った黒田家の武士達は、後年に至るまで、左近の「死ねえ！死ねえ！」という恐ろしい雄叫びを、悪夢の内に聞いたという。

[*4]　**小早川秀秋**（1582～1602）：豊臣秀吉の正室（ねね）の兄の子供で、秀吉の養子の後に、毛利一族の小早川隆景の養子となった。「関が原の合戦」後、まもなくして死亡したため家は断絶。なお、有名な東軍への寝返りは黒田長政の裏工作があったとも、家康の密命を受けた甲賀者の元締め・山岡景友が調略したものとも伝えられる。忍者大名・景友は「本能寺の変」の直後にも、安土城への明智軍の進路を、瀬田の大橋を焼いて阻止している。歴史の闇の中で暗躍した人物である。

[関が原の戦い]

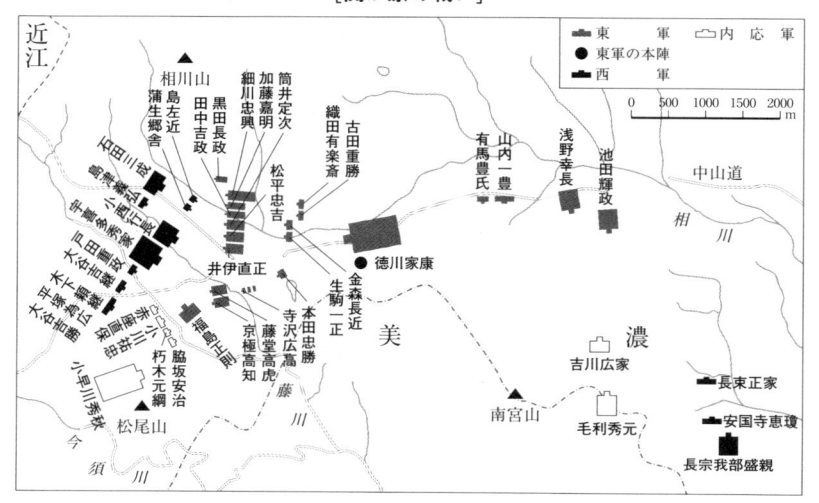

(地図：東軍・内応軍・東軍の本陣・西軍の布陣図。近江、美濃、相川山、松尾山、南宮山、中山道、相川、今須川、藤川などの地名、および石田三成、島左近、蒲生郷舎、黒田長政、田中吉政、加藤嘉明、細川忠興、筒井定次、織田有楽斎、古田重勝、有馬豊氏、山内一豊、浅野幸長、池田輝政、松平忠吉、井伊直正、金森長近、生駒一正、本多忠勝、寺沢広高、藤堂高虎、京極高知、朽木元綱、脇坂安治、小早川秀秋、吉川広家、毛利秀元、長束正家、安国寺恵瓊、長宗我部盛親、小西行長、宇喜多秀家、大谷吉継、平塚為広、戸田勝成、徳川家康などの武将名）

Ⅲ 江戸柳生の躍進

⑪つかの間の平和の到来

　1600（慶長5）年「関が原の合戦」から1614（慶長19）年**「大坂冬の陣」**まで、抵抗勢力（石田三成など）を壊滅させた徳川家康は、1603（慶長8）年には征夷大将軍に就き江戸幕府を開くなど、着々と徳川政権の足元を固めていった。

　かつて羽柴秀吉は、新たな本姓・豊臣を朝廷から賜り、「関白」という官位に就いて、豊臣政権を築いた。身分がすべて位階、官位で決まる時代であり、こうした形式要件を整えることが政権スタートの絶対条件だ。

　そこで家康は「源氏長者」*5（本姓・源）、「征夷大将軍」に就任、つまり室町幕府を開いた足利氏と同じ要件を備えることで、早いタイミングからの新政権発足を可能にしたのである。

　この間に政権を離れた豊臣氏は、大坂の1大名となっていく。そして1603

---

*5　**源氏長者**：平安時代、貴族「源氏」の子弟を教育する施設の運営者を源氏長者といった。後に本姓を「源氏」とする血族・同族の惣領といったイメージになり、武士が幕府を開設するときのひとつの要件になった。
*6　**千姫**（1597〜1666）：徳川秀忠と江与の方（淀君の妹）の長女。幼くして豊臣秀頼に嫁ぎ、大坂落城後に本多忠刻と再婚した。そして忠刻の死後は天樹院と号した。坂崎事件のほかに、男を誘う「吉田御殿の乱行」の俗説がある。

年に、家康は平和路線を推進し、わずか7歳の孫娘・**千姫**[*6]を豊臣秀頼のもとに嫁がせる。

　このように比較的平穏に過ぎた時代、柳生家と主家・徳川家を巡る動きは、おおよそ次のようなものである。

[関が原の戦い以後の柳生・徳川家の動き]（★印が徳川家、他はすべて柳生家）	
1601（慶長6）年	宗矩、秀忠の兵法指南役に任ぜられる。
1603（慶長8）年	宗章、伯耆国で戦死。 ★家康、将軍に就任し幕府を開設。千姫を嫁がす。
1605（慶長10）年	石舟斎、死去（享年78歳）[*7]。
同　　　　　年	★家康、将軍職を秀忠に譲る。
1607（慶長12）年	宗矩、嫡男・十兵衛三厳が誕生。
同　　　　　年	★家康、駿府に居を構える。
1613（慶長18）年	宗矩、2男・友矩が誕生。

　この間に、柳生家では石舟斎の死、十兵衛の誕生などの慶弔事がめまぐるしく起きている。

　また、宗矩は**徳川秀忠**の剣術指南となり、秀忠からは家康同様に誓詞が差し入れられた。さらに千石を加増され、知行は計3千石となる。

　いわば、後の「江戸柳生家」隆盛の基礎が築かれた十数年でもあった。

　一方、主家である徳川家では、家康は征夷大将軍（軍事権）を秀忠に譲ったものの、源氏長者・日本国王のステータスは有したまま駿府（静岡市）に移り、いわゆる大御所政治—駿府、江戸の二元体制—を展開した。

　なお、家康の子供たちが、後の御三家—尾張藩、紀州藩、水戸藩—に封ぜられるのも、このタイミングである。

[*7]　**享年78歳**：旗本の平均死亡年齢は、1561～90年生まれの者で約42歳。これは同時代の庶民より10歳ほど長命である。（『人口から読む日本の歴史』鬼頭宏）比較的長命の旗本ですら40代前半が寿命、という時代に、柳生家当主たちの長命ぶりは際立っている。すなわち、家厳89歳、石舟斎宗厳78歳、江戸柳生では宗矩76歳、宗冬61歳、また尾張柳生では兵庫助厳72歳、連也斎厳包70歳まで、それぞれ長生きしている。生来の頑健さと日ごろの鍛錬の賜物であろうが、この一族の強靭さは特筆ものである。

Ⅲ　江戸柳生の躍進

[豊臣氏系図]

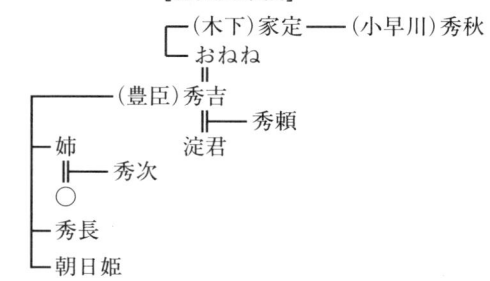

```
               ┌(木下)家定 ── (小早川)秀秋
               └おねね
                 ‖
      ┌(豊臣)秀吉
      │         ┌秀頼
      │     淀君
      │
      ├姉
      │  ┌秀次
      │  ○
      │
      ├秀長
      └朝日姫
```

[織田、豊臣、徳川氏関係系図]

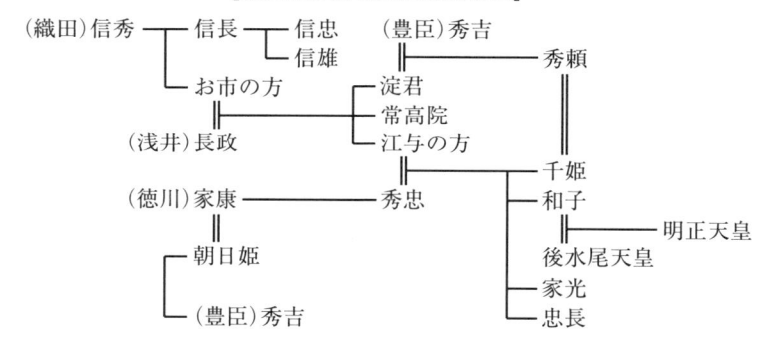

```
(織田)信秀 ┬ 信長 ┬ 信忠
          │      └ 信雄     (豊臣)秀吉
          │                   ‖           ┌ 秀頼
          └ お市の方 ┬ 淀君
                     ├ 常高院
(浅井)長政           └ 江与の方
                          ‖
                          秀忠          ┌ 千姫
(徳川)家康 ┬                            ├ 和子 ── 明正天皇
          │                              │   後水尾天皇
          │                              ├ 家光
          ├ 朝日姫                       └ 忠長
          │   ‖
          └ (豊臣)秀吉
```

Ⅲ 江戸柳生の躍進

2 将軍家剣術指南の処世術

剣声を高めた大坂夏の陣の「7人斬り」

　1614(慶長19)年に至ると、つかの間の平和が終わりを告げ、再び戦乱が始まる。
　将軍・徳川家は、豊臣秀頼による京都の方広寺大仏殿の鐘銘[*1]や牢人召し抱えなどを理由として、大坂城攻撃を決行する。これが、**大坂冬の陣**である。
　この戦いは、徳川方が天下の堅城・大坂城に籠城した豊臣方を攻めきれ

---

*1　**方広寺の鐘銘**：豊臣秀吉が京都に建てた方広寺に、1614年、子・秀頼が鐘を鋳造した。しかし、銘に「国家安康」の文字が刻んだことが家康の名前を分断したとされ、徳川方が「大坂冬の陣」を開戦するひとつの口実とされた。

ず、停戦を迎えてしまう。ちなみにこの時点での豊臣家は、70万石クラスの大名となっていた。

だが、徳川方が和睦の条件──大坂城の外堀の埋め立て──に加え、内堀までも埋めさせたこと、さらに秀頼の大坂からの転封まで求めたことに豊臣方が反撥して、翌1615（元和元）年、戦闘が再開される。

これが徳川、豊臣の最後の戦いとなる**大坂夏の陣**である。

堀の埋め立てにより防御力が激減した豊臣方[*2]は、城外に打って出て奮戦するがおよばず、5月8日に大坂城は陥落。淀君（49歳）・秀頼（23歳）親子は自刃し、ここに名実ともに徳川家の天下統一が成ったのである。

柳生宗矩は冬の陣、夏の陣ともに徳川秀忠の旗本として参戦し、特に夏の陣での武功が伝えられている。5月7日、最後の激戦となった「摂津天王寺・岡山口の戦い」での殊勲である。

戦いは徳川軍13万人、豊臣軍4万人、とほぼ3倍の兵力差で始まったが、真田幸村[*3]を初めとする豊臣軍の奮戦のために、徳川軍は押され気味であった。そして、宗矩たちのいた岡山口の「秀忠・本陣」近くにも豊臣家の家臣・木村主計（かずえ）の一軍が迫り、一時期周囲は大混乱に陥った。

秀忠の本陣が大騒ぎとなり、大変に危険な状態になった。ときに大坂城側の兵士、木村主計以下の肌も露（あら）わな武者三十五人が、秀忠に迫った。柳生宗矩なる者が、馬前に立って忽（たちま）ちにして七人を斬った。（意訳『安藤治右衛門家書』）

いかに相手が無防具にして肌も露わな**素肌武者**とはいえ、混乱の中、瞬時にして7人を屠（ほふ）り去った腕前は、只事ではない。

特に主計は、勇猛で聞こえた木村長門守（ながとのかみ）重成の一族だっただけに、その郎党達を討ち取ったことで、宗矩の剣声は大いに上がったという。

ただしこれほどの功績を挙げたのなら、褒美（ほうび）、加増があって然るべきだが、そういう事実もなく、この話も「剣豪伝説」の域を出ない話かもしれない。

Ⅲ 江戸柳生の躍進

---

*2 **豊臣方**：豊臣秀頼の家臣には大野治房・治長兄弟、木村重成、薄田兼相などがおり、関が原の合戦後の牢人としては真田幸村、長曽我部盛親、後藤又兵衛、塙団右衛門などが参集した。

*3 **真田幸村**（1567～1615）：関が原の合戦では父・昌幸とともに西軍に味方したが、東軍に加わった兄・信之の尽力で死を許され、九度山に蟄居した。その後、大坂城に入り、夏の陣で戦死した。

⑩坂崎出羽守事件─政治手腕の発揮

　むしろ、柳生宗矩の「大坂夏の陣」をめぐる最大の功績は、じつは戦後の**「坂崎出羽守(でわのかみ)事件」**の解決、といわれる。

　いまだ硝煙消えやらぬ1616（元和2）年に、事件を騒乱にまで至らしめなかった宗矩の政治的手腕が評価されたのだ。

　坂崎出羽守直盛（1571？〜1616年　248ページ参照）は宇喜多秀家の一族でその重臣だったが、「関が原の合戦」以前に秀家との確執が表面化し、出羽守（名は詮(あきえ)家成政ともいう）の一派は宇喜多家を退散してしまう。

　そのため関が原の戦いでは東軍に参加して、旧主・宇喜多秀家が副将を務める西軍と戦い戦功を挙げ、石見国（島根県）津和野4万石の領主となり、宇喜多から坂崎に改姓したという。

［宇喜多氏系図］

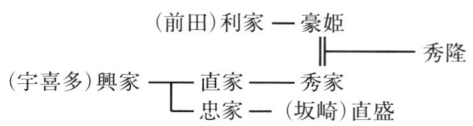

```
              （前田）利家 ─ 豪姫
                              ├─ 秀隆
  （宇喜多）興家 ┬ 直家 ── 秀家
                └ 忠家 ─（坂崎）直盛
```

　ここからは**千姫**（246ページ参照）**救出**として有名な話であり、代表的な通説を掲げたい。

　孫娘可愛さのあまり、家康は「豊臣秀頼夫人・千姫（19歳）を無事救出した者に、千姫を妻に与える」と宣言する。それを聞いた出羽守（45歳）は火傷(やけど)を負いながらも、猛火の城中から千姫を救い出す。だが家康は病死してしまい、しかも千姫は美男で名高い桑名城主・本多忠刻(ただとき)に一目惚れして、再婚が決まる。「約束が果されない上に、この仕打ちとは！」と幕府を恨んだ出羽守は、輿(こし)入れの千姫を奪おうとして、一族を挙げて不穏な行動に出る。

　この事件は、柳生藩の記録『玉栄拾遺』にも「坂崎成政（出羽守）は大身の山姥(やまうば)という槍を持ち、勇気を奮って大坂城内に入り、北の方（千姫）を背負って逃げ出した」と記されている。

　一方、江戸中期の政治家・新井白石の著『藩翰譜(はんかんふ)』によれば、事件の顚末(てんまつ)は、千姫の父・秀忠からその再婚先探しを命じられた出羽守が、京都の公家の間を奔走していたのにもかかわらず、一方で本多家との縁談が進んでいた

Ⅲ　江戸柳生の躍進

ことに、出羽守が立腹したためだ、としている。

たしかに家康は慎重な性格（75ページ参照）であり、簡単に約束するとは思えず、また当事者の年齢が離れ過ぎていることからも、これは新井白石説の方が自然であろう。

かくして出羽守は江戸屋敷内に籠り、家臣には武装をさせるに至る。

この行動は、幕府からすれば明らかに不穏な動き、謀反である。というのも、徳川秀忠は『武家諸法度』（1615）を定め、「大名の品格を戒め、また反逆人は追放する」ことを公布していたからだ。ただし、幕府サイドにも、千姫の再婚話を事前に出羽守に情報連携しなかった点は、大いに非がある。

そこで幕府は出羽守を説得し、武装解除させるために、親交のあった柳生宗矩を使者*4として派遣する。これも「出羽守切腹」の通達のために赴いたとする説もある。

ともあれ、宗矩を出迎えた出羽守サイドの対応の諸説を列挙したい。
①出羽守は、丸腰で赴いた宗矩の説得に応じて自害を遂げた。（『柳生家譜』）
②出羽守は宗矩との対面を拒否した。そこで宗矩は出羽守の重臣たちと謀り、坂崎家存続を条件に主君を殺害させた。（『徳川実紀』）
③宗矩は門前払いを食らう。そこで幕府・老中たちが坂崎家の重臣を呼んで因果を含め、主君を殺害させた。（『及聞秘録』）

以上の3説であり、簡単に検証すると、まず①説は、それまでの出羽守の所業から従順すぎて、いささか説得力がない。

また③説については、事件後に、「宗矩が出羽守の遺児の面倒*5を見た」という話からすると、「仮に門前払いではそこまでの配慮はしない」という常識から、やはり不自然である。

ならば、宗矩の臨機応変の対応振りが見事な②説が最も実態に近い、と思われる。しかも柳生新陰流の根本である謀略による解決である。

「出羽守の武勇にあやかれ」

結果として、出羽守は切腹か謀殺かは明らかではないが、死を遂げ、幕府

Ⅲ 江戸柳生の躍進

---

*4　使者：なぜ使者に柳生宗矩が選ばれたのか、はよく分かっていない。宗矩の長兄・厳勝が若年のとき宇喜多家に仕え、その縁で坂崎出羽守と親交があった、とする説があるが、宗矩が幕府の正式な「使番」だった可能性もある。
*5　遺児の面倒：『玉栄拾遺』には「嫡男の坂崎平四郎殿は宗矩公が引き取り、南都（奈良）に住まわせて、一生知行2百石を与えた」（意訳）と記録されている。

は最終的に坂崎家を改易処分とする。

　そして徳川秀忠は宗矩の働きを賞め、出羽守愛用の山姥の槍、武具一式、そして坂崎家の家紋である「二階笠（二蓋笠）」*6 を、宗矩に下賜するのである。

　現在の感覚からすると、「反逆者が愛用したものが褒美？」とは、なにか矛盾しているようだが、それは反逆者であろうとも、一方で秀忠は坂崎出羽守を「筋を通した真の武士」と認めていたことにある。

　逆にいえば秀忠は宗矩に対して、「出羽守の武勇にあやかれ」というメッセージを発しているのである。

　元来、柳生家の家紋は「地楡」だが、この事件をきっかけとして、「二階笠」が使用されることになる。

地楡　　　　　　　　二階笠

III 江戸柳生の躍進

　そしてこの騒動は家康死去（1616年）直後のことであり、2代目将軍・秀忠にとっては、いわゆる**元和偃武**、『武家諸法度』発布の試金石でもあった。

　「元和偃武」とは、1615（元和元）年の大坂夏の陣以来、天下泰平になったことを意味するのだが、「偃武」とは**「武器を収めて用いないこと」**を指す。

　ここからも、前述した「天下泰平の具体的手段は、武器の規制にあった」ことがお分かりいただけるかと思う（17ページ参照）。

　このような環境が背景にあったことを考えれば、坂崎出羽守事件における宗矩のパフォーマンスは、じつに際立っていたのである。

　なお前にも記したが、この時代では大名などを実名（諱）で呼ぶのは失礼、という認識があった。通常はその官位を呼んだのである。

　この名高い「坂崎事件」や『忠臣蔵』の主人公は、それぞれ坂崎出羽守、浅野内匠頭と官位で呼ばれ、まず坂崎直盛、浅野長矩と呼ばれることはない。有名な事件の主人公は当時の呼称のまま語り継がれたわけで、上記の傍

＊6　**二階笠**：柳生家は坂崎事件以降、この拝領の「二階笠」紋を用いたという。後に講談本『柳生二階笠』や映画によって、柳生のトレードマークとなった。ちなみに戦前では、柳生又十郎宗冬の方が兄・十兵衛よりも人気があった。武者修行から戻った又十郎が、家光の前で父・宗矩と試合をし、2つの陣笠を使って父に勝つ。それが『柳生二階笠』の粗筋で、歌舞伎にもなっている。

証といってよいかと思う。

⑪ 徳川3代、宗矩厚遇の秘密

　1619（元和5）年の春、宗矩の長男・十兵衛三厳が、徳川竹千代（後の3代将軍・**徳川家光**　249ページ参照）の小姓として出仕することとなった。

　当時、竹千代が16歳、十兵衛が13歳。この出仕に先立つ3年前に、宗矩は十兵衛を連れて将軍・秀忠に拝謁している。これが旗本としての「お目見」、いわば直参に認められた特権であり、後継者認知のステップでもある。

　そして十兵衛出仕から2年後（1621年）、宗矩は秀忠から、世子・家光の剣術指南を仰せ付かる。ときに宗矩はすでに50歳、一方の家光は18歳の若さであった。この結果、宗矩は家康、秀忠、家光の徳川将軍3代にわたり指南を勤めることになり、①家康のときに2百石から2千石へ、②秀忠のときに2千石から3千石へ、そして③家光のときには3千石から1万2千5百石へ、とそれぞれ加増されている。

　加えて家光の時代には総目付として幕府の中枢に参画し、「**従五位下・但馬守**」の「位階・官位」を賜り、1636（寛永13）年には大名に列するのである。

　個性の強い3人の「天下人」に仕え、しかも＜戦争から平和＞の時代のトレンドに沿って、立身出世を成し遂げていくのは並大抵のことではない。

　この宗矩の厚遇、栄達の秘密は、いったいどこにあったのだろうか？

　同様の疑問を直感的に抱いたのが、幕末の勝海舟であり、『氷川清話』では次のように語っている。

　柳生但馬は、決して尋常一様の剣客ではない。名義こそ剣法の指南役で、ごく低い格であったけれど、三代将軍に対しては非常な権力をもっていたらしい。全体誰でも表立って権勢の地位に座ると、大勢の人が終始注意するようになり、したがって種々な情実が出来て、とても本当の仕事が出来るものではない。

　柳生は、この呼吸を呑み込んでおったと見えて、表向きはただ一個の剣法指南役の格で君側に出入りして、毎日お面お小手と一生懸命やっていたから、世間の人もあまり注意しなかった。

　しかしながら、実際この男に非常の権力があったのは、島原の乱が起った

Ⅲ　江戸柳生の躍進

時の事で分かる。(一部、表記を修正)

「島原の乱」については後述するが、次第に将軍に影響力を行使できるほどの**権力者**にまでなっていく。

その要因のひとつとして、勝海舟は剣術指南として剣術稽古の密室性、つまり将軍と介在者なしに話ができる環境を指摘しているのである。また、表立っては権勢の地位に立たず、あくまで「陰」の役割に徹したことも、徳川3代を生き抜くための秘訣だった。

3 宗矩、大名へのステップ・アップ

ライバルは小野派一刀流

ここで江戸時代の諸藩における剣術流派の**指南役採用状況**を見ると、柳生

［柳生新陰流／小野派一刀流］の全国主要分布状況

柳生新陰流……□で表示。会津・江戸は2流派所在
小野派一刀流……★

(渡辺誠「江戸諸藩武芸流派総覧」等より作成)

Ⅲ 江戸柳生の躍進

新陰流が、他流派を圧倒して数多く採用されている。

　試みに主要38藩（5万石以上かつ採用流派が判明している藩）での柳生新陰流採用を見ると、北から＜秋田、仙台、会津、金沢、福井、江戸（幕府）、名古屋、桑名、和歌山、岡山、萩、徳島、愛媛、高知、小城（おぎ）、佐賀、鹿島、熊本＞の18藩となり、約50％近くを占めるとともに、全国にまたがる普及ぶりである。

　そしてこの柳生新陰流に次ぐ流派といえば、伊藤一刀斎[*1]が開祖の**一刀流**ということになる。

　同じく北からその採用状況を見ると、＜弘前、米沢、二本松、会津、水戸、高崎、江戸（幕府）、広島＞の8藩であり、新陰流にはおよばないものの、第2位の普及率であり、特に東日本で高い評価を得ているのが分かる。

　その「一刀流」の総帥が、柳生宗矩と同時期に将軍家指南を勤めた**小野次郎右衛門忠明**（ただあき）（237ページ参照）であり、この流れを「小野派一刀流」という。

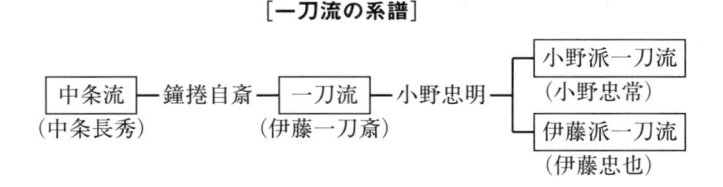

Ⅲ　江戸柳生の躍進

[一刀流の系譜]

中条流（中条長秀）─鐘捲自斎─一刀流（伊藤一刀斎）─小野忠明─┬小野派一刀流（小野忠常）
　　　　　　　　　　　　　　　　　　　　　　　　　　　　　　└伊藤派一刀流（伊藤忠也）

　忠明は、もとの名を神子上典膳（みこがみてんぜん）といい、安房国（千葉県）の戦国大名・里見氏に仕えたが、その遠祖は奇しくも柳生氏と同じ大和国の国人と伝えられる。

　諸国回遊中の伊藤一刀斎に師事した神子上典膳は、その後継者の地位を賭けてライバル小野善鬼（ぜんき）と戦い、善鬼を斬り倒して一刀斎から「唯受一人」の印可を授かる。その機会に善鬼の苗字を名乗ったとも伝えられる。

　その後、徳川秀忠の小姓・小幡景憲（おばたかげのり）[*2]の推薦を得て、秀忠の剣術指南として登用される。

　これが1953（文禄2）年のことで、宗矩が家康に仕える1年前であり、身

---

*1　**伊藤一刀斎**（生没年不詳）：中条流の鐘捲自斎に剣術を学び、一刀流を編み出した。後に下総国小金ヶ原で弟子の小野善鬼と神子上典膳が、一刀流相伝を賭けて試合をした話は有名。
*2　**小幡景憲**（1572〜1663）：通称は勘兵衛。江戸初期の軍学者。武田家の遺臣で、徳川秀忠の小姓となったが、後に流浪し主君を転々とした。最後は徳川家の旗本に復帰し、軍学書『甲陽軍鑑』を編纂したことで知られる。

分は旗本、石高も同じ２百石であった。

さらにいえば、忠明は直ちに秀忠の指南役となっているが、宗矩は家康に仕えており、秀忠の指南役となったのは、忠明に遅れること9年目の1601（慶長６）年のことである。つまり、将軍指南役として忠明は宗矩の先輩にあたり、年齢的にも忠明の方が７歳年長である。

⑪ 立身出世レース

この２人を**指南役出世レース**のライバルにたとえれば、後に柳生宗矩は石高１万２千５百石の大名となり、一方の小野忠明は加増されても８百石の旗本に留まった。

この格差の理由は、忠明自身の直情的な性格に求められるだろう。

1600（慶長５）年の「関が原の合戦」。そのとき忠明は徳川秀忠が率いる別働隊─本隊は家康軍─に属して戦場に赴く途中、信濃国（長野県）・上田城攻めに参戦する。

上田城には、西軍に味方した真田昌幸（幸村の父）が籠城して頑強に抵抗したが、ここで忠明は「上田七本槍」といわれるほどの手柄を立てた。またしても、殊勲は槍なのである。だが、彼は軍令違反を問われ一時期蟄居を命じられる。

さらに大坂夏の陣では、秀忠を守って奮戦したが、後日、逃げ惑った同僚を誹謗したとして、またもや蟄居を申し渡されている。

こういう逸話も残っている。

「あるとき徳川秀忠が、小野忠明に一刀流の極意を訊ねた。それに対して忠明は、『先師・一刀斎が敵を幾度も斬り殺すうちに得た技であり、臨機応変で型や構えには捉われない。それが極意です』とそっけなく答えたので、秀忠は興ざめした」

真偽のほどは定かではないが、ストレート過ぎて機微を感じさせる話とは言い難い。要するに、柳生石舟斎の言葉を借りれば、忠明もまた「世を渡る業」を持ち合わせなかったひとりだったのだ。

なお忠明は後に、弟・忠也に伊藤一刀斎の跡を継がせ、この流れは「伊藤派一刀流（忠也派一刀流）」を名乗った。そして嫡子・忠常が「小野派一刀流」を継承し、その流れに幕末に栄えた千葉周作の「北辰一刀流」が位置している。

そして、後継者・忠常にも父・忠明に似たエピソードがある。

剣術好きの将軍・家光の指南として、柳生宗矩はあしらいが上手だったのに、忠常は遠慮せずに稽古を付けたという。

一言でいえば小野家は武骨な**兵術**（技能）一途の家系だったのであろう。

一方、柳生宗矩はまさに小野親子の正反対に位置している。「渡世上手」で如才がない。

そしてなによりも宗矩は『兵法家伝書』では流儀の極意を口伝から解放し、かつ「いと小さき兵法」（1対1の立会い理論）を「大なる兵法」（天下を争う勝負）にまで昇華せるほどの**兵法家**（理論家）だった。

⑩沢庵和尚との出会い

ここで柳生宗矩の親友で、かつ学問の師である一代の快僧・**沢庵宗彭**について記したい。

沢庵は、1573（天正10）年、但馬国（兵庫県）出石に生まれた。戦国大名だった山名氏の家臣の子で、宗矩より2歳年下である。10歳で浄土宗に入った後に禅宗に帰依し、修行の結果、32歳で名刹・大徳寺の住持となる。

ところが住持を勤めること、わずか3日で「吾はもともと雲水の身」とその職を辞し、故郷の山堂に帰ってしまった、という。生来、名誉や栄達を望まぬ気概の持ち主だったことが窺われるエピソードである。

この沢庵が宗矩と出会った時期については諸説あるが、宗矩が1594（文禄3）年に徳川家に仕える以前のこと、といわれている。

すなわち、沢庵がまだ故郷・出石の宗鏡寺で修行中のころであり、おそらく宗矩は隣国・丹後国の細川氏のもとを訪れたとき、または諸国流浪の旅の途中であろう。いずれにせよ、沢庵（15〜22歳）、宗矩（17〜24歳）、ともに多感な青春時代を送っていたころの出会いである。

このときの親交が、後に沢庵においては禅で武道の極意を説いた『**不動智神妙録**』、宗矩においては『兵法家伝書』といった記念碑的著作に結実するわけで、まさに双方にとって運命的な出会いであった。

特に両者の親交が深まったのは、1627（寛永4）年の**紫衣事件**が契機であった、といわれる。

「紫衣」とは高貴な紫色の衣、すなわち朝廷が宗旨本山の僧に与えた法衣・袈裟のことで、従来その認可は天皇の権限であった。

Ⅲ 江戸柳生の躍進

そして一旦朝廷が大徳寺の僧などに紫衣を認めた決定を、幕府が無効としたために、後水尾天皇の譲位、幕府決定に反対した沢庵などの流罪、にまで事件は発展する。

⓫柳生宗矩の「噂」、沢庵の忠告

紫衣事件の概要は次項で触れるが、柳生宗矩は1629（寛永6）年に将軍・家光に柳生新陰流を伝授し、家光は宗矩に対して次の誓詞を入れる。

柳生家代々の兵法を残らず相伝してもらい満足している。これからも兵法のことはよろしく頼みたい。また七郎（長男・十兵衛三厳）は後々まで無沙汰があってはならない（意訳）。

以上の誓詞は、これまでもたびたび登場した**義理免許**のセレモニーであり、後半の十兵衛の件は、かつて家光の小姓を勤めた彼の「消息を知らせよ」という内容である。

その後家光は改めて、宗矩に対して次の書状を認（したた）めている。

但馬（宗矩）が技法について教えてくれたので、常々懇意にして諸大夫（しょだいふ）（従五位下）にまで処遇した。だが、習い（稽古）を熱心にしてくれないから、私の兵法は上達が見られない。……私が兵法に執心していることを、但馬はよく理解してほしい。その上で従来どおりのやり方ならば、これまでの懇意も水になってしまうだろう。もし念を入れて教授してくれるならば、但馬はもとより、その死後も左門（次男・友矩）ほかの子供も目をかけよう。ただし、子供たちが不覚悟の場合は、別である。（意訳）

甘えたような、その一方でわがままで脅迫めいた内容だが、そこには家光の宗矩に対する並々ならぬ信頼が垣間見られ、大名への立身の引き立て、さらに宗矩の子供たち（Ⅳ章参照）にまでかなり気配りをしているのである。

まさしく宗矩は、家光の**寵臣**といっていい。

そのような宗矩に対して、沢庵が忠告を記した長文の手紙を送っている。そのダイジェストを記すと以下のとおりである。

Ⅲ 江戸柳生の躍進

貴殿は兵法において古今無双の達人なので官位（従五位下但馬守）、俸禄（3千石）で世にも知られています。……だが、弟子を取り立てる際に気に入らない人は用いないなど、依怙（えこ）ひいきをされるようですが、苦々しく思っております。……ご子息の七郎殿（十兵衛）の行状については、親の身が正しくないのに子が悪いと責めてはいけません。まず貴殿の身を正しくして意見をされれば、子供の素行もよくなり、七郎殿の弟・内膳殿（3男・宗冬）も兄を見習い、親子が善人になりめでたいことになります。……現在将軍の寵臣だからといって、諸大名から賄賂（わいろ）を取るとか、欲にくらんではいけません。貴殿がいくら能好きで上手に舞うからといって、諸大名に押し付けるのは、これはもう病気です。……また応対のいい大名を将軍の前で引き立てられるとのことですが、よくよくご思案されるべきかと存じます。（意訳）

　断片的な家光、沢庵の文章の引用ながら、そこからは①宗矩が「剣術指南」の立場を巧みに利用して立身に励み、将軍の寵愛を受けるまでに至ったこと、②宗矩の性格には依怙ひいきや押し付けがましさがあったこと、③家庭内での不和、どうやら長男・十兵衛に不行跡があったことが、浮かび上がってくる。
　また後の話ながら、柳生の庄では闘鶏に興じたり、66歳で末子・六丸（後の列堂義仙（ぎせんおしょう）和尚をもうけたりもしている。
　このように周囲から見れば、「剣の達人」といわれる宗矩にはかなり人間臭い一面があったことは、間違いなさそうだ。

4 「紫衣（しえ）事件」をめぐる諸相

❶「紫衣事件」の経緯

　1615（元和元）年、大坂夏の陣が終わった年に、江戸幕府は大名の統制を目的とした**武家諸法度**および朝廷の統制を目的とした**禁中並公家諸法度**（きんちゅうならびにくげしょはっと）を制定する。
　同様に宗教面での寺院・僧侶の統制を意図して、幕府は1600年の関が原の合戦前後の早い時点から段階的に**諸宗寺院法度**を出し、1613（慶長18）年に

Ⅲ　江戸柳生の躍進

は「勅許紫衣法度」を発布した。

　この法度は、大徳寺、妙心寺妙などの住職が朝廷から与えられる紫衣—紫色の法衣、袈裟—を着用するには、天皇の勅許の前に幕府の許可が必要、とする定めである。

　ところが朝廷、寺社がそれを守らなかったために、怒った幕府は法度の起草者である金地院崇伝[*1]の策謀もあって、1627（寛永4）年、すでに勅許を受けた僧たちの権利までも無効にしてしまう。

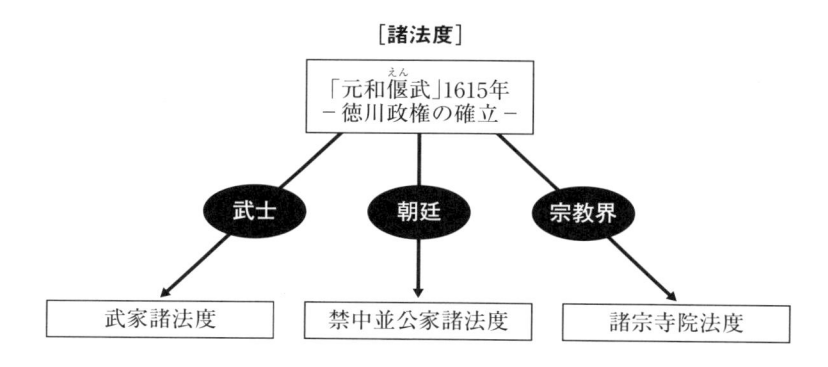

[諸法度]

```
「元和偃武」1615年
－徳川政権の確立－
```

武士 → 武家諸法度
朝廷 → 禁中並公家諸法度
宗教界 → 諸宗寺院法度

　特に大徳寺と妙心寺に対する措置は厳格で、この両寺で住持になるには「参禅30年の修行と千七百の公案（修行者が道を悟るための課題）への工夫が必須」とされたのである。

　しかしながら、当時伝えられていた公案は千足らずであり、千七百の公案を考えるというのは、事実上不可能であった。

　このため、大徳寺派であった沢庵など4人の僧が、幕府に意見書を出して、その措置を批判した。古来、悟りとは「電光石火」のうちになされるものであり、千七百の公案などは意味がない、と主張したのである。

　これが火に油を注いだ形になり、幕府の態度は一挙に硬化。そして、幕府の報復を恐れた両寺の僧たちは、幕府側の崇伝にとりなしを頼むようになった。このため沢庵たちは孤立したが、それでも自説を曲げなかったため、幕府はついに彼らを断罪するに至る。

Ⅲ　江戸柳生の躍進

[*1]　**金地院崇伝**（1569〜1633）：江戸前期の臨済宗・南禅寺派の禅僧。徳川家康に仕えて、寺社を管理するとともに『禁中並公家諸法』、『武家諸法度』などを起草して、幕府の政策におおいに貢献した。「紫衣事件」は、崇伝の属する旧勢力（いわゆる五山派）が、新興勢力の大徳寺、妙心寺一派を追い落とすための方策だった、ともいわれる。

このとき沢庵は、罪を一身に負う覚悟で、「意見書は自分ひとりで書いたので、他のものは赦して欲しい」と言上するが、結果的には、沢庵が出羽国上山（山形県上山市）へ配流となったほか、2名が流罪に処せられたのである。
　当時、事情を知る宗教界の人々は沢庵たちに同情し、逆に、幕府内の厳罰論者だった崇伝は、「大慾山気根院潜上寺悪国師」と呼ばれて、悪者扱いされた、という。
　だがそうした世論とは別に、この事件は朝廷に対する幕府の優位性を示す象徴的な出来事でもあった。幕府は、**後水尾天皇**＊2の過去の紫衣宣旨を全て無効にすることで、朝廷の意思を踏みにじり、自らの力の強大さを誇示したのである。
　こうした成り行きに天皇の怒りは募り、ついに1629（寛永6）年、徳川家光の乳母・**春日局**＊3（247ページ参照）の天皇拝謁により、その怒りは頂点に達する。通説では無位無官に過ぎぬ一介の乳母が、天皇に拝謁するということは、当時の朝廷にあってはまさに屈辱的な出来事だったとされる。

[春日局関係系図]

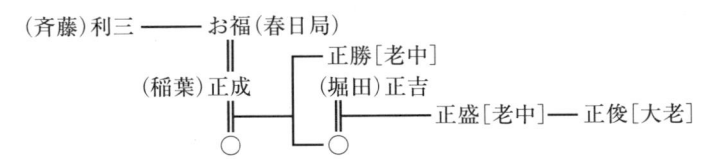

```
（斉藤）利三 ── お福［春日局］
              ‖ ┌─ 正勝［老中］
           （稲葉）正成 （堀田）正吉
              ‖ ‖  └─ 正盛［老中］── 正俊［大老］
              ○ ○
```

　ただし、春日局とは将軍の側室の一般的な名称で、過去には室町幕府最後の将軍・足利義昭の側室・春日局も参内（宮中に参上すること）しているのである（184ページ参照）。
　それはともかくとして、春日局参内から1ヵ月後、後水尾天皇は突然、譲

Ⅲ　江戸柳生の躍進

＊2　**後水尾天皇**（1596～1680）：16歳で即位し、徳川秀忠の娘・和子を后とした。徳川家の血筋が天皇家に入るきっかけである。後に和子との子・興子内親王（明正天皇）に譲位し、4代の天皇にわたって院政を行った。なお江戸後期に来日したドイツ人医師・シーボルトは「日本には、世俗的世襲皇帝（将軍）と宗教的世襲皇帝（天皇）がいる」と述べている。
＊3　**春日局**（1579～1643）：名はお福。明智光秀の重臣・斉藤内蔵助利三の娘で、稲葉正成の後妻となった。通説では夫の不倫から家を出ていたが、推薦されて家光の乳母になる。家光を愛し、弟・忠長誕生後、秀忠夫妻の寵愛が忠長に集まるとして、大御所・家康に訴え、家光の将軍位継承に尽力した。その功で一族は大名に取り立てられ、春日局は大奥で権勢を振るった。

位を発表し天皇の位を女一宮・興子(こうし)内親王に譲ってしまう。900年ぶりの女帝、しかも7歳の明正(めいしょう)天皇（1623～96）の誕生である。ちなみに次の女帝は後桜町天皇（117代、1740～1813）であり、以来女帝は途絶えている。

じつは幕府はこれを遡る7年前、朝廷との融和政策を推進するべく、1620（元和6）年に徳川秀忠の娘・和子(まさこ)*4 を後水尾天皇のもとに嫁がせていた経緯がある。その子が上記の明正天皇、徳川家の血筋を引く初めての天皇である。

だが幕府の圧力、統制の前に、後水尾天皇の怒りが爆発した結果の譲位である。譲位こそが、幕府への抵抗を示す数少ない意思表示の方法だったのだ。

[天皇家系図]

⑩⑦後陽成天皇 ── ⑩⑧後水尾天皇 ─┬─ ⑩⑨明正天皇
                              ├─ ⑪⑩後光明天皇
                              ├─ ⑪⑪後西天皇
                              └─ ⑪⑫霊元天皇 ── ⑪⑬東山天皇

Ⅲ 江戸柳生の躍進

⑩「紫衣事件」後の沢庵

さて、配流先の上山での沢庵（55歳）は「武勇の人で槍術の大家でもあった」と記録され、手厚くもてなされていたが、将軍・秀忠の死（1632年）に伴う特赦により、許されて江戸に戻ることになる。

そしてこの特赦の陰には、年来の友人である柳生宗矩の奔走と、沢庵の処罰に反対した僧・**天海***5 ──上野寛永寺*6の創建者──の尽力があったといわれる。

さらに沢庵が京都に戻ることを許されたのはその2年後、1634（寛永11）年のことであった。

この時期に、折りしも将軍・家光が上洛の途にあり、随行してきた宗矩か

---

*4　**徳川和子**（1607～78）：徳川秀忠の5女。14歳で後水尾天皇に入内し、1624年に中宮となり、後に院号を「東福門院」といった。結婚後は、一度も江戸に戻らなかったことで知られる。
*5　**天海**（1536～1643）：江戸初期、家康の知恵袋といわれた天台宗の僧。会津に生まれ、比叡山で修行した。1607年に家康に招かれて幕政に参画し、政治的な手腕を発揮した。「黒衣の宰相」と呼ばれ、じつは生き残った明智光秀、という俗説もある。
*6　**寛永寺**：京都御所の鬼門（北東）に位置するのが、比叡山延暦寺。江戸城の鬼門にあるのが、東叡山寛永寺。ともに邪悪な鬼が出入りすることを封じる意味がある。ちなみに上野の不忍池は、ロケーション的に琵琶湖にあたる。

ら沢庵に「この機会に将軍に会ってお礼を申し上げてはどうか」との文が届く。気の進まない沢庵ではあったが、世話になった友人からの依頼を断ることもできず、京都で家光に拝謁する。このとき沢庵は61歳。

「紫衣事件」の厳罰派だった崇伝は、前年に64歳ですでに死去しており、一方、擁護派の天海も100歳になろうという高齢であった。

つまり家光の周辺で、たまたま幕府側のなだたる政僧の影が薄くなったときの対面であり、家光は沢庵の人格、識見にすっかり惚れ込んでしまい、沢庵を江戸に呼ぶことを決める。

体の具合が優れぬ沢庵ではあったが、将軍の命令には逆らえず、1635（寛永12）年、江戸に下って麻布の柳生宗矩の別邸に滞在することになる。

その別邸から、沢庵は家光の招きに応じてたびたび江戸城中に赴き、禅の心法や治国経世の何たるかを説き、その信任はますます厚いものがあった。

家光が話の内容を書き残すように沢庵に求め、後日2冊の書き付けが献じられたりもしている。それ以前に家光は宗矩に対しても、剣法修行上の質疑応答を文書に残すよう指示しており（115ページ参照）、それと同じパターンだが、家光の宗矩、沢庵への傾倒ぶりをよく示す挿話といえよう。

さらに家光の沢庵に対する**敬愛**の深さは、老中すら交えない能の観劇や自慢の茶器の手ずからの披露などにもあらわれ、ついには沢庵を手元に置きたいがために品川の寺院建立計画にまでおよぶ。

江戸嫌いの沢庵はこれを固辞するが、家光はさまざまな言辞を連ねて沢庵を説得する。困り果てた沢庵は宗矩に相談を持ちかけるが、家光の気性をよく知る宗矩は、それほどまでに言を尽しているのを断れば、かえって機嫌を損じ上洛もできなくなる、として、家光の命に従うように勧める。

その結果、1638（寛永15）年、品川に**東海寺***7が建立され、沢庵はその開山となるのである。

沢庵、宗矩、家光のトライアングル

こうした**将軍と僧侶**といった立場を超えた深い交わりは、沢庵を推挙した柳生宗矩にも大いに有利に働いた、と考えることができる。

Ⅲ 江戸柳生の躍進

---

*7 **東海寺**：約4万8千坪の敷地を誇る壮大な寺。建立時に地元の品川界隈では、庶民の過酷なまでの労役負担があった。これを「沢庵番」という。

III 江戸柳生の躍進

　そのあたりの事情については、家光が東海寺を訪ねた時の様子を伝える、1642（寛永19）年の沢庵の宗矩あての手紙に詳しい。

　病気がちだった家光[*8]は、気分の鬱屈する日が多かったが、今日は和尚に会う日だからとして粗相のあった鷹匠の罪を赦すほどの機嫌のよさであったと伝えられる。

　久しぶりの対面に家光は、「但馬（宗矩）から沢庵への手紙の内容は？」と10回も尋ね、それに対して沢庵が「但馬は難しいことは書きません。私も同じで返事は出しません」と応ずると「二人はよく似ている」と大いに笑った、という。このとき、家光は39歳、沢庵は70歳、そして宗矩は72歳。

　こうしたやりとりの中で、沢庵の言は、家光と宗矩の関係にも好影響を与えた、と考えられる。

　人は、その人物自身の直接の印象より、その人物をよく知る友人の言葉を信用する傾向があり、これは現代マーケティング理論でも**「アロンソンの法則」**――ホメ言葉は、他人から発せられるほど効き目がある――として知られるところである。

　家光と宗矩の関係について、沢庵は「あるとき宗矩がすねてしまい、家光のもとに出仕しなくなった。それを家光が機嫌を取ったのでいつもの状態となった」と記し、端的に「**名誉なる主従の間に御座候**（ごぞうろう）」と表現している。

　家光から沢庵への信頼もまた然り。このことを勝海舟は『氷川清話』で、次のように表現している。

　沢庵和尚も、もとは一個の雲水僧で、六十余州を遍歴して、各地の民情風俗に通じておった。そこで三代将軍（家光）にも用いられたのだが、その凡人でなかったことは、和尚を推挙した人のえらかったことでわかる。その人は誰かというとほかでもない、有名なる柳生但馬守だ。

　ちなみに吉川英治の時代小説『宮本武蔵』では、武蔵の恩師として沢庵が登場するが、これは創作の世界。むしろ沢庵は宗矩の子・十兵衛三厳と親しかった。

[*8] **病気がちだった家光**：晩年の家光は、頭痛で気分がすぐれず、ときに歩行も定まらない様子だった、という。病気の原因は、過度の飲酒による鬱病、内臓のガンなどの諸説がある。有名な「慶安御前試合」上覧後、1651年に48歳で没した。

COLUMN

柳生伝説ウソかマコトか
──「紫衣事件」と『柳生武芸帳』の謎解き

　「紫衣事件」をめぐって、朝廷、幕府そして柳生家の3者の関係を読み解く秘密の巻物がある。
　残念ながらそれは架空の巻物なのだが、フィクションであるがゆえに、かえって一面の真実を突いているのではないか、とも思われるのである。
　巻物の名は、**柳生武芸帳**。五味康祐[*1]の未完の傑作『柳生武芸帳』に登場する秘密の巻物だ。
　物語は、柳生宗矩と3人の息子たち──十兵衛・友矩・宗冬──に対し、霞の忍者と疋田文五郎の弟子・**山田浮月斎**[*2]が闘いを挑む、というストーリーが縦糸となって進む。これに竜造寺家の再興を願う夕姫や、幕府側の松平伊豆守、大久保彦左衛門がからみ、さらに尾張柳生の兵庫介利厳までが加わっての一大戦闘絵巻となる。
　そしてその闘いの原因となるのが、3巻に分かれた「柳生武芸帳」なる巻物の存在であった。その1巻は江戸柳生屋敷にあり、1巻は九州鍋島藩に、残る1巻は朝廷内にと、ばらばらに秘蔵されているが、その3巻が一堂に会するとき、朝廷と柳生家にまつわる恐るべき秘密が明らかになるのである。
　3巻のうち、1巻には柳生新陰流門人の連名状、1巻には江戸から柳生までの道中を示す絵図面、そして最後の1巻には新陰流極意の秘太刀とその使い手が記されている、という。
　ではこの3巻が明かす秘密とは、いったいどんなものだったのか？
　ことは、紫衣事件の直後、後水尾天皇の譲位にかかわる一大秘事である。すなわち天皇が譲位の意思を示した当時、皇后・和子の間には、一女一男があり、天皇位は、その男子・高仁親王に譲られるはずであった。
　幕府にとっても、この和子の産んだ親王──将軍・秀忠の孫──の即位こそが、なによりも望んだことであった。
　ところが突如、親王が3歳で没し（1628年）、幕府のシナリオは大いに狂ってしまう。幸い、同年には第2皇子の誕生を見るのだが、それもつかの間、この若宮も他界してしまうのである。
　しかし天皇の譲位の意思は依然として固く、前述の通り女一宮に譲られ女帝・明正天皇が誕生するのである。
　が、高仁親王および第2皇子の死がじつは暗殺であり、その手を下したのが、柳生の門人であった、というのが『柳生武芸帳』の**第1の謎解き**である。
　さらに、柳生宗矩に暗殺を下知したのが、彼らの父親・後水尾天皇その人だった、というのが**第2の謎解き**である。天皇は、徳川家の血を引く皇子に位を継がせるくらいなら、その死をも厭わなかった、というのである。
　そして**第3の謎解き**は、徳川家を主君と仰ぐ宗矩が、なぜそれに仇なすような天皇の命に従ったのか、ということである。
　これについては、宗矩自身が息子・友矩に対し、次のように説明する。

Ⅲ　江戸柳生の躍進

「我ら柳生一族、今、兵法を以って世に立つ。我らが先祖だが禁中にゆかり深い春日神職の出じゃ。このことしかと胸にとどめて聞けよ」

　すなわち、神道にかかわるものとして、伊勢神宮を祖神とする天皇の命令は絶対だった、というのである。
　そして、柳生武芸帳3巻を引き合わせると、そこで初めて皇子暗殺の下手人が判明することから、柳生一族、幕府、朝廷、三つ巴の武芸帳争奪戦が展開することになる。この五味康祐独特の「紫衣事件」の絵解きは、皇子2人の突然の死の理由、後水尾天皇譲位の真意、さらには柳生一族の陰の役割などを説明する仮説として実に興味深いものがある。特に、柳生一族と朝廷とのかかわりについての捉え方は独創的である。
　しかも五味は冒頭で、柳生そのものを宿敵・山田浮月斎に「他でもない、柳生は忍びの術が本体じゃ」と語らせる。この捉え方もまた衝撃的である。
　柳生新陰流の秘技（59ページ参照）も、浮月斎が語ると次のようになる。じつに明快な剣技の説明といえる。

「即ち山の影を利して姿をかくすが『山影』、水辺の月の反映で敵の目を欺くが『月影』であり、『猿飛』は猿の如く梢を移って姿を消す。舟の陰に忍び泳ぎをするのが『浮舟』である。『松風』は名の如く釜の湯のたぎる音に紛れて忍び入る。元は即ち悉く忍者の術から出た名である。『陰流』とは忍術の別称である」

Ⅲ　江戸柳生の躍進

『柳生武芸帳』五味康祐著・新潮文庫

＊1　五味康祐（1921〜80）：剣豪小説作家。1952年、『喪神』で芥川賞受賞。漢文脈の文体と透徹した歴史観が特長で、未完ながら代表作『柳生武芸帳』は時代小説の最高峰との呼び声が高い。なお、続編の『柳生石舟斎』は未刊行。
＊2　山田浮月斎：唐津藩出身で、本名は山田太右衛門。上泉秀綱の高弟・疋田文五郎の晩年の弟子である。この浮月斎の流儀を疋田陰流という。『柳生武芸帳』の中での柳生宗矩は、浮月斎に左すねから下を斬られて義足の身となってしまう。もちろん架空の話だが、それほどに強い、柳生一族最大のライバルとして描かれている。

5 柳生宗矩の栄達と「島原の乱」

ⅰ「総目付」就任と大名への昇進

　ここで、「紫衣事件」前後の柳生宗矩の栄達振りについて、年代順に整理しておきたい。
①1629（寛永6）年3月、宗矩59歳のとき、従五位下但馬守に任官。その年に徳川家光に柳生新陰流の印可を与え、家光から誓詞とともに正宗の短刀を賜わっている。一方、同年6月に沢庵は「紫衣事件」のため、出羽国に流罪になる。
②1632（寛永9）年正月、徳川秀忠が没して、家光の治世が始まる。6月、宗矩の知行高が、3千石から6千石に倍増。この迅速な処遇は、宗矩と家光の親密さのあらわれといえよう。そして宗矩・天海の尽力と秀忠の死による恩赦で、沢庵たちが赦されるのが、この年の7月である。
　12月になると宗矩は、新職制・**総目付**─後の大目付─のひとりに任命され「五の字」の指物を許された（162ページ参照）。その職務は、老中の支配下で政務を監察することにあった。
　具体的には殿中での礼法、諸大名の逮捕、鉄砲改め、宗門改めなどをミッションとし、役高[*1] 3千石の旗本の要職だった。

[幕府の職制]

```
将軍 ┬─ 大老
     ├─ 老中 ┬─ 大目付（総目付）
     │      ├─ 町奉行
     │      └─ 勘定奉行
     ├─ 若年寄
     └─ 寺社奉行
```

③1633（寛永10）年には総目付の仕事の一環として、翌年の家光上洛の準備

[*1] **役高**：役職に就いたときに支給される手当（経費）。この当時は俸禄とは別に支給されたが、後に幕府の財政が悪化し、取扱が変更された。

のために、京都までの道中の下見検分をしている。このとき同じ仕事に従事したのが、後の「智恵伊豆」こと**松平伊豆守信綱**＊2（251ページ参照）である。

　つまり、信綱とペアを組ませるほどに重要な仕事であり、家光の宗矩に対する信頼の厚さがうかがえよう。

④翌1634（寛永11）年7月、家光は30万人の大軍を率いて上洛し、天皇などに謁見する。

　いわば、将軍の権威を見せつける一大デモンストレーションだったわけだが、同時に朝廷へ大盤振る舞いをして、「紫衣事件」以来ギクシャクしていた朝幕関係の修復にも努めている。

　この上洛に際して宗矩は家光の特命により、行列の最後尾にあって威儀を正す役目を果たし、その功で葵の紋付の羽織1枚、蔵置馬1頭を賜っている。また宗矩の肝煎で、沢庵が家光に拝謁したのも、この上洛時の出来事であった。さらに宗矩の2男・友矩もこの折りに上洛している。

　そして直後の1636（寛永13）年8月、新たに4千石の加増があり、大和国内で1万石を領する大名＊3に列せられる。このとき、宗矩66歳。柳生一族の本懐がここに成った、の感が深い。

　なお、5千を教える旗本の中で、大名になったのは柳生宗矩以外では数えるほどで、宗矩以前では京都所司代を勤めた板倉勝重（1545〜1624、家康の譜代の家臣）、宗矩以後では「大岡裁き」で有名な大岡越前守忠相（1677〜1751）が、その栄進組である。

　大岡忠相は8代将軍・吉宗が紀州藩主だったときの家臣で、吉宗によって旗本に登用され町奉行、寺社奉行を歴任して、1万石の大名となった。共通点として宗矩、忠相には、絶対的権力者・将軍の庇護があったことが挙げられる。

　大名となったこの年、宗矩は総目付の職を辞している。これで、足かけ5年にわたる大名監視役を終え、幕閣のスタッフとしての表舞台からは、ひとまず去った形になる。

Ⅲ　江戸柳生の躍進

＊2　松平信綱（1596〜1662）：江戸前期の川越藩主で、幕府の老中を勤めた。将軍・家光、家綱の2代に仕え、島原の乱、慶安の変、明暦の大火などで、その辣腕振りを発揮。「知恵伊豆」といわれ、幕府の基礎を固めた。
＊3　大名：1万石以上の領地を有し、将軍に対し直接奉公する者（直臣）をいう。たとえば徳川御三家の家老でも1万石以上を有する者はいたが、陪臣の身分であり大名にはあたらない。

⑭「島原の乱」での家光への諫言(かんげん)

　先に述べた「紫衣事件」は、じつのところ幕府が朝廷に代わって宗教界に君臨しようとした主導権争い、といった側面を持つとされる。つまり幕府は、宗教統制の重層性を充分に認識していたのである。

　この意味で幕府がどうしても看過できなかった宗教が、**キリスト教**である。キリスト教の教義——偶像崇拝否定の一神信仰——は、武力だけでなく精神的にも統一国家を作ろうとする日本の支配者たちにとって、大いに障害となった。

　同じように外国から入ってきた宗教とはいえ、当時の仏教は日本古来の神道と融合して神仏習合的な宗教に変質していた。

　それに比べるとキリスト教は、かたくなに唯一絶対神を信仰し、他宗との融合を拒む排他的な宗教であった。

　天下統一を果たした豊臣秀吉が「バテレン追放令」、江戸幕府も「禁教令」を出したのも、そうしたキリスト教の特異性によるところが大きい。

　こうした締め付けの中で、1637（寛永14）年から1638（寛永15）年にかけて九州の西部で起ったのが**島原の乱**である。

　領主の年貢取立てに苦しむ肥前国（長崎県）島原半島の農民と、弾圧された肥後国（熊本県）天草諸島のキリシタンが結束して蜂起したもので、当時は九州一揆といわれた。この一揆に参加したものは約３万７千人におよび、**天草四郎時貞**(あまくさしろうときさだ)*4 が首領となった。

　そして彼らは原城に立て籠もり、島原藩・松倉家、唐津藩・寺沢家（飛地・天草の領主）からの攻撃に対して頑強に抵抗したのである。余談ながら、島左近と「右近、左近」と並び称された筒井軍の武将・松倉右近の子が、島原藩主・松倉重政である。

　幕府に島原の乱の報告が届いたのが11月であり、追討の上使には三河国（愛知県）深溝藩主(ふこうず)・**板倉重昌**(いたくらしげまさ)*5 が任命される。

　実際に一揆鎮圧にあたるのは九州の諸大名が率いる軍勢であり、上使とは征討軍の大将の意味だ。重昌はかつて大坂冬の陣の和議の際に、若年（26

Ⅲ　江戸柳生の躍進

＊4　天草四郎時貞（1621〜38）：旧領主・小西行長の遺臣・益田甚兵衛の子供で、16歳で首領となったという。原城で戦死。なお山田風太郎の『魔界転生』では、冥界の剣豪（柳生宗矩、柳生利厳、宮本武蔵、宝蔵院胤舜など）を甦らせ、柳生十兵衛と戦わせるフィクサーとなっている。
＊5　板倉重昌（1588〜1638）：大坂冬の陣の講和に努め、改易となった諸藩の「城明け渡し」にも数多く立ち会った。深溝１万１千８百石の小大名。

111

歳）にもかかわらず幕府側の交渉人を勤めた人物であり、この人選は妥当なものと思われた。

ところが柳生宗矩は、この人選に反対を唱える。この徳川家光への諫言（かんげん）として知られる話の概要は、以下のとおりである。

板倉重昌が上使となったことを聞いた宗矩は、ある大名の江戸藩邸で能楽を鑑賞中だったが、ただちにその場を中座。

早馬を借りて島原に向かう重昌軍を追ったが、品川、川崎に到っても追いつかず、すでに日も暮れていたことから江戸城に引き返す。そして夜分遅くに宗矩は将軍・家光に対面を求め、「重昌を上使にすれば必ずや討死するので、君の仰せといってだまして連れ帰ろうと思いました」と告げる。これを聞いて気分を害した家光は席を立ってしまう。

しかしこの程度のことは予想していたので、宗矩は次の間に控えて夜更けになっても辞去しなかった。このため家光は再度宗矩を召し、重昌討死の理由を問いただすと、宗矩は概略次のようにいった。

「およそ宗門との戦いは並大抵ではありません。宗教を深く信ずるものは、自らの信念に基づいて死ぬことを恐れないので、百千の衆が必死の勇士となる理（ことわり）であります。かの伊勢国・長島の一向一揆や石山本願寺攻めでは織田信長が苦戦し、三河国の一向一揆*6では徳川家も多くの犠牲を出しました。重昌がもう少し高い位で高禄、重職であれば上使にふさわしいと思いますが、いまの身代（禄高）では西国の大名たちの統括も難しく、攻めあぐねれば、再度、ご一門や宿老の方々の中から上使を出さざるを得なくなります。そうなれば面目を失った重昌は、討死するほかありません」

この言葉に家光も後悔の色を見せたものの、いまさら決定を変更できない、としてそのまま重昌を九州へ派遣したのである。

🔟 柳生宗矩の洞察力

板倉重昌は、12月以降、九州諸藩*7の藩兵とともに原城を攻めたが、藩主

---

*6　一向一揆：戦国時代、支配強化を図る戦国大名に抵抗して、一向宗の信徒が起こした一揆。1563年の三河国・一揆では、徳川家家臣の半分近くが一揆に加わるなど、家康を苦しめた。
*7　九州諸藩：島原藩主・松倉重治（後に斬罪）、唐津藩主・寺沢堅高（後に切腹）の両当事者のほかに、佐賀・鍋島勝茂、久留米・有馬豊氏、熊本・細川忠利、福岡・黒田忠之、小倉・小笠原忠真などが動員された。なお、九州以外では福山藩主・水野勝成が参戦している。

Ⅲ　江戸柳生の躍進

の中には江戸在府の者もあり統制がなかなか取れず、いたずらに犠牲を重ねる結果となった。

　事態が容易でないのを知った幕府は急遽、老中・松平伊豆守信綱を一揆鎮圧軍の総帥として派遣することを決定する。これを恥辱とした重昌は、信綱の到着前に原城攻略を目指し、1638（寛永15）年正月元旦、全軍に総攻撃を命ずる。

　が、統制が取れないままに、城内突入を試みた重昌は討死を遂げてしまう。まさに、宗矩の読みどおりの展開となったのである。

　ちなみにこの攻撃には、「尾張柳生」の兵庫助利厳の長男・清厳が参加して討死、また宮本武蔵も参戦し負傷している。

　その後、正月4日には松平信綱軍が到着し、さらなる動員の結果、12万人の軍勢で城を包囲した。そして、長崎の出島での貿易を望むオランダの応援——海上からの原城への砲撃——を借りて、2月末に総攻撃を仕掛け、なんとか原城攻略に成功するのである。

　この結果、城内のほとんどの者が死亡したといわれ、島原・天草の半数の住民が失われる（当時、島原・天草の領民は6万6千人程度で、そのうち3万7千人が一揆に加わって戦死）、という凄惨な戦いであった。

　この「島原の乱」は、よく幕府の**キリシタン弾圧**の典型として語られ、日本を鎖国に導く契機となった、といわれる。実際の鎖国は、翌1639（寛永16）年からペリー来航までの215年間にわたって実施された。

　が、不思議な点もある。というのも、遠くローマまで赴いた天正遣欧使節（1582～90）や「バテレン追放令」によって処刑された殉教者（1597）——長崎の26聖人——などは海外に記録も残り、特に後者はカトリック教徒の公式参拝地に選定されているにもかかわらず、3万人以上もの人々が死んだ原城は、その認知を受けていない。

　しかもキリスト教国・オランダが、なぜかキリシタン攻撃に参加しているのである。かつて天草から追放された外人宣教師・ママコスは「25年目に16歳の天童が出現し、奇跡を現す。……このときキリストの教えが威力を放ち、万民を救うだろう」と予言し、それが天草四郎といわれるが、原城に籠もったキリシタンを外人宣教師が支援したという話も伝わっていない。

　要するに日本ではキリシタン弾圧とされる「島原の乱」の犠牲者は、肝心のローマ法王庁では殉教者の扱いをされていないのである。

　さらに籠城者が全員死亡と伝えられるのも、オランダ船の砲撃によって城

Ⅲ　江戸柳生の躍進

内の火薬が爆発した、と考えるのが自然であろう。日本の武具にそこまでの殺傷能力はない。憶測でいえば、原城自体が弾薬の貯蔵庫だったように思われる。

それはともかくとして、この挿話は宗矩の**洞察力**を示すものとしてよく知られ、昭和初期の教科書などにも取り上げられたようだ。

幕末の勝海舟も「柳生但馬は大したものだと、密かに驚いている」(『氷川清話』)として、以下のようにも語っている。

全体将軍が、すでに厳命を下して、江戸を立たせたものを、僅か剣道指南ぐらいの身分で居りながら、独断でもってそれを引留めようというのなどは、とても尋常のものでは出来ないことだ。おれはこの一事で、柳生が将軍に対して非常な権力を持って居たことを見抜いたのだ。

だが、これら一連の話はいささか出来過ぎており、「島原の乱」の結果からの牽強付会の感じもするが、そこに柳生宗矩という人物がはめ込まれると、妙に説得力が出てくるから不思議なものである。

信徒鎮圧の難しさ、上使に選ばれた者のプライドにまでおよぶ洞察力、人情の機微、バランス感覚、家光への諫言……、特に板倉重昌の討死までを予言するあたりは、名誉を重んずる武士の心映えを推し量って鋭く、立ち合う相手の太刀筋を読む気迫さえ感じさせるのである。

前に柳生新陰流の新しさは、対戦相手の「陰」＝心理を読みつつ戦うことだ、という趣旨のことを述べたが、まさにそれが見事に発揮された物語であり、主演は宗矩をおいてほかにない、のである。

Ⅲ 江戸柳生の躍進

6 宗矩流・兵法の極意

⓫バイブル『兵法家伝書』の成立まで

ここで、柳生宗矩が完成させた**柳生新陰流**とは、どのようなものだったのかを、その記念碑的著作『**兵法家伝書**』で改めて概観しておきたい。その解釈が、宗矩が歴史のさまざまな場面で示した行動を解き明かすヒントとなる

からである。

　父・柳生石舟斎宗厳が始祖となる柳生新陰流は、息子・宗矩によって兵法理論として確立した、とされる。

　これは、その剣技としての完成度はもとより、その技法・秘伝を口伝から書物—伝書—という形のあるものとして定着させた、ということが大きい。

　猿楽が、世阿弥の『**風姿花伝**』*¹で書物としてまとめられ一挙に能楽として結実したように、剣術もまた宗矩の『兵法家伝書』という3巻の書物により、武芸の頂点へと駆け上がったのである。この集大成というべき『兵法家伝書』も、一朝一夕に成立したわけではない。

　宗矩自身、その「奥書」で「知命の年（50歳）を過ぎてようやくこの道の滋味－深い味わい－を得た」（意訳）と述べているとおり、技術および精神上のノウハウを客観的に残そうと、伝書の作成に取りかかったのである。

　そのきっかけは、武芸習得に熱心な将軍・家光からの下問にあり、50歳代になった宗矩は1622（元和8）年以降に『玉成集』1冊、『新陰流兵法心持』などを将軍・家光に献上している。

　いわば、実技、心法に関する家光・宗矩間の質疑応答が基礎となって、1632（寛永9）年、宗矩が62歳のとき、『兵法家伝書』が完成する。またこの年、宗矩は総目付に抜擢され、幕政の中枢ラインにも参画した。

　『兵法家伝書』は、江戸柳生家に残されていた石舟斎の覚書などをもとに、宗矩自らの伝授や永年の工夫が加味されて書き上げられた。先ほどの「奥書」に「ひとつの真理を発見するごとに、これを書き綴っておいた」（意訳）とあるが、こうした日頃の地道な努力の積み重ねが、後に武道書2大巨峰のひとつを生んだ、といっていい。もちろんもう1冊は、『兵法家伝書』から13年後に書かれた宮本武蔵の『**五輪書**』*²である。

　現存する『兵法家伝書』は、①江戸柳生家本、②熊本・細川家本、③小城・鍋島本、④鹿島・鍋島本、の4系統といわれる。

　①は、江戸柳生家に伝わる原本。②は、1637（寛永14）年、熊本藩主・細

Ⅲ　江戸柳生の躍進

---

*1　『**風姿花伝**』：1400〜02年にかけて完成された能楽理論書の頂点。室町時代の能楽者・世阿弥が、若いころに死別した父・観阿弥の遺訓を、自らの体験や意見を交え整理・統合したものである。父の遺産を継承、発展させた、という意味では、柳生宗矩の『**兵法花伝書**』と同じ成り立ちといえる。

*2　『**五輪書**』：1643〜45年にかけて書かれた宮本武蔵の兵法書。「序」に続いて、天地自然の実相を表わす「地・水・火・風・空」の5巻からなる。その基本は「何事においても人より優れること」（意訳）、すなわち勝負に勝つことであり、そのためには手段を選ばないとする。

川忠利*3に伝授されたもの。忠利は後年、晩年の宮本武蔵を招いたことでも知られるとおり、剣術への理解が深い大名のひとりであった。

　③と④は、ともに佐賀藩主・鍋島家の一族に授けられたもので、特に③は柳生宗矩の高弟である小城藩主・**鍋島元茂***4に対して、1646（正保3）年、宗矩が臨終の床で授けたことで有名。

　そのとき宗矩はすでに筆をとることができず、元茂の重臣・村川伝右衛門がそばから筆をとらせて、ようやく宗矩の花押を書かせた、という話が伝わっている。なお、文中の村川伝右衛門は、武士道の教科書というべき『葉隠』*5の口述者・山本常朝の叔父であり、そのつながりから「葉隠」の精神に柳生新陰流の思想が影響を与えた、という点も指摘されている。

⓫『兵法家伝書』のエッセンス

　さて『兵法家伝書』は前述のとおり、「進履橋」、「殺人刀」、「活人剣」の3部から構成されている。

　冒頭の「第1部・進履橋」は、新陰流の基本的な太刀目録で、父・柳生宗厳が上泉伊勢守秀綱からじかに伝授された技法に、宗矩が若干の変更を加えてまとめあげたものだ。その宗矩の思いは、文中の「この一巻を橋として、兵法の道を渡るべし」のフレーズに集約されている。

　なお宗矩が変更したのは、『兵法家傳書に学ぶ』（加藤純一）によれば、新陰流の身作り「五箇」のひとつである。父・宗厳が介者剣術（19ページ参照）の基本とした「身を沈にして」－膝を曲げて低く構える－を除いたのだ。たしかに甲冑のときは有効であっても、平素の素肌剣術ではその形は不自由という理由である。

　尾張柳生の利厳は『始終不捨書』で素肌剣術の「直立たる身」を確立するが、宗矩はその10年前に工夫を凝らしていたことになる。

　さて、『兵法家伝書』のエッセンスは「第2部・殺人刀」、「3部・活人剣」

Ⅲ　江戸柳生の躍進

---

*3　細川忠利（1588〜1641）：熊本藩54万石の藩主。母は明智光秀の娘・お玉（ガラシャ）。細川忠興の3男。剣豪大名として知られた柳生宗矩の高弟である。
*4　鍋島元茂（1602〜54）：肥前国（佐賀県）・小城藩主。江戸藩邸に育ち、15歳で柳生宗矩に入門、2年後には目録を与えられるまでに成長。将軍・家光の打ち太刀を勤めるなど進境著しいものがあった。有名な『葉隠』では、この元茂の存在を精神的支柱としている。
*5　『葉隠』：佐賀藩士・山本常朝の談話を筆録したもので、1716年に成立。尚武（武事を尊ぶこと）思想に貫かれた日本の代表的な武士の修養書である。

にあり、その違いは**殺人刀＝陽＝身体の動き＝懸（けん）＝構（かまえ）あり**、**活人剣＝陰＝心＝待（たい）＝構なし**にあり、当然のごとく活人剣が最も重要であることはいうまでもない。

[『兵法家伝書』の構成イメージ]

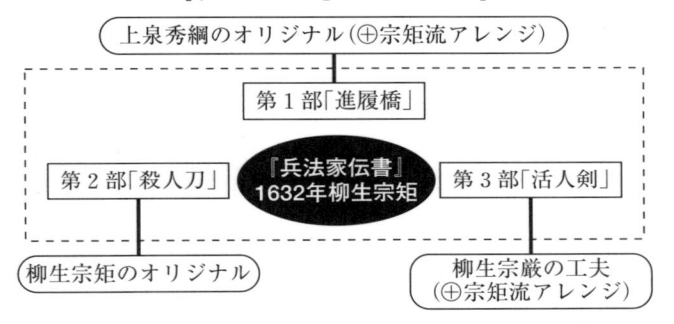

```
        上泉秀綱のオリジナル（⊕宗矩流アレンジ）
              │
         第1部「進履橋」
    ┌─────────┬──────────┐
第2部「殺人刀」  『兵法家伝書』  第3部「活人剣」
              1632年 柳生宗矩
    │                              │
柳生宗矩のオリジナル          柳生宗厳の工夫
                            （⊕宗矩流アレンジ）
```

①「殺人刀・序文」

宗矩のオリジナルな考え方がよく出ているのが、第2部「殺人刀」である。

まず冒頭の「序文」では老子*6 の言葉を引いて、「人を殺す兵法は天道の好まぬところであるが、一人の悪を殺して万人を生かす兵法は、止むを得ぬものとして天道に沿う」と述べる。

これが「**一殺多生**」主義として知られる政治家・宗矩の考え方である。

また宗矩は、「1対1の兵法は、勝つも負けるも一人の小さな兵法であるが、一人が勝って天下が勝ち、一人が負けて天下が負ける兵法こそ、偉大な大将の兵法である」、とも述べている。

父・石舟斎は「小さな兵法」の実践者だったが、宗矩は小さな兵法のロジックを大きな兵法——国の政治——にまで展開できる優れた洞察力を有していた。

まさしく宗矩は、勝海舟が語るとおり、「スケールの大きな権力者」として、物事を考え、判断する力量を有する人物であった。

②「殺人刀」

「殺人刀」本文では、兵法の技術論と心法論が論じられる。

まず、**立合いにおいて心掛けるべきは、心と身体の関係である。**

＊6　**老子**：BC4世紀ごろの中国の思想家。自我を捨てて無為自然の道に従えば、社会は平和になり、人々は幸福になる、と説いた。禅と並ぶ柳生宗矩の思想的バックボーンである。

III 江戸柳生の躍進

そこでは心を守勢=待にして、身体を攻勢=懸にすることが肝要である。

もし心まで「懸」であると、とかく暴走しがちになり、かえって敵に負けてしまうからである。また逆に、心を「懸」にして身体を「待」にする、という方法もある。

いずれにせよ、「敵の先手をおびき出して勝つ」ことがポイントで、この姿勢に柳生新陰流の独自性があるといえる。

剣術に限った話ではないが、多くの武術は「先手必勝」、「攻撃は最大の防御」といった積極策をとるのが一般的であり、まずは相手の出方を待つ、という新陰流の特異性は際立っている。

そして敵が先手を取りそうもないときは、身体を敵の間近にして「懸」の姿勢をとりながら、刀は逆に「待」の態勢として、敵が仕掛けやすいようにせよ、とも説く。

いわば「草を打って蛇（敵）を驚かす」といった陽動作戦で、それほどまでにして敵に先手を取らせようとしているのである。介者剣術では狙うべきところは、敵の甲冑の隙間と決まっており、敵の動きを待たずに懸かっていけばよかった。

しかし素肌剣術では、敵の出方を待って、それに応じて攻めどころを決めることになる。このためどうしても「敵に先」を取らせねばならなかった、と思われる。これは宗矩の新工夫といっていい。

こうして敵が打ち掛かってきても、間合いを見切っているので、敵の太刀は空を切る。そこを、こちらから踏み込んで打つ。

そして敵に一太刀を浴びせた後は、そこに心を留めずに何度も打ち込み、敵に顔を上げさせないだけの勢いがなくてはならぬ、と説く。やはり苛烈な剣術なのである。

次の論点は、「心」の持ちようそのもの、である。

まず勝とうと思うコダワリを病気と断じ、その気持ちを捨て去ることが大事だ、とする。しかし、この思いもまた、ひとつのコダワリ・念である。

したがって、「この取り去ろうというコダワリを取り去ること」が肝要である。

これは病気になってもそのままの状態、つまり病気の中に身を置く気持ちになれ、ということだ。そして全てのコダワリを捨て去って、ふだんのままの心―平常心―を保てれば、弓を射るにも射るのだという気持ちを忘れ、太刀を使うにも使うのだという気持ちを忘れることができる。

そうすれば、すべてのことはスムーズにいくのであり、こうした心を持つ人を名人*7と呼ぶ。
　そして実戦の場では、まず修行として初重（しょじゅう）—「一太刀打って、打ったところに心を留めず、もとに引き戻せ」—と教え、次の段階では後重（ごじゅう）—「打ったところに心を留めず、もとにも戻さず、心の行きたいところに放つ状態に至れ」—と教えるのである。

③「活人剣」

　ここでも宗矩は、いっさいのコダワリを捨て去った心について様々な角度から取り上げ、それを場面に応じ大機（だいき）、神通神変（じんつうしんぺん）などと呼んで、その重要性を説いている。ただ大要は②と同様なので、ここでは③の最重要テーマである**無刀の術**に絞って考えてみたい。
　「無刀の術」とは考えてみれば奇妙な術で、別に双方が普通に刀を持って立ち合えばよさそうなものだが、ここに新陰流の新陰流たる所以（ゆえん）がある。常に最悪の事態を想定して物事に備えるのが、この流派の基本精神なのである。
　つまり相手は刀を持っているが、自分は何も持っていない、という究極の不利な状況でいかに敵に立ち向かうか、という問いかけなのだ。
　なおこれは、現代アメリカのノウハウ本でよく見られる「状況は常に悪くなる」（マーフィーの法則）ことを忘れずに、「常に悲観的であれ」（M.ガンサー『悲観論の逆説の法則』）という考え方にも通じ、悲観的であれば、どのような事態でも何らかの対処が可能で最悪の事態は免れる、という教えと同じものである。
　350年以上も前の剣の達人の考えが、現代アメリカの自己啓発本と同じコンセプトであることは、宗矩の思想の**現代性**を証明するものともいえる。
　ここで宗矩は、「無刀」といっても、相手の刀を奪い取るのが趣旨ではない、という。要は相手に切られまい、とする工夫であり、切られなければそれが勝利なのである。
　そのためには、漫然と立っていたら切られるだけであり、相手との間合いを見切らねばならぬ。ただ、当たらぬ間合いを見切っても、それだけでは「無刀の術」は使えない。相手の刀が自分の身体に当たるかあたらぬか、というギリギリの間合いでこそ「無刀の術」が使える。

---

*7　「名人」：ここでは、古代中国の書『列子』に出てくる弓の名人・紀昌を意味する。なお、これを典拠にして書かれたのが、中島敦の傑作短編『名人伝』である。

Ⅲ　江戸柳生の躍進

つまり「きられてとるべし」ということである。これにはもちろん多大な勇気が要るが、刀の柄（つか）で人は切れないのだから、一瞬のうちに敵の懐（ふところ）に飛び込んで、刀を奪い取ればいい。

すなわち「敵の太刀の下をかいくぐる」心構えと、間合いを見切る技量があいまって初めて「無刀取り」が完成する。まさにこれぞ新陰流の奥義、なのだ。

すでに69ページで述べたように、父・宗厳は貴人との接点に乏しく、そのために「無刀取り」の真の完成は徳川3代に仕えた宗矩を待たねばならなかった。

そして「無刀取り」の奥義は、当時最高の貴人である3代将軍・家光に伝授され、政治の場で応用されることになる。

7 将軍・家光の厚情と宗矩の最期

生まれながらの将軍の心的外傷（トラウマ）

徳川3代に仕えた柳生宗矩は栄達を続けたが、なによりも際立つのが家光の時代の「従五位下但馬守」への任官である。無位無官に終わった父・宗厳からすれば途方もない出世なのである。

それと徳川家に仕官して30年、ようやく3千石に達した後、家光の治世（ちせい）が始まってからの3年間で、3倍の1万石にまで達する、というスピード加増振りであり、最終的には1640（寛永17）年に1万2千5百石にまで至り、大名に列せられた。

では、宗矩をこれほどまでに買った家光とは、いったいどのような将軍だったのだろうか？

すでにいくつかの重要な場面で登場しているが、ここで簡単に、その生い立ちからおさらいしておきたい。

徳川家光は1604（慶長9）年、2代将軍・秀忠の次男として生まれた。

Ⅲ　江戸柳生の躍進

＊1　**竹千代**：4代将軍家綱の幼名は「新田竹千代」といった。徳川家康は、1611年に新田義貞の子孫から「新田系図」を借りたと伝えられる。その際の新田家の対応があまりよくなく、高家には遇せられたものの120石の知行に留まったという。

側室の生んだ長男・長丸は2歳で早世していたため、実質的に嫡男とされ、幼名も家康、秀忠と同じ竹千代*1であった。

ただし2歳下の弟・国松（後の徳川忠長*2）の方が気が利いて可愛らしく、秀忠夫妻や周辺は国松を次期将軍にと望んだ、という。このため、家光の乳母・春日局は、駿府にいた家康を訪ね、竹千代への後継ぎ指名を直訴する。

そこで継嗣（けいし）問題の混乱を嫌った家康は江戸に赴き、秀忠や家臣が居並ぶ前で、竹千代が後継ぎであることを明言する。

ただし、これは通説であり、春日局を家光の実母とする異説も存在し、むしろそう考えた方が権力抗争の実態がよりリアルに映る（184ページ参照）。

ともあれ正式に後継ぎとなった家光は、1623（元和9）年、晴れて3代将軍となるのである。祖父・家康が62歳、父・秀忠が27歳で手にした将軍職を、家光はわずか20歳で継いだことになる。家光が「生まれながらの将軍」と呼ばれる所以（ゆえん）である。

なお、この跡目争いは後に禍根を残し、秀忠死去の翌年（1633年）、家光は、甲斐、信濃、遠江（とおとうみ）国55万石の大名だった忠長——駿河大納言——を高崎城に幽閉し、自害に追い込んでいる。

一般に、徳川一門は罪に問われても処遇は比較的ゆるやかで、配所*3で生涯を送るのが通例であり、それに比べると、この忠長への処置は、異例の厳しさといえる。なお、忠長の遺児が時代劇に颯爽（さっそう）と登場する「松平長七郎」されるが、これは架空の人物*4。

この行為を現代風に解釈すれば、家光は幼児期に冷遇されたのを根に持っていた、つまり家光のトラウマを感じさせる出来事ともいえよう。

III　江戸柳生の躍進

---

*2　**徳川忠長**：徳川家康は三河国の出身といわれるが、本人の語り残しでは駿河国と明記されている。家康は駿府で2元政治を行い、死後は久能山に埋葬され、しかも孫にあたる忠長は駿河国を与えられた。
　これらの事実からすれば、家康＝駿河出身説の方に説得力がある。

*3　**配所**：徳川家康の6男・松平忠輝（1592〜1683）は越後国75万石を、大坂の陣遅参、外国貿易などのために改易され、信濃国（長野県）諏訪に流された。92歳没と、彼は将軍・綱吉の時代まで生きた。
　家康の2男である結城秀康の子・松平忠直（1595〜1650）は福井藩67万石。忠直は大坂夏の陣で真田幸村を討ったが、加増をなかったことに不満を抱いたという。その結果、豊後国（大分県）萩原に流された。

*4　**架空の人物**：忠長の忘れ形身・長七郎の名は長頼（1614〜61）。諸国を流浪し、島原の乱にも参戦。晩年は紀州藩の庇護を受けたという。ただ、これでは忠長が9歳のときの子供となってしまう。これはもっともらしい創作である。

ただ、この処断にはもうひとつの側面があり、それは家光の健康問題、というファクターである。

もともと幼児期より体の弱かった家光は、将軍となってからも、1628（寛永5）年には瘧（マラリアに似た病気）を、1629（寛永6）年には疱瘡を患い、1633（寛永10）年、忠長配流の直前には、危篤と噂されるほどの重病であった、という。

こうした健康への不安が、自分に対する忠長の脅威を増幅させ、ついには忠長を自殺に追い込む結果となった、と考えることも可能であろう。

そしてこの健康への自信の無さが、逆に身体頑健さへの憧れとなり、将軍としては異例ともいえる**剣術への執心**、となる。死の寸前に家光が「慶安御前試合」を開催したのも、その執心ゆえであろう。

また家光が能を非常に好んだ背景には、彼が吃音者だったからだ、という説もある。能の謡であれば淀みなく、話せるというわけである。

いずれにしても、家光という人物は、宗矩との関係を抜きにして語るには、難しいものがある。

したがって宗矩が出仕もせずにすねてみたり、家光が「但馬は本気で兵法を教えてくれない、諸大夫（従五位下）にまでしたのに」と不満をいうなど、互いが駄々をこね、甘えたりもするのである。

Ⓜ家光流「無刀取り」の応用

徳川家光の強気の一面が最も強く現れたのは、秀忠が没した直後、諸大名に「我こそは将軍」と大見得をきったシーンであろう。

1632（寛永9）年正月、2代将軍・秀忠が没する。享年54歳。

一時は、「人心の動揺を防ぐために喪を秘してはどうか」という意見もあったが、老中・酒井忠勝*5の決断で諸大名に秀忠死去の知らせを出す。

そして急遽登城してきた大名たちに向かい、29歳の家光は上段の間に出座するや、次のように述べるのである。

「大相国（秀忠）が逝去し、以後は我こそが天下の主である。天下を望む

Ⅲ 江戸柳生の躍進

---

*5　**酒井忠勝**（1587〜1662）：江戸前期の幕僚。若狭国小浜藩12万5千石の藩主。後に大老に任ぜられる。秀忠・家光・家綱3代将軍に仕えて信任厚く、鎖国政策を推進し、「慶安の変」以後は文治政策に力を入れた。

ものがいれば、望むがよい。ただし、それは我を闘いで打ち破ってからだ」。

そこで仙台藩主の伊達政宗*6が進み出て、「もし天下を望むものがいれば、私に討伐を命じてください。踏み潰してくれましょう」といったので、居並ぶ大名もこれに同意し、ここに混乱がないままに家光への権力委譲が行われることとなったのである。

当時の家光は、宗矩から剣術指南を受けて早や10年。3年前には新陰流印可を得るほどの腕前であった。

上記の逸話が真実であれば、その一世一代の大舞台で、家光は宗矩から学んだ新陰流の奥義「無刀取り」を自分なりに応用したのではないか、と想像することも可能であろう。

すでに述べたように、「無刀取り」とは「敵の太刀の下をかいくぐる覚悟」と「間合いを見切る器量」があいまって初めてなしうる秘技である。

家光はまず、秀忠の死に際し、謀反の気持を秘めた諸大名と直接対決しよう、と決意する。すなわち、「太刀の下をかいくぐる」覚悟である。

そしていまだ秀忠の死に動揺している諸大名の機先を制して、早々と権力継承を宣言する。ここで家光は、諸大名との「間合いを見切った」のである。

「切り結ぶ刀の下ぞ地獄なれ」(179ページ参照) とは柳生新陰流の極意を表わした言葉だが、これこそまさに、諸大名の待つ大広間に向かう家光の心境そのものであった、とも考えられる。

つまり、宗矩の任官や大幅な加増の背景には、自分に「覚悟と見切り」という精神的境地を教えてくれた、家光の感謝の気持が汲み取れるような気もする。

宗矩が剣術を見事に政治に転嫁させ、本質を的確に把握した能力を、家光が学びとったことだけは確かなようである。

⑭宗矩の最後の願いと臨終

1636(寛永13)年、所領1万石に達して大名に列せられた年、柳生宗矩に末子・六丸(むつまる)(後の列堂義仙)が生まれている。そして、その3年後に、2

---

*6 **伊達政宗**(1567〜1636):初代仙台藩主。幼い時に片目を失明したため、「独眼竜」とよばれた。秀吉、家康に仕え、後の仙台藩62万石の基礎を築いた。
　近年行われた遺体調査によれば、身長は約160cm(当時の平均)で、鼻筋が通った貴族的な容貌だったという。さすがに元祖・伊達男である。

Ⅲ 江戸柳生の躍進

男・友矩が27才の若さで柳生の地にて死去する。

そのため、友矩の有していた２千石が宗矩に加算、さらに翌年には５百石を加増され、宗矩の石高トータルは１万２千５百石となった。

その後、宗矩はしばしば大和国に戻り、柳生屋敷にあって能楽や闘鶏を催し、家臣、領民とともに楽しんだという。

1646（正保3）年、江戸に戻った宗矩は、多年の疲れから病床に臥す。

病が重いと聞いた家光は、２月に自ら麻布日ヶ窪の柳生別邸に宗矩を見舞い、さらに京都から名医を呼んで看病させるよう取り計らっている。改めて両者の絆の深さを感じさせる話である。

そして家光は、３月20日に再度、柳生邸に赴いて宗矩を見舞い、『玉栄拾遺』によれば、柳生新陰流の奥義を訊ねるとともに、「望むことがあればなんなりと申せ」と語りかける。

ところが病が篤い宗矩にはこの言葉が通じず、家光は何度も語りかけを繰り返した。

ようやく意の通じた宗矩は恐縮して、柳生家に目をかけてくれたことを謝し、心残りの無いことを告げる。ただ、「亡父・石舟斎宗厳を祀るために柳生の庄に寺を建て、末子・六丸を住職にしていただければありがたい」、と言上すると、家光は即座にその願いを許した、という。

これが後の石舟斎の菩提寺・**芳徳寺**であり、六丸は出家して列堂義仙と称し、その第１世住持となるのである。

そして３月26日、家光の手配した医者の看護も空しく、宗矩は76歳の生涯を閉じる。

死因は未詳だが、生来の煙草好きだったので、肺ガンなど呼吸器系統の病気の可能性が高い。本人の希望で火葬にされた後、遺骨は江戸の下谷・広徳寺に葬られた。ちなみにこの寺は、江戸後期に狂歌師・太田蜀山人が、「恐れ入谷の鬼子母神、びっくり下谷の広徳寺」と詠んだことでも知られる。

諡は「西江院殿前但州大守大通宗活大居士」。柳生新陰流の秘事とされる**「西江水」**（145ページ参照）に因んだものであるのが、いかにも達人・宗矩らしい。

４月に入ると、家光から宗矩の遺族に対して、贈位書が贈られた。

従五位下柳生但馬守宗矩、剣術無双、東昭大権現（家康）、台徳院殿（秀忠）に奉仕する者、年久し。命により常に幕下に侍り、剣術遂に悉く、これ

を伝授す。いま宗矩、既に没す。哀惜（あいせき）やまず。ゆえに従四位下を贈るものなり。

　この通知は、当時とすれば破格の厚遇であった。数万石程度の一般大名は従五位下（諸大夫）に任ぜられるのが通常であり、20万石前後の大名クラスが従四位下（四品）なのである。
　そして、新井白石の『藩翰譜』によると、「家光は宗矩が死んだ後も、なにかにつけ宗矩が生きていれば『このことを訊ねたのに』と深く慕ったそうだ」という。

柳生宗矩の墓石

Ⅲ　江戸柳生の躍進

COLUMN

柳生伝説ウソかマコトか──「宗矩流」サバイバルの鉄則

　一芸に秀でれば諸事百般に通ずるというが、宗矩の立身出世ぶりは、その見事な具体例といえる。
　宗矩は、その幼少期より柳生家跡取りとして父・石舟斎に剣を学び、厳しい修行を積んだ。
　その結果、極めた柳生新陰流の奥義を人生のターニング・ポイントに応用し、幕府創世期の激動を生き抜いた、と見ることもできる。
　ここで虚実を取り混ぜて、そのサバイバル術を振り返ってみたい。

●1626（寛永3）年、宗矩56歳。息子・十兵衛が家光から暇を出された際の対応である（134ページ参照）。
　家光が3年後に「七郎（十兵衛）のことは、後々まで無沙汰（会わないことにすること）はないぞ」と書簡を書き送ったにもかかわらず、宗矩は十兵衛を12年間も、再出仕させなかった。
　一介の剣豪から成り上がった宗矩としては、周囲や同僚の嫉妬を恐れ、必要以上に息子に厳しい措置をとって周囲の歓心を買った、と見ることもできる。
　これは柳生新陰流の「無刀取り」でいう「きられてとるべし」を、権力闘争の場で使った、と考えられる。十兵衛を「きられて」も、柳生家の安定を「とる」ことを選んだのである。

●1637（寛永14）年、宗矩67歳。島原の乱での洞察力を発揮した場面である（112ページ参照）。
　宗教戦争鎮圧について「法（宗教）を深く信ずるものは、死ぬことを恐れず、必死の勇士となる」と、その鎮圧の困難を説く。
　一方で、追討の上使・板倉重昌の武士としてのプライドを思いやり、その討死にを予言する。いずれも、相手（キリシタン宗徒、板倉重昌）の心理を読み、その心理の行き着く先を見切っている。
　新陰流の基本のひとつに、「敵の心の動き」を読むことの重視、があるが、まさにその基本を活かし、相手の太刀筋を見極めるのに似た洞察力である。

●1616（元和2）年～1646（正保3）年、宗矩46歳～76歳。柳生一門の大名諸藩ネットワークの構築である（139ページ参照）。
　江戸時代初期に張り巡らされた「剣流ネットワーク」の門人が、直接の隠密活動に従事した、という記録はない。ただ、各藩の幕府に対する不平・不満をいちはやく察

Ⅲ　江戸柳生の躍進

知し、その暴発を未然に防ぐ「抑止力」としては機能した可能性はあるか、と思われる。
　これを言い換えれば、柳生新陰流の奥義「水月」の全国展開、ということである。諸大名が幕府に対して不穏な考え（これが「月」にあたる）を抱きそうになったとき、その微かな動きをネットワーク上で察知し（これが「月影を水に映す」にあたる）、先へ先へとその謀反の芽を摘み取っていく動きである。
　まさに剣流ネットワークは徳川初期の「セーフティネット」、一部で発生した破綻が全体にまで波及しないようにする安全装置だった、と考えられる。

●1641（寛永18）年、宗矩71歳。宗矩が、家光よりの「5万石加増」話を断わった、という話が伝えられている。
　最晩年の宗矩に対して、家光が大和国・高取（たかとり）5万石の領地を与えようとした、というものである。しかし宗矩はこれを辞退し、高取藩主には、不遇に甘んじている年来の友人・植村家政を推挙する。これは、坂崎出羽守の遺児養育とともに、武人・宗矩の情の厚さを示すエピソードとしてよく取り上げられる逸話である。
　だがこの5万石辞退の話は植村家サイドには伝わっておらず、仮に事実とすれば、こうした美談とは別の、宗矩流の深い思惑があったのかもしれない。宗矩にとって、この高取5万石は大きなリスクでもあった、ということである。三河以来の功臣が居並ぶ中、思いもかけず大名にまで立身した身としては、これ以上の加増は、嫉妬、中傷を招き、かえって現在の地位を危うくする、と考えたはずである。
　したがって5万石辞退は、周囲との「間合い」を見切り、柳生一門の危機を未然に防いだ好判断だったことになる。5万石を「きって」柳生家の久しい繁栄を「とる」ことを選んだわけで、これもまた、柳生新陰流の奥義「無刀取り」の見事な応用であった。

　世を「渡りかねた」父・宗厳や、旗本に止まったライバル・小野忠明は、いずれも「兵術一途」の世渡り下手、であった。それを間近に見ていた宗矩は、二人を反面教師として、自らの最大の武器「柳生新陰流」の奥義を駆使し、大名サバイバル・レースを見事に「渡りきった」といえよう。
　なお、将軍・家光も、その権力継承という人生の岐路で、宗矩から学んだ「覚悟と見切り」により、その危機を乗り越えた、と考えられる。
　これは、宗矩流サバイバル術が、ひとり宗矩のみならず、その同時代人、ひいては現代人の我々にとっても、過酷な人生を生き抜く指針となることを示唆している。
　新陰流のバイブル『兵法家伝書』は、時代を超え、現代サバイバル・レースの「バイブル」となる可能性を秘めているのである。

Ⅲ　江戸柳生の躍進

127

IV 江戸柳生最大のヒーロー・十兵衛見参

西暦	和暦	柳生一族の主な出来事（☆＝主要一般事項）
1607	慶長12	十兵衛、誕生（〜50）
1619	元和5	十兵衛、徳川家光の小姓に出仕
1623	元和9	☆家光、3代将軍に就任
1626	寛永3	十兵衛、家光のもとを致仕
1632	寛永9	☆熊本藩・加藤家、改易。黒田騒動、起こる。宗矩、総目付に就任。宗矩、『兵法家伝書』を完成
1633	寛永10	☆徳川忠長、自刃
1637	寛永14	十兵衛、『昔飛衛という者あり』を完成
1638	寛永15	十兵衛、書院番として再出仕
1646	正保3	宗矩、逝去。十兵衛、旗本になる
1649	慶安2	十兵衛、『武蔵野』を完成
1650	慶安3	十兵衛、逝去
1651	慶安4	☆将軍・家光、逝去

1 柳生十兵衛の青春彷徨

柳生十兵衛のヒーロー伝説

　柳生十兵衛三厳（初名七郎）は、1607（慶長12）年、父・柳生宗矩（当時37歳）、母・おりんの第1子として柳生の庄に生まれた。

　生母・おりんは、豊臣秀吉が最初に奉公した松下嘉兵衛*1 の孫にあたり、十兵衛のほか3男・又十郎宗冬の母でもある。

　祖父の柳生石舟斎宗厳は、十兵衛誕生の前年に逝去しており、そのため十兵衛は石舟斎の再来といわれた。生まれながらにして、将来を嘱望されていたのである。

　柳生藩の記録『玉栄拾遺』では、十兵衛について「弱冠にして天資甚だ梟雄、早く新陰流の術に達し、その著書を術作したまう」と記している。この簡潔なフレーズに、すべてが言い尽くされている感があるが、十兵衛は若いときから剣の才能に恵まれ、その性格は凶暴だった。一言でいえば、「柳生の暴れん坊」のイメージだ。ちなみに「梟」には、酷薄というニュアンスが含まれている。

　が、後で触れるとおり、実際の十兵衛には兵法研究家としての一面があり、柳生新陰流の研究・解説書を数多く執筆している。

[柳生十兵衛　兵法書3部作]

タイトル	完成年	年令
『昔飛衛という者あり』	1637	31歳
『月之抄』	1642	36歳
『武蔵野』	1649	43歳

　小説や映画で親しんでいるイメージとは乖離している、というのが率直な印象であろう。

＊1　**松下嘉兵衛之綱**（1538～98）：遠江国の土豪で今川氏に仕えていたころに、後の豊臣秀吉となる日吉丸が之綱のもとに寄宿していたのは有名な話。後に大名家となり、子・重綱は奥州・二本松藩5万石を領した。その重綱がおりんの父にあたる（75ページ参照）。

そこで、簡単に時代劇や時代小説[*2]などで培われた十兵衛の**ヒーロー伝説**を以下の形で整理し、その上で十兵衛の実像に迫ってみたい。

容姿：幼いころに片目を失明し、それを鍔の眼帯で覆っている。
隠密：将軍・家光に仕えたが、その密命を帯びて諸国を探索する。
剣　：父・宗矩を凌ぐ天才的な使い手であり、愛刀は三池典太[*3]。
変死：柳生の地に正木坂道場を開いたが、領地内で急死を遂げる。

⓰柳生十兵衛・隻眼の謎

若いとき、柳生十兵衛が片目を失明したとする説がある。しかも諸説が存在するが、大別すれば以下の3つの説に分けることができる。

①**礫説**

父・宗矩が息子の剣術の技量を試すために、暗夜に礫を飛ばしてみたところ、それが十兵衛の右眼に入って失明した、というもの。

このとき十兵衛は、無事な左眼をかばい、痛む右眼を押さえなかった。これは、敵の次なる襲撃に備えるための咄嗟の行動、といわれる。(『柳荒美談』)

②**太刀先説**

少年の頃、「燕飛」の稽古の第4番目の太刀「月影」の打ち太刀を宗矩に習ったとき、稲妻のような父の太刀先が右目を突いた、というもの。父の手元が狂ったか、十兵衛が未熟のせいか、いずれにせよ、稽古中のアクシデントである。(『正傳・新陰流』)

③**健全説**

じつは、両眼とも無事だった、というもの。その証拠に、伝えられる十兵衛の肖像画は両眼とも開いており、眼光もまた鋭いものがある。(『日本武芸小伝』)

どうも「十兵衛隻眼説」が唱えられ始めたのは、元禄年間以降(1688〜)の『柳荒美談』といった戯作本などからで、講談、さらには明治以降の「立川文庫」[*4]によってさらに大衆化したようだ。

Ⅳ 江戸柳生最大のヒーロー・十兵衛見参

[*2] **時代小説**：たとえば山田風太郎の『柳生忍法帖』では、十兵衛は「どこか浪人めいた奔放不羈な野生の匂いがある。声はものしずかだが、眼には異様な凄みがある」と描写されている。
[*3] **三池典太**：いまから千年近く前に、現在の福岡県大牟田市にいた名匠・三池典太光世が鍛えた刀。現存する1本は国宝となっている。実際に柳生十兵衛の刀が典太だったかは、定かではない。

ただ仮に十兵衛が隻眼であれば、柳生新陰流の太刀筋の基本である「間合いの見切り」が難しくなるはずで、彼の著作の中で「隻眼のケースの目の付けどころ」などに言及すると思われるが、それも見当たらない。

しかも実際に両眼の開いた本人肖像が残されている以上、隻眼説には否定的にならざるを得ない。

⑪柳生十兵衛、リタイアの謎

1616（元和2）年、柳生十兵衛は父・宗矩に伴われて2代将軍・秀忠に拝謁する。ちょうど宗矩が、坂崎出羽守事件で功績を挙げた年にあたる。

そして1619（元和5）年には、次期将軍・家光の小姓となった。十兵衛、13歳のときである。

こうした奉公が7年間続いたが、1626（寛永3）年に十兵衛は家光の勘気に触れて暇を出された、と伝えられる。

以後、再び家光への出仕が許される1638（寛永15）年までの12年間、十兵衛についての記録はほとんど残っておらず、このため家光の**隠密説**、諸国大名への**探索説**などが早くから囁かれるのである。

つまり十兵衛には、長期の空白期間が存在する。

言い換えれば、その点が時代劇や小説の格好の題材となり、十兵衛が身分を隠して諸国を遍歴するという「貴種流離譚」が形成されていく。余談ながら、海外では「ヒーローズ・ジャーニー」といい、古今東西を問わず、一般大衆が最も好むテーマのひとつである。

この隠密説の真偽については、次項で詳しく検討することとし、ここでは家光と十兵衛の主従関係を考えてみたい。

『玉栄拾遺』によれば、当初、家光は3歳年下の十兵衛に対して「寵遇（特別に目をかけて可愛がること）は大変厚かった」と伝えられるが、十兵衛は家光の勘気を蒙り、致仕─リタイア─させられる。

その原因も諸説あり、「十兵衛が辻斬りを行った」からとする説もあれば、たとえば「家光と剣術の稽古をしたとき、十兵衛は容赦がなかった」とする説もあるが、家光の剣術指南は宗矩であり、十兵衛ではない。

＊4　**立川文庫**：明治から大正にかけて、大阪の立川文明堂から刊行された小型本の講談シリーズ。1冊の値段はラムネ3本分（25銭）と安価で、「真田十勇士」、「一休さん」、「柳生十兵衛」などの歴史上の有名人を取り上げ、人気を博した。

そして沢庵和尚の宗矩あての手紙からすれば、「**素行不良説**」となる。

ご令息の七郎殿（十兵衛）の不行跡を責めるよりも、親である貴殿（宗矩）が身を正しくされることが先です。その上で意見をされるならば、七郎殿の素行も自然と正しくなるでしょう。（意訳）

さらに沢庵は十兵衛が再出仕した1638（寛永15）年、十兵衛本人あて書状で次のように記している。タイミングが遅いものの、「**酒の不始末説**」といっていい。

長らく気ままに柳生の地におられたので、また江戸に戻り将軍に奉公されるのはご苦労のことと存じます。お酒さえ飲まなければ、すべてが順調に参ります。そのことにお心掛けください。（意訳）

⚑柳生十兵衛の言い分

柳生十兵衛本人も、致仕に関しては曖昧（あいまい）な表現ながら、著作の中で書き残している。

- ●『**昔飛衛という者あり**』（1637年）……「愚夫（十兵衛）、故（ゆえ）ありて東公（家光）を退き、素生（すじょう）の国（故国・大和）に引き籠り……」
- ●『**月之抄**』（1642年）……「寛永三年拾月日、さることありて、君（家光）の御前を退いて、私ならず山に入りぬれば……」

事情があったという以外は分からないが、柳生藩記録『玉栄拾遺』の記述もこれに近いニュアンスだ。

一旦、故ありて相模国小田原に謫居（たっきょ）し給い、なお諸州を経歴ありと云う（いったん理由があって小田原に住まわれ、その後は諸国を遍歴したといわれる）。

いずれもが「**訳があって**」のトーンであり、致仕の理由を明らかにしていないが、注意すべきは『月之抄』の「**私ならず**」という微妙な表現であり、

Ⅳ 江戸柳生最大のヒーロー・十兵衛見参

これが「隠密説」の根拠のひとつとなる。というのも十兵衛は、「自己都合でなく（言い換えれば公的なミッションで）、諸国に赴いた」と読めなくもないからだ。

次に『玉栄拾遺』では唯一具体的な記述──「小田原に謫居（たっきょ）」が登場する。

謫居とは蟄居（ちっきょ）のニュアンスに近く、本来は「罪を犯した罰として遠方に流されて、その地に住むこと」を指す。

したがって以上を整理すれば、おおよそ次のような経緯が推測されよう。

若き日の十兵衛は素行が悪く酒の上での失敗が罪となり、職を罷免され一時期小田原での謹慎生活を余儀なくされる。その後は大和国・柳生に戻った。

一方で家光自身は、十兵衛リタイアの3年後に、宗矩あての文書に「七郎儀（十兵衛）、後々まで無沙汰あるまじく候（十兵衛の消息を知らせよ）」とわざわざ書いている。家光からすれば、なによりも十兵衛は寵臣・宗矩の嫡男であり、かなり目にかけている様子が窺われ、気持の上ではすでに十兵衛を許しているようにも思われる。

ただし、それでも再出仕までの期間が12年と長すぎる点については、父・宗矩が自分の立身出世のために、十兵衛の復帰を阻（はば）んだ、という見方もできる。

つまり将軍の寵愛を受ける立場の宗矩としては、周囲の嫉妬（しっと）を恐れ、勘気を蒙った息子に対して必要以上に厳しい**謹慎**を課した。

一種の深謀遠慮、裏読みといえるが、たしかに「十兵衛素行不良説」からも、2人の関係は「仲のいい親子」とは言い切れず、宗矩がこうした行動に出た可能性も、否定はできない。

が、いずれにせよ十兵衛の致仕は、出世を続ける宗矩の足を引っ張るものではなかった。そのことだけは間違いなさそうだ。しかも十兵衛はこうした父を誇り、かつ尊敬していた。彼は『昔飛衛という者あり』の冒頭で、先師たちを次のように位置づけている。

すなわち、「新陰流は上泉伊勢守秀綱から祖父・柳生石舟斎宗厳に、そして父・宗矩へと相伝されたが、祖父は秀綱に勝（まさ）り、父は祖父に勝っていた」と。

十兵衛からすれば、父・宗矩こそが新陰流最強の達人だったのだ。ここで、余談ながら「宗矩と宮本武蔵のどちらが強かったか？」という話がある。

実際に勝負したわけではないが、宗矩の弟子だったと称する旗本・渡辺幸庵（こうあん）の談話では次のように書かれている。ウソかマコトか幸庵、なんと128歳のときの証言という。

竹村（宮本）武蔵という者がいた。自分で剣術に練磨して名人だった。但馬（宗矩）と比べれば、碁にたとえれば井目も武蔵が強かった。（意訳）

碁で井目（九子）を置くというのは、プロとアマチュア以上の開きであり、武蔵の方が段違いの強さだったようだ。ただし、これ以外の証言はなく、宗矩自身の試合の記録が残っておらず、本当のところは分からない。が、武蔵が、武芸で出世を成し遂げた宗矩のことを、羨望し続けたのは間違いないだろう。なぜならば、それが武蔵の生涯変らぬ夢だったのだから。

2 十兵衛と柳生一門ネットワーク

◐◑十兵衛隠密説の真相

1626（寛永3）年にリタイアしてから書院番として復帰する1638（寛永15）年までの12年間、「柳生十兵衛はどこで何をしていたのか？」は、後年さまざまな憶測を呼んだ。

その風説の中で最もポピュラーなのが、いわゆる**十兵衛隠密説**である。

すなわち十兵衛は、3代将軍・徳川家光と父・柳生宗矩の密命を受けて九州などを遍歴し、その情勢をひそかに江戸に内報していた、というものだ。

当時の宗矩は「総目付」の職にあり、十兵衛はその尖兵として、謀反を起こす可能性がある西国諸藩の動静を探っていた。

また、島津藩の領内・薩摩国（鹿児島県）に十兵衛は長期間潜入し、子供までもうけたという話がある。加えて、将軍家に反抗的な行動を取ったために、豊後国（大分県）に配流されていた松平忠直（徳川家康の孫）を監視していた、との説もある。

そもそも隠密とは、戦国時代に活躍した「**忍び**」、8代将軍・徳川吉宗の時代に創設された「**御庭番**」とほぼ同じように、探索・諜報・謀略活動に従事した者を指す。

当時の江戸幕府初期の情勢からすれば、隠密は幕府が意図的に改易を目論んだ大名、流罪に遭った徳川家一門などの動向チェックが最大のミッションとなる。

Ⅳ 江戸柳生最大のヒーロー・十兵衛見参

さらにいえば柳生一族や柳生新陰流（宗矩）の門人たちは、諸大名の剣術指南となったが、彼らもまた隠密、もしくはそれに近い活動をしていた、という見方もできる。

実際、父・宗矩が1632（寛永9）年に総目付に就任したころに、江戸幕府を震撼させるような大事件が相次いで起っている。

[宗矩・総目付時代の大事件]

1632（寛永9）年	福岡藩・黒田家（52万石）で、家老が幕府に「藩主に反逆の意思あり」と訴えた「黒田騒動」が勃発。
同　　　　年	熊本藩主・加藤忠広（52万石）が徳川忠長（家光の弟）の陰謀に加担したとされ、改易。
1633（寛永10）年	徳川忠長が、幽閉先で自害。
1634（寛永11）年	伊予松山藩主・蒲生忠知（24万石）が死亡のためにお家断絶、知行没収

そして翌1635（寛永12）年には、「島原の乱」が起こり、しかも「忠長事件」を除けば、大事件は西国に集中している。

そこで以下、当時数多く実行された幕府の**大名改易**の状況をチェックしてみたい。

言い換えれば「隠密・十兵衛から諸藩の動静報告が総目付・宗矩に届けられ、その分析を踏まえて宗矩が将軍・家光に諸藩の改易・減封を進言する」という構図が成立するかどうか、の検証である。

十兵衛隠密説の検証

江戸時代の諸藩の数は約300藩といわれるが、それは幕末のころの話で、江戸開府直後は200藩前後、17世紀末でようやく270藩ぐらいである。

その大名も、徳川260年間を生き抜くのはなかなか大変なことで、特に幕府初期の秀忠・家光時代の改易（減封を含む）の数は、大小合わせて85藩―関ヶ原、大坂の陣の戦後処理による改易33藩を除く―の多くを数えている。

つまり、2代・3代将軍の治世トータル35年間で、4割強の大名に処分が及んだことになり、改めて相当な規模の改易数であったことが分かる。

IV 江戸柳生最大のヒーロー・十兵衛見参

[江戸幕府創成期の大名改易実態]（須田茂『徳川大名改易録』より作成）

	a 改易・減封数合計	年平均	b 内、法度違反	年平均	b/a 法度違反率
①秀忠―宗矩時代	21	㋐3.0	7	1.0	33.3%
②家光―宗矩時代	53	2.3	21	0.9	39.6%
③家光単独時代	11	2.2	4	0.8	36.4%
④家光時代②+③	64	㋑2.3	25	0.9	39.1%
⑤宗矩時代①+②	74	2.3	28	㋓0.9	37.8%
⑥宗矩・目付け時代	11	2.4	7	1.5	63.6%
⑦十兵衛漫遊時代	22	1.9	10	0.9	45.5%
⑧家綱時代	27	㋒0.9	11	0.4	40.7%

以下、『徳川大名改易録』などを参考にデータで述べてみたい。

まず2代・秀忠時代のスタートを家康死去以降と考えれば、秀忠の治世は1616～23年までの約7年で、その間の改易数は21藩にのぼる。単純計算だが、じつに年平均3藩（表中㋐）のペースで取り潰しという勘定である。

次に3代・家光時代（1623～51年、約28年）の改易数は64藩で、年平均2藩強（表中㋑）と、多少勢いが衰えたとはいえ、かなりの数値を示している。

これが4代・家綱時代では、在位29年で改易数は27藩、年平均1藩弱（表中㋒）へと大幅に減少してしまう。このことからも秀忠・家光時代の大名統制が、いかに苛烈であったかが窺えよう。

その大名改易の理由は、大きく後継ぎ不在と法令（法度）違反の2つに分けられる。幕府は、大名が勝手に養子縁組をすることは認めておらず、そのために後継者不在のままに改易された藩が相当あった。具体的には秀忠時代で14番、家光時代で39番であり、総改易数85番の約6割強を占めている。

その結果、大量の牢人が発生し、家光の死後まもなくして由比正雪による武装蜂起未遂事件―慶安の変*1（1651年）―が起っている。ただし、この種の改易は自然発生的なものであり、柳生一族の活躍する余地は乏しい。

仮に柳生十兵衛が隠密として活躍したとすれば、それは法令違反―幕府によるお咎め―の世界であろう。

前述の「宗矩・総目付時代」の大事件勃発と考え合わせれば、〈フロン

Ⅳ 江戸柳生最大のヒーロー・十兵衛見参

---

*1 慶安の変：楠木流の軍学者・由比正雪を首謀者とする牢人が、企てた幕府転覆未遂事件。当時、取り潰された大名の家臣が牢人となり、江戸市中に溢れていたという。が、計画は事前に洩れ、駿府で正雪は切腹する。正雪の軍学塾が六芸指南を謳った「張孔堂」であり、事件の黒幕は紀州藩主・徳川頼宣という話もある。

ト＝十兵衛、バック＝宗矩＞の親子情報連携プレーの可能性はあるのだが、いかんせん個人技に偏り過ぎた説であり、なによりも直接的な証拠に欠ける。

しかも宗矩在任中（約5年間）の法令違反による改易数は、年平均1件弱（表中㋓）であり、家光時代の中で際立って高水準というわけでもない。

その隠密説とはまったく別の視点が、『玉栄拾遺』の諸国遍歴を武者修行として捉え、十兵衛は剣術修行のためにリタイアして最後は柳生の地で研鑽に励んだ、という人もいる。

十兵衛本人は『昔飛衛という者あり』で次のように記している。

> 大和国に引き籠り、主君（家光）の側を離れた以上は、世の中を気ままに逍遥（ぶらぶら歩くこと）するのは、礼儀、天道（天地自然の原則）にも欠けるので、めぐる年月12年間は故郷（なぐさ）を出なかった。何か心の慰みにと思い、日夜、家の道である兵法のことを考え続けた。（意訳）

おそらく小田原で謹慎した十兵衛は諸国を回ることなく、大和国柳生の地に戻り、そこでも謹慎生活を続け、ひたすら柳生新陰流の**兵法書**の執筆に明け暮れした、というのが実態に近いのであろう。

🔟 柳生一門・剣流ネットワークの構築

柳生の地での十兵衛は、正木坂に道場を構え、そこには彼を慕って集まった弟子が1万3千人にもおよんだ、という俗説がある。ちなみに約100年後の1726（享保11）年、柳生藩領内の人口は約7千人弱。

また、伊賀上野の「鍵屋の辻」の仇討で名高い**荒木又右衛門**[*2]（238ページ参照）も、年少の十兵衛に剣術を学んだひとりという俗説もある。

こうなると事実とは関係なく、ただただ十兵衛の知名度だけで、フィクションが勝手に一人歩きしているような印象は否めない。

ただし柳生新陰流を学んだ弟子たちは、「将軍御留流」を学びたいとする諸大名たちによって、次々と召抱えられた。

Ⅳ　江戸柳生最大のヒーロー・十兵衛見参

---

*2　**荒木又右衛門**（1599〜1638）：伊賀国の出身で、大和郡山藩・剣術指南を勤めた。1634年の「伊賀上野・鍵屋の辻の仇討」は有名。柳生十兵衛に剣を学んだとか、又右衛門は柳生宗矩の通称をもらったものとか、仇討は講談『伊賀の水月』とされるなど、なにかにつけて柳生に関連づけて語られる剣豪。

仙台藩―狭川新三郎（狭川派新陰流）、**会津藩**―小瀬源内、**紀州藩**―木村助九郎[*3]・小夫浅右衛門（狭川新三郎の兄、古陰流）、**越後高田藩**―庄田喜左衛門[*4]（庄田心流）、**福井藩**―出淵平兵衛[*5]（出淵派新陰流）、**長州藩**―馬木家六、**熊本藩**―田中甚兵衛……。

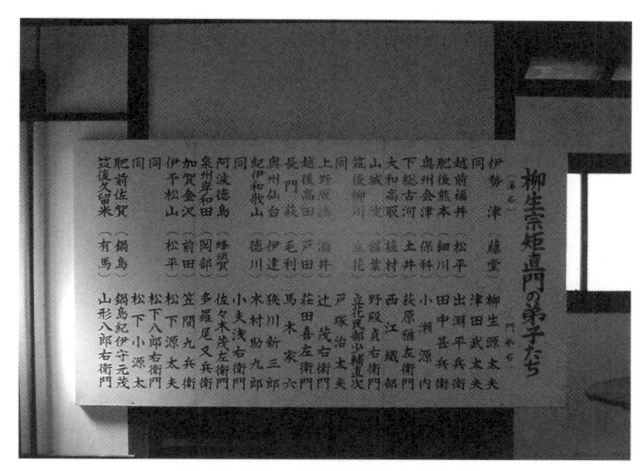

「柳生の里」に掲げられている宗矩の弟子たち

Ⅳ 江戸柳生最大のヒーロー・十兵衛見参

逆にいえば、柳生宗矩のプロモートの結果かもしれないが、以上の錚々たるメンバーが北から南に至る雄藩の剣術指南として採用されたのである。

いわば宗矩を頂点とする柳生一門の**剣流ネットワーク**が、江戸初期の段階で主要地域に張り巡らされたことになる。

もちろんそれは情報ネットであり、指南という藩主に身近な立場からはその思想、動静を監視することが可能であった。端的にいえば隠密活動である。

しかも柳生一門は各藩に弟子を抱えていたから、より多くの情報を吸い上げることができたことになる。

なお、このようなネットワークは、じつは現代企業社会でも見出すことができる。たとえば今日の大企業（幕府）は、その子会社群（各藩）を監視・

---

*3 **木村助九郎**（1585〜1654）：柳生宗矩の門下にあって、将軍・家光の稽古の相手を勤める。後に紀州藩主・徳川頼宣の剣術指南となり、知行6百石。
*4 **庄田喜左衛門**（生没年不詳）：柳生家譜代の家臣で、後に越後高田藩に仕官した。彼の流儀を「庄田心流」という。
*5 **出淵平兵衛**（？〜1682）：福井藩剣術指南を勤めた。宗矩が病に倒れたときに看護を尽し、その功があって柳生流の印可を受けたと伝えられる。

統括するために、本部子飼いの財務担当者を子会社に派遣し、その財務状況を本部に報告させるようなケースがある。

現代では、いわば「剣」の代わりに「財務諸表」を片手にした門人が、親会社の意向を受けて子会社コントロールのために出向する、という図式である。

ただし、当然のことながら隠密活動とは、**「主命」**があって初めて機能するものである。よく公儀隠密というが、幕府の命令で動く隠密を指す。

要するにミッションが与えられなければ、隠密とはいえないのである。

その意味からすれば、大名改易を目的として、家光から宗矩に対して法令違反の情報収集命令が出され、さらに宗矩から剣流ネットワークに指示があったかどうか、がポイントとなる。

断言はできないが、「まず指示は出されていないのでは……」、それが結論である。

というのも、家光が指示を出すとしたら、それは幕府閣僚の老中に対してである。江戸時代は中央集権政治の典型であり、現在から想像する以上に職制は細分化されている。格式、身分、席次などのオンパレードで、必ず複数のヘッドが、職務を管掌する点に特徴がある。それは責任、リスクをひとりで被(かぶ)らないためで、現代の官僚政治の＜無責任主義＞の原点がここにある。

以上の観点からすれば、宗矩が大名監視を行う総目付といっても、身分は旗本クラスであり、そのひとりに過ぎない。

また、たとえ剣流ネットワークで情報を集め、柳生一門の就職先を改易したところで、宗矩には何のメリットもない。かえって、牢人となった門人の再就職先で苦労するだけである。

宗矩の父・石舟斎宗厳は立身出世を望み、剣術は趣味の世界とした。が、平和な時代が到来すると剣術の世界が「飯の種」となり、いわば牢人に等しい立場だった柳生一門も、ようやく剣術で仕官できるようになったのだ。その道を自ら閉ざすとは思えない。

各藩にしても将軍家の覚えめでたきことを狙って、柳生一門を採用したわけで、それには以心伝心(いしんでんしん)の思いが込められている。

このように書いてしまうと、柳生一門のネットワークは張られただけで、あまり機能しなかったように思われる。

だが、じつはこうした表立たないネットワークにこそ、宗矩の思いがあったかもしれない。つまり、藩主が柳生一門を自らの身近に置くということは、

Ⅳ 江戸柳生最大のヒーロー・十兵衛見参

徳川家に二心なく常に忠誠を尽くすことの証だった、ということである。つまり、ネットワークは張られるだけで、その意味があったのだ。

いわば、宗矩が意図したかどうかは分からないが、結果として柳生一門は各藩にあって、幕府への不満・謀反に対する抑止力として機能した、ともいえるのである。

③ 十兵衛による「新陰流認可の傾向と対策」

処女作の成立と父・宗矩の印可

故郷に引き籠った柳生十兵衛の動向は、ほとんど伝わっていない。

ただ、「柳生杖」という特殊な武具を工夫した、という話が残っている。この杖は、孟宗竹3本の中に芯として鉄棒を入れる。竹と竹の間に薄い鋼板を挟み、それを麻糸で巻き上げ、さらにその上に漆を塗って仕上げたもので、かなり撓り、かつ折れずに殺傷能力も有していたようだ。

この長さ4尺（約121cm）、直径6分（約1.8cm）の杖を十兵衛は愛用し、家臣も刀の代わりに柳生杖を持っていたとも伝えられる。この伝承もまた、江戸時代に刀が規制されていた可能性が高いことの、ひとつの証拠ともいえる。

柳生の里・修行場所

さて十兵衛が最初に書いた兵法書は、家光のもとを辞して11年目の1637（寛永14）年の『昔飛衛という者あり』である。これは原文が無題なので、

書き出しの文章がタイトルにされている。

ときに十兵衛、31歳。ちょうど再出仕する前年にあたり、本書は江戸の柳生屋敷で執筆された。

内容は、中国の『列子』に登場する弓の名人・飛衛とその弟子・紀昌のエピソードに仮託した**兵法論**であり、道を極めるには紀昌のように「昼夜を問わず修行に明け暮れることが第一だ」と力説している。

なお、十兵衛が剣ではなく弓を取り上げたことは、かつて柳生家が「弓矢の家系」だったことを暗示しているようにも思われる。

その十兵衛の執筆動機は、「柳生新陰流では自分が敵よりも優位に立つ方法がメインとなっているが、これが互角の腕前の同士の戦いだったらどうか」という**究極の問いかけ**を行うことにあった。

答えは「武器をひとつ所に置いて、互いに礼をして退ければいい」というもの。なるほど、もっともな名人の話である。

このほかにも十兵衛は、『月之抄』では柳生新陰流の目録、口伝を書誌学的に集大成するなど、かなり物事を突き詰めて考える性格で、マニアックな一面があったようにも思われる。

さて十兵衛は書き上げた『昔飛衛という者あり』を持って、父・宗矩に高評を仰いだところ、案に相違して、「このようなものは、すぐ焼却してしまえ」、と一喝されてしまう。

十兵衛は、父がどれほどの武芸の達人であるか、をほかの著作でもたびたび述べているとおり、父を尊敬している。が、一方の宗矩はかなりシビアなスタンスであり、あまりシックリいっていない親子関係が、この事実からも垣間見ることができよう。

そこで十兵衛は、柳生邸に滞在中の沢庵に相談したようで、沢庵が加筆訂正し、さらに仲介を図り、再び本書を宗矩に提出している。

その結果、宗矩もようやく印可を与えたが、本書の奥書に「愚息・七郎（十兵衛）の今後の精進を切に望む」（意訳）とわざわざ書き残している。

この事実からすれば、『昔飛衛という者あり』の隠れた執筆動機とは、父から柳生新陰流の印可を受けるがため、とも考えられる。

なお、十兵衛はこの1637（寛永14）年の本書では「柳生七郎　平三厳」と署名しているが、その翌年には「柳生十兵衛三厳」と署名した記録がある。

このように七郎から十兵衛へと通称を変えたのは、印可を受けたことと家光への再出仕が契機だった、と考えられる。

Ⅳ　江戸柳生最大のヒーロー・十兵衛見参

逆にいえば、それまではずっと「七郎」と名乗り、かつ呼ばれていたことになる。

十兵衛「兵法書」のアウトライン

柳生十兵衛は、『昔飛衛という者あり』で柳生新陰流の**体系付け**を試み、「第1段　見(けん)」、「第2段　機(き)」、「第3段　躰(たい)」の3段にまとめている（67ページ参照）。

①見（手字種利剣、棒心など）

見とは「眼の付け所」を意味する。それは、ときと場合により、相手の両手両拳だったり、仕掛ける一瞬の動きだったりする。

そしてそのポイントは、「敵の動きはじめる心持を見知る」（『兵法家伝書』）である。つまり、「相手が行動を起こそうとすれば、その前に当然心が動くので、その心の動きを察知して、敵の行動の前にこちらが動いて勝つ」という意味だ。

②機（水月、懸待表裏(けんたいひょうり)など）

機とは、もともとは禅語である。パワーを心のうちに充満させること、あるいは、普段から油断を怠らないこと、を意味し、『兵法家伝書』では、もっぱらそちらの意味に使われている。それが十兵衛の書では転じて、新陰流独特の「駆け引き」の意味にも使用されている。敵の動きが見えないとき、こちらから誘って敵に先手を取らせ、その動き始める前を取って勝つ、ということだ。

③躰（神妙剣など）

「躰と心は一つなり。……心と躰と一つになれば所作が違(たが)うことなし」このように躰とは、心と一体の身体を指す。その姿勢を「五箇の身位(ごかのみぐらい)」といい、『兵法家伝書』の冒頭にも掲げられている基本である。

すなわち、「身を一重(ひとえ)にすること、敵の拳(こぶし)へ自分の肩を比べること、自分の拳を楯にすべきこと、左肘(ひじ)を延ばすべきこと、前の膝(ひざ)に身をもたせ、後ろの足を延ばすこと」の5箇条である。

この姿勢で、たとえば「三学の太刀・一刀両断」では、身体・手足は「懸」（攻勢）、心は「待」（守勢）にして、敵が打ちかかろうとするよりも一瞬早く、敵の左手首を斬るのである。

Ⅳ　江戸柳生最大のヒーロー・十兵衛見参

⓫「柳生新陰流」理解のためのキーワード

　そして処女作から3年後の1642（寛永19）年、すでに出仕を再開していた柳生十兵衛が完成させた兵法書第2作が、『**月之抄**』である。

「柳生の里」芳徳禅寺に飾られている『月之抄』原本

　兵法書としてはかなり大部なもので、彼が謹慎中に上泉秀綱、柳生宗厳、柳生宗矩の目録を集大成し、その理論・技法を比較研究している。

　人によって解釈が異なったり、散逸しがちな伝承目録、さらには口伝を書誌学的にまとめ上げたもので、「十兵衛、執念の労作」といって過言ではない。この結果、整理された新陰流のキーワードについて、その代表例をふたつ掲げてみたい。

①**水月**

　まずは、秀綱、宗矩がともに新陰流の極意のひとつとした「水月」の解釈から。その本来の意味は、「相手がまだ動作に行く前、その動作を心に思ったとき、あたかも水が月影を映すように、相手の心を映し出すこと」というものだ。

　ここで「水に映った月影」とは、敵の一瞬の**心の動き**を現わし、「**水**」自体は、さまざまなものを映し出す自らの心、を意味する。そして続けて、敵の心が見えたら、その「先へ先へと打ち込む」ことが肝要、とするのである。

　こうした基本概念のもと、「水月」はさまざまな場面で、ヴァリエーション豊かに使われている。

　たとえば、十兵衛は「水月は立合いの座取りなり」と叙述するが、この場合の「水月」は「間合い」と言い換えた方が分りやすい。それも、敵に打た

れるか否か、というギリギリの間合い、である。

　もともとは心理用語の「水月」が、ここでは具体的な「敵との間合いの取り方」の意味に転じているわけだ。

②西江水(せいごうすい)

　次は、宗矩の戒名にも使われた、新陰流の秘伝「西江水」の解釈である。

　かつて石舟斎宗厳は、金春流猿楽(こんぱるりゅうさるがく)の秘伝「一足一見」を手に入れるため、金春七郎（60ページ参照）の父に対して、この「西江水」との秘事交換を密(ひそ)かに申し入れた、と伝えられる。

　要するに「西江水」は、新陰流秘伝中の代表格として扱われたわけであり、西江とは中国を流れる大河を指す。

　この語はもともとが、『碧巌録(へきがんろく)』*1 に出てくる**公案**―優れた禅僧の言行を記録して、弟子を指導するための課題としたもの―であり、その内容を簡単に記したい。

　中国は「唐」（西暦780年頃）の時代。「万物一切を友とできないのは、どのような人か」と弟子が師に訊ねると、師は「お前が西江の水を一息で飲み干したら答えてやろう」といった。

　これだけをピックアップすれば、回答不能な質問に対して、「不可能なことができたら答えよう」と応じた禅問答のようにも受け止められる。

　だが、ここは西江の水を飲み干す、というスケールの大きさに着目しなければならない。

　すなわち、文字通り西江の水を飲み干すような大きな心を持てば、全身に注意（ここでは水）が行き届き、しかも心がひとつ所に留まらず自在となる、ということである。

　そしてⅢ章6項「宗矩流兵法の極意」にある「全てのコダワリを捨て去る」や「心を行きたいところに放つ」という表現も、「平常心(びょうじょうしん)」という言葉も、じつはこの心構えを別の角度から表現したものなのである。

　つまり柳生新陰流の修行は、この「西江水」―無心かつ自由の境地―に至るための日々の鍛錬なのだ、といっていい。

　なお十兵衛は『月之抄』で、この心構えについて祖父・宗厳や父・宗矩が

Ⅳ 江戸柳生最大のヒーロー・十兵衛見参

---

*1　『碧巌録』：中国北宋時代の公案書。「宗門第一の書」といわれる禅の教本で、日本の禅にはかり知れない影響を与えた、とされる。現在は岩波文庫で簡単に手に入る。

具体的にどう語ったのかを、結構分かりやすく解説している。

　祖父は、「ケツヲスボムル」（尻をすぼめよ）という。父は「ケツヲハル」（尻を張れ）という。父は張った方がくつろいで自由な感じがする、という。……しかし、表現は異なるものの、心の置き所はひとつである。（意訳）

　さらに十兵衛は、そもそもこの「西江水」は、晩年の石舟斎宗厳が不自由な体になったときに会得したものだ、と付け加える。

　極寒の候、祖父が外にある雪隠（便所）に行こうとしたが、山中のことゆえ寒さ厳しく、氷が張って滑りやすかった。老いた身には足元が心もとない。
　が、祖父は倒れそうになったとき、卒然としてこの「西江水」の極意を悟り、だれしもが滑り倒れるところを、ついに倒れなかった。

　どうも肝心の部分が抽象的で分かりにくいのだが、「尻」のたとえのように「力を抜くか、力を入れるかして、無心の境地を悟れ。そうすれば何事にも動じない」というニュアンスであろう。
　そしてこれもまた、柳生３代に伝わった柳生新陰流の極意のひとつなのである。

4 十兵衛の素顔とその最期

🗡再出仕から故郷柳生への回帰まで

　柳生十兵衛は『昔飛衛という者あり』を執筆後、翌1638（寛永15）年に**書院番**として再出仕した。ちなみに父・宗矩は、その２年前に大名（１万石）に列せられている。
　この書院番とは、「将軍の身辺の護衛役で、外出時は駕籠の前後を守り、儀式のときは給仕を勤める」役目であり、数百名がこの業務に従事していた。
　このころの十兵衛の動静もまた、はっきりしない。しかし、役目が閑職だったからこそ、兵法研究に力を注ぐことができ、1642（寛永19）年に大作『月之抄』をまとめあげることができたのであろう。

また同年、十兵衛の私生活に変化が起きる。

かつて大和国の土豪だった秋篠和泉守の娘を、妻として迎えたのである。

秋篠家は、柳生の祖・永珍のころから親しい家柄といわれ、その後は筒井家の家臣になった一族である。

夫婦の間には2女が生まれたが、残念ながら男児には恵まれなかった。なお十兵衛の長女・松は跡部民部、次女・竹は渡辺久蔵という者に嫁いだ。

そして1646（正保3）年、父・宗矩が死去する。

それに伴い、遺領1万2千5百石は分知され、嫡男・十兵衛に8千3百石、3男・宗冬に4千石、4男・列堂義仙に2百石が、それぞれ与えられた。ちなみに2男・友矩はすでに死去している。

合計すれば同じ石高なのだが、このように領地を分割相続する「**分知**」のケースは、柳生家を含めても数例に留まる。「除封（改易）」、「減封」といった処分に比べれば、穏便な措置なのだが、結果として柳生家は大名から旗本になってしまう。この点については、161ページで詳細を論じたい。

また十兵衛は、将軍家剣術指南に就くこともなかった。やはり最後まで、家光と十兵衛の関係は修復されなかったようだ。より正確にいえば、家光が寵愛した父・宗矩と十兵衛との関係は芳しくないままに終わった、ということであろう。

この父の死を契機に、十兵衛は役目を辞して、再び柳生の地に引き籠ったようだ。

そして沢庵の死後4年目、また宗矩の死後3年目の1649（慶安2）年に、十兵衛が自らの言葉で兵法を語ろうとした『**武蔵野**』が完成する。武蔵野には美しい花がたくさんあるが、その花にも似た兵法の数々を書き連ねたい、という意味のタイトルである。

前半は『月之抄』と同じような口伝目録の解説であるが、後半は抽象的にしてかつ難解な禅問答のような感じの一書になってしまっている。

十兵衛が謙虚なまでに慕った2人の偉大な先達の死、特に沢庵の逝去は、十兵衛にとって文章の師を失ったわけで、後の兵法書執筆にとって大きな痛手だったと思われる。

兵法書に見る十兵衛の素顔

前述のとおり、柳生十兵衛は「天資はなはだ梟雄」と伝えられるが、残さ

Ⅳ 江戸柳生最大のヒーロー・十兵衛見参

れた兵法書の文章からは、なにかしら別の十兵衛像が浮かび上がってくる。
　たとえば、『月之抄』の序文の一部を引用してみよう。

　（山に入ったことについて）自分から世を捨てていくのか、と人はいうかもしれないが、ともかく心の鬱々とする山の住まいで、萱葺きの庵には風ばかりが吹き荒れ、懸樋（水を引くため地上にかけ渡した樋）の水の音以外は、尋ねてくれる人の声もない。（意訳）

　もし著者名を伏せて、この繊細な文章を読んだ場合、どれだけの人が＜柳生最大のヒーロー＞の書いたものと思うだろうか。
　あるいは、晩年の大著『武蔵野』の次の文章。

　胸の苦しくなる持病が出て、今にも死ぬかと思った。……その気がした途端、天地が引っくり返り、大地が轟いて、地獄の鬼どもが、火の車を引きながら、わあわあ群がってきて、こいつをつかまえて乗せていこうか、あいつをつかんでいこうか、といって罵るありさまに、息が止まるような気がして……我が新陰流極意の西江水を引っさげて、二、三、四、五匹と、鬼どもを斬り捨てた。（意訳）

　そして「鬼どもを蹴散らせば、道は静かに月も出て、周囲はもとの姿に戻った」と続く。
　ここで十兵衛の持病は不意に胸が苦しくなるもので、今でいえば「狭心症」の一種と考えられる。この文章はその苦しさ、もしくは臨死体験の中で、十兵衛が抱いた妄想とその後の澄み切った境地を述べたものなのだが、これが兵法書の一節かと思えば、やはり異質の感がする。
　このころの十兵衛（42歳）は、兵法の奥義に達した武芸者、というよりは、躁鬱の振幅が激しい姿しか見えてこない。
　どうも気性的には、父・宗矩を粘着質の上昇志向タイプとすれば、十兵衛は躁鬱質の天才タイプだった、ということになろう。
　あるいは、もし天才肌の自信家でなければ、上記のような率直な心情の吐露はできない、と言葉を置き換えてもいい。
　心の赴くままに、文章を書き連ねる作業は、自分自身によほど恃むところなければ、なかなか書けるものではない。

そして『武蔵野』は、「**根本には何もない。何の道理もない**」という言葉で幕を閉じる。

十兵衛が最後に行き着いた心境は、奥義を究めた満足感よりも、むしろ殺伐とした虚無感、だったのかもしれない。

⑪十兵衛変死の真相

奈良の北東、木津川と名張川の合流するあたりに、激流が青黒い淵をつくる渓谷がある。山城国北大河原村。現在の、京都府相楽郡南山城町。大蛇が棲む、との伝説もある弓淵である。

父・宗矩の死から4年目の1650（慶安3）年。このころの十兵衛について、「家督を継いでから、人が変わったように寛大になり、政事に励み、家風も純一に保ち、奴婢（下男・下女）にいたるまでかつて処罰するようなことは無かった」と、『玉栄拾遺』は記している。

その十兵衛は弓淵に放鷹に出かけて、その地で急死を遂げてしまう。奈良奉行・中坊長兵衛が検視を行い、村人達も尋問を受けたが、死因は明らかにならないまま、柳生の中宮寺に埋葬された。享年44歳。

当時から変死として知られ、死因はさまざまに噂されたが、その記録としては『玉栄拾遺』ぐらいしか見当たらない。

（十兵衛は）放鷹のため……弓淵に至り、俄然として逝去したまう。

つまり突然死だった、というもの。その原因は長い間の大酒飲みが祟っての「脳卒中」か、あるいは日頃からの「狭心症」の激しい発作によるものと思われる。

史料がなく特定は難しいが、著書『武蔵野』を見る限りは「狭心症」の可能性が高そうだ。

なお、十兵衛には空白期間が存在することから、「暗殺説」も取り沙汰されている。それも、①十兵衛が隠密活動をした結果、取り潰された藩の旧臣によるもの、②柳生家存続のために、父・宗矩が家臣に命じて謀殺したというものなど、じつにさまざま。

ただ、そのいずれもが講談本や時代小説などのフィクションの域を出ず、裏付けに乏しい。

当時の十兵衛の立場は柳生の領主であり、仮に外傷による変死であれば、検視役も下手人探しに躍起になったはずだが、そうした形跡もない。まして奈良奉行・中坊家は、柳生家の分家ともいわれる家柄である。
　となると、やはり十兵衛は病死したと考えるのが自然であろう。
　こうした十兵衛の一生を振り返っててみると、柳生最大のヒーローとフィクションではいわれながら、その生涯は意外なほど蹉跌と不遇の繰り返しだったように思われる。

柳生十兵衛の墓石（中央）

COLUMN

柳生伝説ウソかマコトか——「柳生十兵衛の最期」

　小説家・山田風太郎の十兵衛3部作は、我が国時代小説史上に残る傑作群だが、その掉尾を飾ったのが『柳生十兵衛死す』である。
その冒頭、十兵衛の死の様子は、次のように描写されている。

　——（大河原の）砂の上の人間は、ぬきはなった刀身をにぎっているが、あおむけに大の字になっている。だから、月代をのばしたその脳天から鼻ばしらにかけて、絹糸のような刀のすじがあきらかに見えた。……（中略）……「あのお目を見い！」（農夫の）指さした腕が、ワナワナとふるえている。「殿の、ただひとつのお目がつぶれて、ひらかぬほうのお目がひらいておる！」

　この奇怪な「隻眼移動の謎」は、「能」が中世とのタイムマシンの機能を果たすことで、その絵解きがなされている。

Ⅳ　江戸柳生最大のヒーロー・十兵衛見参

Ⅴ 後継者たちの明暗

友矩・宗冬・列堂兄弟の春秋

西暦	和暦	柳生一族の主な出来事（☆＝主要一般事項）
1613	慶長18	宗矩２男・友矩、誕生（〜39）
1615	元和１	宗矩３男・宗冬誕生（〜75）
1626	寛永３	長兄・十兵衛、将軍・徳川家光のもとを致仕
1627	寛永４	友矩、将軍・家光の小姓に出仕
1628	寛永５	宗冬、将軍・家光の小姓に出仕
1632	寛永９	宗冬、能で剣術開眼
1634	寛永11	友矩、叙位任官（従５位下刑部小輔、２千石）
1636	寛永13	宗矩４男・列堂、誕生（〜1702）
1638	寛永15	友矩、大和国・柳生に戻る
1639	寛永16	友矩、逝去
1646	正保３	宗矩、逝去。列堂、出家
1650	慶安３	十兵衛、逝去
1651	慶安４	宗冬、慶安御前試合に出場。☆家光、逝去
1656	明暦２	宗冬、将軍・家綱の剣術指南
1657	明暦３	宗冬、叙位任官（従５位下飛騨守）
1668	寛文８	宗冬、大名（１万石）に列す
1675	延宝３	宗冬、逝去
1702	元禄15	列堂、逝去

１ 柳生友矩、家光に愛された男

◉将軍・家光との蜜月時代

　江戸柳生で柳生十兵衛のすぐ下の弟が、柳生友矩である。27歳でその生涯を閉じたために、彼に関する史料はあまり残っていない。
　柳生刑部小輔友矩は通称を**左門**といい、1613（慶長18）年、柳生宗矩の第２子として柳生の地に生まれた。宗矩が43歳のときである。
　長男・十兵衛、３男・宗冬はともに正室との間に生まれたが、友矩の母は分かっていない。一説にお藤といい、４男・義仙（列堂）もその子供ともいうが、両者の間には23歳の年の開きが存在し、同腹というのはいささか無理がある。

［江戸柳生家系図］

```
（松下）重綱 ── おりん ┬─ 長男・三厳（十兵衛）
              ‖      │
              ‖      └─ ３男・宗冬（又十郎）
（柳生）宗厳 ── 宗矩
              ‖      ┌─ 次男・友矩（左門）
              ‖      │
              お藤？  └─ ４男・義仙
```

　柳生藩の記録『玉栄拾遺』には、友矩は「資性比類なく、文才に富み、また新陰流の術にも長じていた」（意訳）とあり、その上、容姿も端麗だったようで、まさに非の打ち所がないタイプだ。
　1627（寛永４）年、兄・十兵衛が家光の勘気を蒙って致仕した翌年に、15歳の友矩は家光の小姓として出仕する。当時、家光は将軍になって３年目の24歳であった。
　友矩は「家光の寵愛を受け、後には必ず股肱の臣（最も頼みとする家臣）になるといわれた」（『玉栄拾遺』）、「常に剣術のお相手役をつとめた」（『寛政重修諸家譜』）と記されるほどに、家光のお気に入りとなった。
　友矩と同年に小姓になった者に、春日局の義理の息子にあたる堀田正盛[*1]（13歳）もいた。彼は家光の**寵童**──可愛がっている美少年──として知られ、後には松本10万石を領する老中にまで出世を遂げる。

Ｖ　後継者たちの明暗

じつは、この友矩も正盛と同様に家光の男色の相手だったという説がある。男色は、戦国時代には武士の嗜みのひとつとされ、江戸時代には主従関係の要素も加わったといわれる。

その友矩が出仕した翌年（1628年）、弟・宗冬も同様に召し出され、小姓として家光に仕えている。

しかし、その後の2人の処遇には、かなりの格差が生じてしまう。すなわち友矩は、1634（寛永11）年、家光の初の上洛の際に随行して、徒士頭を命じられている。

そして江戸へ戻る途中で、父・宗矩と同じ従五位下に任じられ、刑部少輔として山城国相楽郡（京都府）に知行2千石を賜るのである。

このとき友矩、22歳。破格の出世といって間違いない。

しかも家光は、さらに友矩にその後の大名取り立てのお墨付きまで与え、その石高は4万石とも13万石とも伝えられている。

寛永年間に書かれた将軍・家光から柳生宗矩あての書状にも、次のように記されている。左門（友矩）だけの名前が記されている貴重な史料である。

左門そのほかの子供まで但馬（宗矩）が果てたる後も如才すべからず。

宗矩が死んだ後も、左門（友矩）などの子供を見捨てるようなことはしない、という内容である。ちなみに如才とは、手抜かりの意味。

しかし弟・宗冬は、友矩とほぼ同時期に家光に近侍したにもかかわらず、いまだ無位無官に留まっていた。故郷で謹慎中の十兵衛も、また同様の身である。

これほどまでの友矩に対する**厚遇振り**を見ると、家光と友矩との間には男色、もしくはそれに類する感情が2人の間に流れていた、と考える方が自然であろう。

⑪突然の故郷への隠棲

そしてこの厚遇振りについて、宗矩は「自分を超えた出世ゆえに、気に入

Ｖ　後継者たちの明暗

＊1　**堀田正盛**（1608〜51）：春日局の義理の孫にあたる。家光に近侍し、後に幕府老中を勤めた。佐倉藩11万石の藩主となったが、家光逝去に伴い殉死したことで知られる（103ページ系図参照）。

らなかった」（意訳）と、『柳生藩旧記』にある。

自分は24歳から徳川家に仕え、ようやく65歳にして大名に列せられたのに、子供の友矩は何の手柄もないまま、ただ将軍の寵愛を得ただけで、お墨付きとはいえ将来の4万石（13万石）が約束されている。

この不公平さを、父として宗矩は不快に思った、というのである。

その後、「家光から友矩を諸侯（大名）に列するとの沙汰（指図）があったが、宗矩は固辞した。ほどなく友矩は幕府を致仕して病死した」（『玉栄拾遺』）と伝えられる。

武士にとって最大級の栄誉である大名取立ての話も、父・宗矩は断ってしまったのだ。

その宗矩の心中に触れたものは何も残されてはおらず、想像するしかないのだが、宗矩は家光・友矩の関係を周囲から中傷されるのを嫌ったのか、正室の子供（十兵衛・宗冬）とのバランスを取ろうとしたのか、将来の後継ぎ問題を懸念したのか、そのいずれかであろう。

こうして友矩は、1638（寛永15）年、**病気療養**という理由で役目を退き、故郷へ戻る。そしてこの年、長らく謹慎していた兄・十兵衛が再出仕のために、入れ替わるように江戸へと向う。

⓯ 友矩早世の死因究明

柳生の地に戻った翌1639（寛永16）年、かつて将来を約束されていた友矩は、27歳の若さでその生涯を閉じる。

長命の柳生一族にあって異例の若さでの死去であり、そのために**友矩暗殺説**が、まことしやかに囁かれることとなった。

こうした暗殺説において、直接の下手人は兄・十兵衛だったり、柳生家配下の忍者だったり、とさまざまなのだが、暗殺の黒幕は一様に「父・宗矩だ」としている。

そして暗殺の理由は、友矩が江戸に戻って再び家光の寵愛を受ける可能性が出てきたため、ということになる。

これらは史実とフィクションの区別がつかない話であり、しかも史料が存在しない憶測なので、何とも言い難い面があるが、『玉栄拾遺』では友矩の死後に「宗矩は、死後に見つかった13万石、または4万石のお墨付きを密かに返した」と伝えている。ただし、病を得ての死だった可能性も十分にある。

Ⅴ 後継者たちの明暗

友矩死去の後、宗冬がいまは亡き兄のために、その住まいを寺にして等閑院と名付けた。この寺はその後、1711（宝永8）年に焼失したが、その跡地には、現在、正木坂道場が建設されている。

柳生友矩・宗春の墓石

② 柳生宗冬・能楽による武芸開眼

🗝「剣術嫌い」の少年時代

　1615（元和元）年、兄・柳生友矩誕生から2年遅れて、本妻・おりんから生まれたのが、柳生宗矩の3男・**柳生飛騨守宗冬**である。なお、友矩と同年生まれとする説もある。ちょうど、「大坂夏の陣」の年でもある。

　通称は**又十郎**、後に主膳宗冬、内膳正**俊矩**ともいった。なお、俊矩の「俊」は後に柳生藩主の「通字」（170ページ参照）となる。

　長ずるにおよび、兄・友矩は俊才の誉れ高い美少年となったが、一方の宗冬は茫洋として、しかも癪―胸部・腹部の激痛―の持病があった、という。

　そのせいか、**「読書好きの剣術嫌い」**となったようで、家光の寵童となった友矩との間で、大きな身分の差が生じてしまう。

Ⅴ　後継者たちの明暗

ただこの異母兄弟は、そうした境遇の違いを超えて仲がよかったように思われる。

すなわち宗冬は友矩逝去後に、その柳生の住居を寺としたほか、京都府相楽郡大河原村（友矩の旧領地）にも供養のために十輪寺を建立するなど、菩提を手厚く弔っているのである。

その宗冬の小姓時代のエピソードとして、父・宗矩に木刀で打ち据えられた話が綿谷雪の『新・日本剣豪100選』に記されている。

将軍家の品川御殿で、宗矩と馬術の名人・諏訪部文九郎[*1]が御前試合をするのに宗冬が陪席していたところ、家光より「父と試合をせよ」と命じられる。

さすがに腕が違い、何度立ち会っても父にかなわず、思わず「寸の延びた太刀なら不覚はとらぬに」とつぶやく。これが家光の耳に入り、「大きな木刀でやらせてみよ」といわれる。

そこで木刀でもって、いま一度立ち会うが、宗矩に「せがれ、推参なり（無礼である）」といわれて、一撃の下に叩き伏せられ、気絶してしまう。

後に宗矩は、この試合について「柳生の家に生まれて不覚な言葉を漏らしたゆえ、懲らしめた」と述べた、という。

柳生一族の剣の厳しさを伝えるとともに、宗冬の腕前がもうひとつだったことを示す逸話でもある。

🔟 大名への復帰の道

そのような宗冬にも、転機が訪れる。

1632（寛永9）年、18歳になった宗冬は、土井利房（古河藩主1万石）の江戸屋敷で、**喜多七太夫**（十太夫説もある）の能楽を見る機会があった。

「その芸術の妙なること、まさに入神の芸であり、大いに悟るところがあって」（『玉栄拾遺』）、以後、心を改めて剣術の稽古に励んだ、という。

1646（正保3）年、宗冬31歳のとき、父・宗矩が死去し、遺領1万2千5

[*1] **諏訪部文九郎**：馬術に達者な諏訪部文九郎が、「馬上での試合なら負けませぬ」というので、おたがい騎乗の人となって相対した。相手との間隔が3間ほどになったとき、柳生宗矩は自分の馬をとめ、相手の馬の顔を打った。驚いて立ち上がった馬を鎮めようとした文九郎に対し、宗矩はつと寄って打ち込んだ。幾分卑怯な気もするが、家光は「時に臨んでの虚実の働き、見事である」と嘆賞した、という。これは『明良洪範』に載っている話。

百石のうち4千石を分与される（残り8千3百石は兄・十兵衛、2百石は弟・列堂）。この時点で、柳生家は大名から旗本に格下げとなる。

それから4年後の1650（慶安3）年、今度は兄・十兵衛が急死し、その遺領8千3百石を宗冬は相続する。ただしその際、自らの所領・4千石は返納させられたために、柳生家が1万石以上の大名に復帰することは叶わなかった。

1651（慶安4）年には、将軍・家光の天覧試合として名高い**「慶安御前試合」**が開催される。

そのとき江戸柳生の宗冬、そして尾張柳生の厳包（連也斎）が立合いを命じられ、結果は「連也斎が宗冬の親指を打ち砕いて完勝した」という俗説がある。だが、これは連也斎が家光の前で型を示しただけであり、宗冬がケガを負ったわけではない。

1656（明暦2）年10月、宗冬（当時42歳）は、16歳の4代将軍・家綱の剣術指南に任ぜられ、翌年、従五位下飛騨守に任官される。

お召しによって、長男・宗春、次男・宗在の剣術を御覧に供したのもこのころである。また1661（寛文元）年には後の5代将軍となる綱吉（16歳、家綱の弟）から、1664（寛文4）年には、家綱から柳生新陰流の誓詞を受けている。そして1668（寛文8）年春に、1千7百石の加増があり、晴れて1万石の**大名**となる。

ときに宗冬、54歳。父・宗矩が亡くなって旗本生活をおくること23年、柳生一族宿願の大名復帰を果たしたのであった。なお、一度大名から旗本に格下げになった「家」が、再度大名に復帰した例は少ない。しかもその大半が、後継が幼くて一時期減封され、それが一定年齢到来による復帰、というものである。宗冬のように中年になってからの復帰はレアケースだった（復帰理由は165ページ参照）。

さて『玉栄拾遺』によれば晩年に至り、宗冬は池のほとりの柳の陰を逍遥（しょうよう）──ぶらぶらと歩くこと──し、水中の**ボウフラ**の自在の動きを見て、剣の奥義を究（きわ）めた、という。これを機に、自ら「柳陰」と号している。

1675（延宝3）年、膈症（かくしょう）（胃がん）を病み、同年9月に逝去。享年61歳。遺体は火葬の上、江戸下谷の広徳寺に葬られた。

なお昭和2年、区画整理のため、宗冬の墓所が改葬されたが、そのとき、実に精巧な義歯が発見された。歯茎（顎の裏側）に黄楊（つげ）の木を用いて、歯は蝋石（ろうせき）を使った上下総義歯である。これは世界で初めての「有床義歯（ゆうしょうぎし）」といわ

Ⅴ 後継者たちの明暗

れ、学会でおおいに話題になった。

　この総義歯は、変装時に使用されたものではないか、という問題提起もあり、「宗冬隠密説」、さらには女忍者への変装用として「宗冬くノ一説」までもが登場したこともある。

能楽の成立と隆盛

　前項で、宗冬が能の舞を見て剣術の道に目覚めた、と書いたが、能と柳生新陰流の関係は、宗冬ひとりにとどまらず、開祖・宗厳以来、いやもっと以前から、因縁浅からぬものがあった。

　その因縁をひもとくために、改めて能の由来からみておきたい。

　平安時代、寺社に奉納した神楽（かぐら）などから派生した庶民芸能が、鎌倉時代、演劇性を増して歌舞劇として発展し、室町時代に**猿楽**として成立していく。

　近畿各地で一座が生まれたが、名高いのは、春日大社と結びついた大和４座である。その一座のメンバーが観阿弥（かんあみ）であり、その子が能楽の大成者・**世阿弥**（ぜあみ）である。これが後の観世流となる。

　そして、この新しい芸能を厚く庇護（ひご）したのが、室町幕府３代目の将軍・足利義満（1358～1408）であった。義満は、当時の武士としては教養のある趣味人で、朝廷の貴族文化に対抗する武家文化の創造を目指していた。新興芸術の能、加えて無限の可能性を秘める若き世阿弥（当時12歳）に、義満は新しい武家文化の息吹を感じたのである。

　ついに、1408（応永15）年、天覧能―天皇にお見せする能―を主催することに成功する。武家文化が、貴族文化より優位に立った記念すべき瞬間であった。

　武士が絶大な権力を持った江戸時代には、武家文化の代表たる能楽は幕府の**公式芸能**と位置づけられ、さらに隆盛を極めることとなる。

　大和４座（金春、観世、宝生、金剛）に加えて、徳川秀忠が贔屓（ひいき）にした喜多七太夫の「喜多流」が新設される。

　一方、家光は、大名たちが舞う素人能を好んだ、という。また、尾張徳川家、加賀前田家、仙台伊達家を初めとする各大名も、諸行事の折りには能を鑑賞するとともに、自ら舞うこともあったのである。

Ｖ　後継者たちの明暗

⑪踊る柳生一族、あるいは宗矩の趣味と実益

　柳生一族と能のかかわりは、まずその発祥にある。

　柳生の祖は**春日大社**の神人であり、一方、観阿弥の率いる「観世座」は、春日大社の神事能に奉仕していた。その地縁などから、柳生一族は、大和4座の能に一方ならぬ親しみを覚えていた、と思われる。

　新陰流創成期にも、柳生石舟斎宗厳が皆伝を許した**金春七郎氏勝**という能役者がいた。この氏勝が石舟斎に師事していたとき、金春流猿楽の秘伝「一足一見」と新陰流の秘伝「西江水」とを交換したことは、第Ⅳ章で述べたとおりである。

　ちなみに、「一足一見」については、江戸柳生の高弟・木村助九郎の『兵法聞書』に、宗矩の言として「一足一見のこと、まことに理にかなっている。金春流の謡能の心構えにあって、兵法として見ても誠に興味深い」（意訳）とある。

　ただ、ことは秘伝のみではない。柳生新陰流、能楽、そのおのおのの流派の基本的な考え方に、すでにして共通点[*2]が存在するのである。

　すなわち、新陰流の「陰」は、自らの心を秘して他人（敵）に向う、の意味もあるが、一方、能楽のキーワードである「幽玄」も、他人（観客）の眼を意識して自らを慎むこと、を意味するという。

　ともに、自らの心を他人には見せず「秘すれば花」（『風姿花伝』）の心境である。

　本項の冒頭で述べた宗冬の開眼も、こうした新陰流と能楽の深い関係を卒然と悟ったためだと思われる。

　こうした経緯もあって、特に宗矩は能楽への思い入れが深かった。

　それも、単に観劇するだけでは飽き足らず、自ら舞うこともたびたびであった、という。その一例として、1635年の正月に、伊達家中と柳生家中の者が将軍の前で能を舞った記録が残されている。

　ただ、そのあまりの入れ込みぶりは周囲の反発も招き、有名な沢庵の宗矩への忠告「あなたは踊りを好み、自身の能に増長し、諸大名宅へ押しかけて

Ⅴ　後継者たちの明暗

[*2] **共通点**：本文の基本的な考え方のほか、たとえば、世阿弥のいう「離見の見」も、剣術に一脈通ずるものがある。これは、「どんなに演技に集中していても、客席からの視点で自分の演技を冷静に見る。さらに、目は前においても心は後ろに置けば、全体に隙がなくなる」（『花鏡』）という教えである。ここで「観客」を「敵」に置き換えれば、新陰流の教えにそのまま通ずるといっていい。

能を演じること、まったく病気と同じです」（意訳）になったりもする。

　だが、こうした批判・忠告にもかかわらず、宗矩の能楽好きはおさまらず、島原の乱のときも久留米藩江戸屋敷で能を観劇中だったし、晩年、柳生の地で過ごしたときも、猿楽を催して家臣、領民とともに楽しんだりしているのである。

　そして趣味もここまでいくと、何かひとつの強固な意志を感じてくる。先に「Ⅳ章・柳生十兵衛」で「柳生一族ネットワーク」の存在について言及したが、宗矩はその補完策として、**能楽による情報網**の活用をも画策していたのではないか、と想像することも可能であろう。

　都合のよいことに、幕府、諸藩の公式芸能は能楽であり、能役者は高禄で召抱えられている。一方で柳生門人は、剣術指南として採用されている。

　しかも、能・剣術ともに藩主の身近な存在というのが、ミソなのだ。

　十分に証明されているとは言い難いが、剣と能の間には間違いなく、何らかの関係がある。

　ここで話を宗冬に戻せば、彼もまた奈良興福寺の中に柳生藩・倉屋敷を造り、そこに能舞台を設けた、と伝えられる。当然、寺側は寺内に武家屋敷を建てることを歓迎しなかったが、大名となった宗冬には以下のような藩経済運営のための中継点づくりが急務だったようだ。柳生藩の所領の多くは、現在の奈良市よりも南の一帯だったのだ。

「柳生一万石といっても、七千石までは奈良市の南方で三ヶ村と天理市の北部で十二ヶ村との村々であった為に、その連絡の為に必要だったのである。山間部での三千石の領分は柳生の付近と京都府相楽郡南山城村である」（『新版・柳生の里』）

Ⅴ　後継者たちの明暗

柳生宗冬と孫の俊方の墓石

③ 江戸柳生「旗本⇔大名」の変転の真実

🔘柳生宗矩の栄達に見る徳川幕府のシステム

　3代将軍・家光の治世下、改めて江戸柳生家の変転を宗矩を軸に時系列で記すと、以下のとおりである。

　①1629年（59歳）　従五位下但馬守に任官（知行3千石）
　②1632年（62歳）　総目付に就任、「五の字の指物」を許可（6千石）
　③1636年（66歳）　大名に列し、総目付を退任（1万石）
　④1639年（69歳）　2男・友矩の遺領などを加増（1万2千5百石）
　⑤1646年（76歳）　宗矩の死去に伴い、遺領は長男・十兵衛8千3百石、
　　　　　　　　　　 3男・宗冬4千石、4男・列堂2百石に分封

　宗矩は任官後7年にして旗本から石高1万石の大名へと出世するが、その死後、領地は分割され、柳生家は大名から旗本に逆戻りする。そして宗冬の代になって再び大名に復活する。ここでは、その**変転**ぶりを、江戸期の旗本、使番、大名などを整理しつつ、まとめて考えていきたい。

Ⅴ　後継者たちの明暗

まず**大名**とは知行1万石以上、**旗本**は1万石未満で将軍にお目見の資格を有する者で、例外はあるが、お目見の資格のないものを御家人という。その数は、江戸中期の史料によれば「大名264家、旗本5205家、御家人17399家」。

旗本では通常3千石以上となると但馬守のような「守名乗り」ができた。それが上記①のケースであり、なぜ宗矩が任官したかは、家光自身が手紙に記すとおり、その剣術教授に対する取立てである（100ページ参照）。

ここで江戸期の武士の価値観を示すと、おおよそ「官位（幕府が朝廷に申請）、家格（家の武功・格式）、禄高（知行、生活給）、役職（職務手当あり）」の順となる。

結局、これらが大名と旗本の違い、といっていい。「禄高」は前述のとおり1万石が基準となる。「官位」は旗本の最高位（極官）が従五位下、「家格」での格差は歴然としていて、江戸城内の席次、諸行事のときの装束、行列の人数、屋敷の門構え……と外見・外観まで細部におよぶ。「役職」はたとえば旗本は町奉行までとか、ポストに応じて詳細に定められる。当時は身分社会なので比較は難しいが、現在の公務員のキャリア、ノンキャリア以上の違いがある。

次に上記②は、宗矩にとって「出世」の重要なステップといえる。当時の徳川幕府はいまだ**軍事政権**の色彩が濃く、軍官（番方）の方が文官（役方）よりも重視されていた。これは諸藩の大名が関ヶ原の合戦などの軍功を基準として、幕府から禄高を与えられたことを考えれば、当然のことであろう。まずなによりも先祖の合戦での働きが、重要視されたわけだ。

それが政治的に安定局面を迎えると、文官が台頭しはじめるのは、どの時代でも一緒である。宗矩はいわば、その過渡期に位置していた。

ところで上記②の「五の字の指物」とは聞きなれない言葉だと思うが、徳川家の**使番**（つかいばん）に許された具足（鎧）の背面につける風車を指す。戦場における伝令役の標識で、空気穴がありカラコロとまわる。そこに黒地に金の「五」の数字が描かれている。この使番という役職は旗本クラスにとっては非常な名誉であり、昇進ポストだった、という。

使番の合戦時以外のミッションは、監察や城の受け渡しの立会いなどであり、じつは宗矩も坂崎出羽守事件（1616）のあとに、その居城・津和野城受け渡しのために出張した事実がある。となると、宗矩は親交の有無にかかわらず正式の「使番」として、坂崎出羽守のもとに赴いた可能性は十分にあり、

Ⅴ　後継者たちの明暗

そうした経緯があったからこそ、1632年に新設された文官ポスト「総目付」に選任されたのであろう。これは言い換えれば、宗矩は順を追って昇進していったわけで、ある日突然、総目付に抜擢されたわけではない、という考え方である。

この年、幕府を震撼(しんかん)させる事件が起る。「黒田騒動」である。「福岡藩主・黒田忠之に幕府への反逆の意思あり」と家老が訴え出たのだ。詳細は略すが、裁判の結果、家老が敗訴し黒田家は改易処分を免れた。この裁判に宗矩も総目付の立場で参加している。

要するに家光の引立てに加えて、これらの謀反事件、御家騒動への優れた対応能力が、宗矩を大名にまで押し上げた最大の原動力と思われる。

ちなみに、大名といってもおおむね3万石以下は城を築くことはできず、領地に陣屋を構えるに留まる。したがって柳生に城はない。有名な「参勤交代」は1635年から大名に課せられたが、柳生家は小大名であり、参勤交代をしない江戸常住―在府大名―と位置づけられた。

また大名が「親藩、譜代、外様」に分類されたのはよく知られているが、実態上は官位と家格で「御三家、国持大名、城主、城主格……」と定められ、席次は江戸城中の「大廊下、大広間、溜之間詰め……」と何段階にもわたって詳細に決められていた。呼称もすべて官職ベースである。なお、本書の124ページでは通説にしたがい、死後の宗矩に従四位下の贈位がなされたと書いたが、書式が通常見られないスタイルであり、家格面からはまず例を見ない「昇位」か、と思う。

さて、⑤の大名・宗矩の死後の**分封（知）問題**だが、家光の治世（1623～51）で何らかの領地の異動があった大名家は69家あり、その内訳は「除封48、減封14、分封6、その他1」。

ここで注意すべきは除封、減封は大名（被相続人）が生前に家督を定めずに死亡したようなケースが多く、幕府の判断に基づく処分である。

一方で**分封**とは、被相続人の願い出によって幕府が許可した場合に下される措置であり、明らかに除封処分とは異なる性質のものだ。こちらは、生前の大名による「申請主義」といっていい。

通常の分封は数万石を分知―知行の分割―して、たとえば嫡男のほかに2男も大名にするようなケースなのだが、最低水準の1万石強を分割して大名からすべり落ちたのは、柳生家のほか数例に過ぎない。いうまでもなく柳生

Ⅴ 後継者たちの明暗

家の場合は「宗矩の遺領＝相続人の領地合計」であり、これは分封に該当する。このように分封の事実は厳然として存在し、それは宗矩の申請以外には考えづらいのである。

柳生家相続問題における宗矩の思惑

では、なぜ宗矩はそのような希望をしたのか？

それは宗矩が、大名にまで取立てられたのはひとえに家光の恩顧の賜物（たまもの）であり、「一代限りの奉公」と考えていたこと、による。

これを裏付けるのが『柳生家系図』などの記述で、死の直前に見舞いにきた将軍・家光に対して宗矩は「自分の死後は、これまでに賜った領地などの一切を返上いたします。倅（せがれ）ども（十兵衛、宗冬）はお上（かみ）のお考えのようにお使いください。なお、柳生の地にいる幼い末子は出家させて、亡父（宗厳）追善の寺を建てさせたい」と伝えた、という。

ここからは推測だが、十兵衛、宗冬がともに無位無官の身で任官しておらず、「大名家としての家格を託す後継者が不在」と、宗矩が判断した結果かもしれない。また、十兵衛との折り合いの悪さ・不仲といった心理的な要素も、背景にあった可能性もある。

家を継ぐこと―相続―には、俸禄相続と家名相続の２種類があり、それを踏まえて上記の内容を整理すれば、「生前の宗矩は奉公を一代限りと考え、単独の後継者による俸禄相続―大名家存続―を希望せず、俸禄の返上を申し出た。それを受けた家光（幕府）は、俸禄は据え置いた上で息子たちへの分知措置を採った」ことになる。家名の方は十兵衛と宗冬が当然相続しており、断絶したわけではない。

多少矛盾するが、十兵衛の知行（８千３百石）の大きさから考えると、幕府サイドには「宗矩の願いは遺言なので聞き届けるが、やはり将来は嫡男・十兵衛を大名に…」という思惑があったのかもしれない。

柳生家、大名復帰までの動き

それ以降の動きを、引き続き年表で整理したい。

⑥1650年　十兵衛死去（44歳）に伴い、遺領８千３百石は宗冬（35歳）が相続したが、宗冬の領地４千石は返納（宗冬８千３百石）

Ｖ　後継者たちの明暗

⑦1656年　宗冬（42歳）、4代将軍・家綱の剣術指南に就く
⑧1657年　宗冬（43歳）、従五位下飛騨守に叙任
⑨1668年　宗冬（54歳）は加増1千7百石を受け、大名に列す

　ここで注意すべきは宗矩没後の柳生家は、短期間（4年）ながら旗本の「十兵衛家」と「宗冬家」の2家に分かれた、という事実である。
　この点がないがしろにされがちだが、十兵衛には男子がおらず、本人が急死したのだから、法的には「被相続人が生前に家督を定めずに死亡したケースは断絶」に該当し、幕府によって**除封**されるのが通常の措置だ。
　したがって本来は、宗冬の相続プロセスを上記⑥のように捉えるのではなく、むしろ宗冬は従来の4千石に加えて、「十兵衛家」除封分8千3百石の約半分が加増された、と見るべきなのであろう。
　法的に「十兵衛家」分は、すべてが没収されてもなんら不思議ではない。それが半知―半分の知行―とはいえ、宗冬に与えられたのは、柳生家を大名に復帰させようとする思惑が依然として働いていた、と見るよりほかにない。
　それであれば、「十兵衛家の遺領すべてを宗冬に与えればいいのではないか？」と思うかもしれない。その場合は1万石を越えて、宗冬は晴れて大名に復帰できる。
　だが、全部ではない理由は、後継者と目されていた十兵衛の急死に求められる。まずは十兵衛が、40歳代になっても家督（相続人）を定めていなかったことへのペナルティ、それとなによりも残された唯一の家名相続人・宗冬が、無位無官の身分だったこと。要するに、当時の宗冬は大名取立ての有資格者ではなかった、ということだ。端的にいえば、十兵衛が急死したために「受け皿」がない、そういう状況だった。
　しかし、このような経緯を踏まえ、今度は宗冬に対して、「いずれステップを踏めば大名に……」という幕閣の温情的な対応方針が継続されていくことになる。
　そこには、宗矩の功績や奉公の考え方を評価して、柳生家に配慮すべき声が多く存在したこと、が当然あったと思われる。有力な藩の剣術指南には柳生新陰流が数多く採用されており、その「宗家」である江戸柳生のステータス復活を重視する向きもあったに違いない。
　また親である宗矩みずからが返上するという異例の事態に、大名から旗本に格下げされた息子への他大名の同情心も、大きく働いた可能性も否定でき

Ⅴ　後継者たちの明暗

ない。藩の存続や家格を考えれば、いわば、被相続人（宗矩）からの財産返上というリスクは、大名ならばだれしもが回避したいはずだ。そういう先例は残したくない、という思いもあったかと思う。

かくして宗冬は、父・宗矩と同様に上記⑦、⑧の歩みを経て大名となる。宗矩・宗冬親子に共通するのは、「将軍剣術指南」就任が大名登用のステップ、ということである。これは、江戸時代を通じての幕府の考え方―「先例主義」―によるものであろう。

4 柳生列堂の正体

⑪ 奔放な菩提寺の住職

晩年の柳生宗冬が残した**遺言状**（「申置書」）は、いかにも篤実な宗冬らしく、遺族のみならず門弟、小者にいたるまで細々とした指示が書き連ねられている。だが、その中で一箇所、他とまったく異なる激越な口調の文章がある。

列堂は心も直らず、神文を破り、その上、気違い同然の態度、なんとも言語に絶し、もはやどうしようもなく……寺の住持にすることも無用である。……押し込めるか、打ち捨てるか、いずれかの処置をとるべし。（意訳）

末弟・柳生列堂（義仙）に対する指示であり、温厚な宗冬とも思えない厳しい言葉である。憎悪といっても過言ではない。

じつの兄をこれほどまでに怒らせる列堂とは、いったいどんな人物だったのだろうか。

列堂義仙は幼名を**六丸**といい、1636（寛永13）年、柳生宗矩の4男として生まれた。すぐ上の兄・宗冬とは21歳違いである。

父・宗矩はこの時、66歳。母とされる**お藤**は、宗矩が奈良への道すがら洗濯している姿を見初めて、側室としたと言われるほどの美貌の持ち主といわれている。その洗濯の場所（現在の奈良県阪原町）は、いまも「おふじの井戸」として保存され、「仕事せんでも　きりょ（器量）さえよけりゃ　おふ

Ⅴ 後継者たちの明暗

じ　但馬（宗矩）の妻になる」といった里謡（田舎の民謡）も伝わっている。

　ただ宗矩が感心したのは、彼女の機知に富んだ応答であり、器量だけで選ばれたわけでもない。宗矩が戯れに、「洗濯しているタライの中の波の数はいくつか」と訊ねたところ、すぐに「お殿様の柳生からここまでの馬の足跡はいくつですか」と訊ね返した、という説もある。

　禅問答に通ずる当意即妙な答えに、10数年来やもめを通してきた宗矩の心が動いたのかもしれない。

　列堂は幼ないころに酒の味を覚え、あまり修行に精進しなかった、といわれる。宗矩がその遺言で家光に対して列堂のことを頼んだのも、そうした心配が背景にあったと思われる。

　遺言で「その寺の住持に末子・六丸（列堂）を」、と頼んだ芳徳寺は、1638（寛永15）年に完成し、開基は旧知の沢庵禅師であった。

　そして、父・宗矩が1646（正保3）年に逝去するや、家光より内意があって、六丸（列堂）は父の遺言どおり出家する。11歳のときである。

　そこで名を義仙として、沢庵も修行した京都の大徳寺に弟子入りし、天祐和尚（170代座主）に仕えている。ちなみに六丸が出家して義仙となり、「列堂」は天祐和尚から印可証明、修行証明とともに与えられた号である。

　その後、芳徳寺に戻り、第1世座主となったのである。

　宗冬が遺言状を書いたころは、列堂はすでに39歳。しかし、仏門修行に精進せずに芳徳寺を離れており、これが宗冬の怒りを買った、といわれる。

　この話に加えて、2人の確執の理由は、じつは列堂が宗冬とお藤の間にできた子供とか、宗冬とお藤は不倫の関係にあった、とかの説もあるが、これはどうも大胆過ぎる憶測である。確たる史料のある話ではない。

　やはり、温厚な宗冬と奔放な列堂の性格の違いに、原因を求める以外にはないであろう。

　ただ、列堂はその後の修行の結果、本山大徳寺の238代座主にもなっている。それは再度仏門に戻り、修行に励んだ結果と思われる。

　彼は　1702（元禄15）年、芳徳寺初代住持として死去した。享年67歳。

Ⅴ　後継者たちの明暗

COLUMN

柳生伝説ウソかマコトか──表柳生と裏柳生の虚実

　宗冬と列堂の確執は、宗冬が率いる**表柳生**と烈堂が率いる**裏柳生**の争いというテーマとなって、今日の時代小説・コミックにさまざまな題材を提供している。ちなみに、創作の世界では「烈堂」と書かれるケースが多い。

　劇画で有名な『子連れ狼』（小池一夫原作、小島剛夕画）では、主人公・拝一刀[*1]の前に立ちふさがる敵としてこの烈堂が登場し、非情な悪役ぶりを発揮している。また、網野善彦の歴史観を取り込んだニュー時代小説『吉原御免状』（隆慶一郎著）では、徳川家康の出自の秘密を巡って、後水尾帝の落胤、表柳生、裏柳生が入り乱れての暗闘が繰り広げられている。

　ここでも、表柳生は善玉寄り、そして裏柳生は圧倒的存在感のある悪役なのである。ただ、大和国にあって烈堂がそうした裏柳生を指揮した、という史料はどこにも見当たらず（逆にあったら、おかしいことになるが）、その存在は確認できない。

　しかし、この表柳生、裏柳生という発想自体が素晴らしい。

　というのも柳生新陰流自体が、「陽」に対する「陰」の立場にあり、また「敵」の心を「自分」のうちに映すことを第一義とする剣流である。しかも「懸待表裏」の謀略剣である。

　言い換えれば、敵の「表」の顔の背後に「裏」の真意を探ることが、柳生新陰流の基本だといってもいい。

　柳生新陰流においては、自らの中に表柳生と裏柳生の2つの顔を持ち、時に応じ自在に使い分けることこそが、究極の奥義だった、と想像することもできるだろう。

　そう考えて、芳徳寺の右端の**列堂義仙和尚像**に相対するとき、その顔はいかにも精悍で、瞳孔の大きな眼に太い一文字の眉が固い意志を示しているかに見える。そして、その顔立ちは、宗矩の他の息子たちよりも、むしろ尾張柳生の兵庫助利厳、連也斎厳包の顔立ちに似ている、との感想を述べる作家もいる。

---

*1　拝一刀：ご存知『子連れ狼』の主人公。江戸時代、幕府は大名統制を推進するために「公儀介錯人」＝拝一族、「公儀刺客人」＝柳生一族を活用していたが、裏柳生の総帥・柳生烈堂は拝一族を排斥し、全体を牛耳ろうとする。そういう設定であり、この劇画では烈堂こそが、最大の敵役である。

Ⅴ　後継者たちの明暗

5 「その後」の江戸柳生と幕末のお家騒動

ⅰ 宗冬以後の柳生藩主

　柳生宗冬には2男3女があり、特に長男・**柳生大膳宗春**(だいぜんむねはる)(通称、五郎兵衛)は江戸柳生の後継者として将来を嘱望された人物であった。1649(慶安2)年、江戸生まれ。

　「資性は優美で、その若いときに、人は人鑑(模範青年)という」(『玉栄捨遺』)と評され、父・宗冬とともに第4代将軍・家綱(1641〜80年)の剣術指南を勤めている。

　しかし、1675(延宝3)年、疱瘡(ほうそう)を病み、27歳の若さで死去。父・宗冬に先立つこと7ヶ月。本人にとっても、また江戸柳生にとっても、惜しまれる死であった。

　次男・**柳生対馬守宗在**(つしまのかみむねあり)(通称、又右衛門)は、1654(承応3)年生まれ。1670(寛文10)年、17歳で家綱の小姓となった。

　その後、兄・宗春の早世により、22歳で家督を継ぎ、柳生藩主として第6代将軍家宣(1663〜1712)の剣術指南となる。1689(元禄2)年、36歳で病没。

　将軍が柳生家当主に剣術指南の誓詞を出すのも、家宣がこの宗在に出したものが最後となる。

　ここに、江戸柳生初代・宗矩以来の＜将軍家剣術指南＞約100年の歴史は終わりを告げ、以後、柳生家は大名として柳生新陰流の型を形式的に上覧に供するだけとなる。

　かつては戦国武将の遺風(いふう)を残した将軍たちも、その政権の成熟につれ、典型的な貴族体質[*1]になっていた。もはや安定した治世下では、将軍は「護身・防御の剣」を持つ必要すらなくなっていたのである。

Ⅴ　後継者たちの明暗

[*1]　**貴族体質**：昭和33〜35年、徳川将軍の菩提寺である増上寺が改葬された際、将軍たちの遺体の精密な調査が行われた。2代将軍秀忠は、大腿骨、脛骨とも強く隆起し、戦国武将らしい鍛えられた体であったことが知られる。一方、6代将軍家宣になると、細面で大頭になり、四肢骨も細く華奢で、また虫歯も多いなど、貴族的体質になっていたことが報告されている(鈴木尚『骨は語る徳川将軍、大名家の人びと』)。

その後、宗春の長男・**備前守俊方**が17歳で家督を継ぐ。

この俊方が8代将軍・吉宗（1684～1751年）の前で剣術を披露したことが、『徳川実紀』に「柳生備前守俊方、家に伝えし剣技を御覧ぜられ、持弓頭小野次郎右衛門忠一が剣技、寄合山本加兵衛久豊が槍技を御覧あり」、と記されている。

その俊方も、1730（享保15）年、58歳で死去。なお俊方の代に、宗在の門下であった村田久辰が柳生姓を名乗ることが許され、3百石の直参旗本に取立てられた。久辰が仕えた徳川綱豊（甲府藩主）が第6代将軍・家宣となったためで、この流れを「旗本柳生」という。

俊方には直系の継嗣がなく、他家から**俊平**（1687～1768年、82歳没）が、養子となって後を継ぐことになる。

ここで宗矩以来の江戸柳生直系の血筋は途絶え、以後柳生家代々は「俊」を通字としていく。おそらくは、大名・柳生藩を復活させた宗冬の前名・俊矩にちなんだものであろう。

以降、6代目俊峯（1719～1763年、45歳没）、7代目俊則（1730～1816年、87歳没）、8代目俊豊（1790～1820年、31歳没）、10代目俊能（1830～50年、21歳没）、11代目俊順（1838～62年、25歳没）、12代目**俊益**（1851～1927年、77歳没）と、歴代藩主が養子という状況が続き、大名家としての命脈を保った。なお、9代目俊章（1809～1862年、54歳没）は、8代目俊豊の実子であり、唯一の嫡子相続である。

[徳川家系図]

(徳川)家康 ― ①秀忠 ― ┬ ②家光 ― ┬ ④家綱＝⑤綱吉＝⑥家宣＝⑦家継＝⑧吉宗
　　　　　　　　　　　　└ 忠長　　├ 綱重 ― 綱豊　　　（綱豊）　　　（紀州藩主）
　　　　　　　　　　　　　　　　　└ 綱吉

㉑江戸柳生、かつての栄光

ここで江戸柳生黄金時代の約100年間—宗矩が家康に仕えた1594年から宗在の死んだ1689年まで—について**隆盛の理由**を整理しておけば、
①宗矩の歴史的転換点での適切な処世術
②柳生の地で育まれた類いまれな武芸者としての資質
③秘伝書『兵法家伝書』、『月之抄』などの先達の研究成果の継承

V 後継者たちの明暗

などが挙げられよう。

江戸柳生──十兵衛・宗冬、また**尾張柳生**──利厳・厳包などの後継者たちは、天賦の剣才に恵まれていたのかもしれない。

だがそれだけでは、将軍家指南役を筆頭とする多くの雄藩の指南役となった門弟たちなど逸材を輩出することは、不可能であったろう。

彼らの祖父、父たちが文章にして遺した「秘伝書」──それは石舟斎宗厳の『新陰流兵法目録事』であったり、宗矩の『兵法家伝書』であったりするわけだが──があったればこそ、彼らの才能は確実に磨かれたのである。いわば、「それぞれの剣才」と「柳生新陰流テキスト」の奇跡的な**コラボレーション**が、柳生一族100年の繁栄をもたらしたのである。

あるいは、そのどちらかが欠けたとき、柳生一族には衰退の道が待っていた、と言い換えてもいい。

事実、幕末に至って、他流との交流も無いまま停滞した柳生新陰流は、「講武所」*2 師範に名を連ねることもできないほど、その威勢は衰えていたのである。

そして大政奉還後、柳生藩の命運を決する事態に至って、柳生新陰流の衣鉢（奥義）を継ぐ江戸詰めの武士たちが、国許の武士たちに遅れを取ったのも、その衰退と無縁ではなかった、と思われる。

⑪「紫縮緬」の悲劇

ときは幕末。1867（慶応3）年10月、15代将軍・徳川慶喜は、大政を奉還し、ここに260余年の徳川幕府は終焉を告げる。そして2ヵ月後の12月、朝廷より王政復古の大号令が下され、各大名たちは朝廷（勤皇）、幕府（佐幕）のいずれに付くか、その選択を迫られることになった。

大和国柳生藩もまたその例外ではなかったが、他の諸藩に比べて立場は微妙なものがあった。

城を持たない陣屋だけの小藩だったために、柳生家は参勤交代を免除されており、藩主は常に江戸に在府していたのである。そのため、江戸と国許には交流が無く、江戸詰め藩士と国詰め藩士の間には、埋めがたい溝が生じて

---

*2 **講武所**：江戸末期（1856年）、幕府が外寇に備えるために設置した、武芸練習所。入門は、役人・旗本・御家人とその子供や諸藩家臣・浪人などが許された。教授方としては、男谷精一郎などが有名だが、柳生一族の名は見つからない。

Ⅴ 後継者たちの明暗

いた。

　江戸家老・広瀬小太夫以下の江戸詰め藩士は、歴代受けた徳川家の恩顧を強く感じていたが、一方、国詰め藩士は、京都に近く世相にも敏感で、朝廷側に傾斜していたのである。

　この国詰め側の代表が、国家老・小山田三郎助であり、その父・**小山田主鈴***3 ともども、朝廷派であった。

　主鈴は、もともと中間の身分から国家老まで累進した人物で、江戸詰め藩士たちは、国許での小山田家の専横ぶりを、日頃から苦々しく思っていた節がある。

　京都に近い柳生藩の領地は、朝廷取り上げの風聞もあり、柳生13代目当主・俊益は、江戸詰め藩士を率い、急遽、海路にて帰国の途に着いた。

　その船中、小太夫以下の藩士は小山田征伐の連判状を認める。

　そしてその冒頭には、「紫縮緬を用いん」の文字を明記したのである。「紫縮緬」とは、柳生藩の武士たちが、刀身の血糊を拭うために刀の鍔につけている布のことで、国許の逆臣たち（小山田一派）を成敗しよう、という誓約であった。

　その動きを察知した小山田等の国詰め藩士たちは、江戸詰め藩士の勢力を分断し、数名ずつを捕縛しては村内の牢屋に放り込んだ。最後には、広瀬小太夫父子を取り囲んで縄にかけ、ついに江戸詰め藩士全員を監禁したのである。

　彼らの裁断には連判状が証拠として提出されたが、その文面は「柳生俊益に紫縮緬を用いん」と変わっていた。数日後、俊益の名で、小太夫以下9名に切腹、15名に永牢の申し渡しがあり、幕府側だった江戸詰め派は壊滅する。代々将軍家恩顧の柳生家も、時代の流れには逆らえず、勤王派を標榜するに至ったのだ。

　かくして柳生藩は、1869（明治2）年には朝廷に対して藩籍奉還を行い、その2年後に廃藩置県を迎えるのである。

Ⅴ　後継者たちの明暗

---

*3　**小山田主鈴**（1781〜1846）：柳生藩上席家老、知行2百石。草履ばきのまま就寝した、というほどの活動家で、堂島に出入りし米相場で財を成した。三郎助は、その養子。主鈴の屋敷は、芳徳寺向かいの高台にあり、現在「旧柳生藩家老屋敷」として一般に公開されている（35ページ参照）。

[江戸幕府将軍表]

代	氏名	在職年代	期間
1	徳川家康	1603年（慶長8）2月～	約2年2ヶ月
2	徳川秀忠	1605年（慶長10）4月～	約18年3ヶ月
3	徳川家光	1623年（元和9）7月～	約27年9ヶ月
4	徳川家綱	1651年（慶安4）8月～	約28年3ヶ月
5	徳川綱吉	1680年（延宝8）8月～	約28年5ヶ月
6	徳川家宣	1709年（宝永6）5月～	約3年5ヶ月
7	徳川家継	1713年（正徳3）4月～	約3年6ヶ月
8	徳川吉宗	1716年（享保1）8月～	約29年1ヶ月
9	徳川家重	1745年（延享2）11月～	約14年6ヶ月
10	徳川家治	1760年（宝暦10）9月～	約26年
11	徳川家斉	1787年（天明7）4月～	約50年
12	徳川家慶	1837年（天保8）4月～	約16年2ヶ月
13	徳川家定	1853年（嘉永6）10月～	約4年9ヶ月
14	徳川家茂	1858年（安政5）12月～	約7年8ヶ月
15	徳川慶喜	1866年（慶応2）12月～	約10ヶ月

Ⅴ 後継者たちの明暗

Ⅵ 尾張柳生の祖・柳生利厳

西暦	和暦	柳生一族の主な出来事（☆＝主要一般事項）
1579	天正7	利厳、誕生（〜1650）
1603	慶長8	利厳、加藤清正に仕官。☆徳川秀忠、2代将軍に就任
1605	慶長10	利厳、祖父・宗厳より伝授
1607	慶長12	☆家康、御三家を創設
1615	元和1	利厳、徳川義直（尾張藩）へ仕官。長男・清厳、誕生（〜38）☆大坂夏の陣
1616	元和2	利厳の父・厳勝、逝去
1620	元和6	利厳、義直に伝授。2男・利方、誕生（〜87）
1625	寛永2	利厳の3男・厳包（連也斎）、誕生（〜94）
1638	寛永15	☆島原の乱。清厳、戦死
1648	慶安1	利厳、隠居（如雲斎）
1650	慶安3	利厳、逝去。☆義直、逝去

1 祖父・石舟斎宗厳からの相伝

武具携行の取り締まり強化

尾張柳生の話の前に、知られざる江戸時代について述べておきたい。

徳川幕府の採った約200年におよぶ鎖国（1639〜1853）は、幕府権力の維持の政策であり、そのことが国内に泰平の世をもたらし、また武芸においても質的な変化をもたらした。

鉄砲はもとより、槍などの合戦用の武器携行が規制を受けたのである。たとえば江戸城内では、将軍・御三家（尾張、紀州、水戸藩）以外は太刀携帯を認められず、脇差のみと制限された。

おそらく各藩も所領地内では、同様の措置を採ったと思われる。

平和とはそういうもので、現在の日本でも日常武器の携行を認められるのは、警官だけでしかも非常時用のピストル（拳銃）のみである。警官が軽機関銃などを所持して警戒にあたっていれば、それは政治テロ、暴動などの可能性がある戒厳令国家となってしまう。

つまり平和時の到来（1615年以降の元和偃武）とともに、江戸時代の武士は、刀よりも優れた戦闘能力がある武具—鉄砲、弓矢、槍、長刀—の携行は制約されていたわけだ。

そして、その制約は必然的に刀だけで優劣を競う形、**剣術の隆盛**へと結びついていく。このトレンドこそが、介者剣術から素肌剣術への移行の背景にある。

さらにいえば、勝てばいいはずなのに「飛び道具は卑怯なり」という奇妙な考え方が生まれ、「剣を究める」といった、さながら禅の世界のような剣の境地志向も芽生えてくる。これらの現象はすべて剣術だけが許された世界、すなわち＜平和＞の裏返しの発想といっていい。

柳生の凄みとは、この環境変化を的確に把握し、かつ見事に適応した結果、一族・門人がこぞって将軍家・各藩主の剣術指南となったこと、尾張柳生でいえば家元制度を確立したことで、いわば剣術界というヒエラルキーの頂点に立ったことにあるのだ。

そのことは、将軍・大名といった施政者の目的—平和路線の展開、権力体

Ⅵ 尾張柳生の祖・柳生利厳

制の維持―に最も合致していたのが柳生新陰流だった、ことを意味する。

⓫殺人が最も少なかった江戸時代

　多少視点を変えて、大名統制のために徳川幕府が制定した『**武家諸法度**』を見てみよう。

　最初に2代将軍・徳川秀忠が1615（元和元）年に13条を定め、次いで1635（寛永12）年に3代将軍・家光が19条にバージョンアップした「基本法」であり、寛永版では参勤交代の制度化、居城補修の制限・新築の禁止、大名婚姻の許可制などがよく知られている。

　だが、より注意すべきは次の2点である。

　まず第1条の大名の心得。元和版では「**文武弓馬の道、専ら相嗜む事**」*¹ と記されるが、20年後の寛永版では弓馬の文字が消えて「文武忠孝を励まし、礼儀を正すべき事」と内容がかなり変わっている。

　ちなみに秀忠が『武家諸法度』を制定したのは、ちょうど大坂夏の陣で豊臣家が滅亡した年にあたる。戦乱状態の中で起草された。その事実だけでも、文武弓馬の奨励の理由は理解いただけると思う。

　ここで上記の変化―弓馬の削除―を言い換えれば、戦時体制から幕藩体制への移行ということになる。

　もうひとつは第4条の「**叛逆人、殺害人の追放**」である。幕府は国々の大名などに対して召抱えた士卒に反逆人、殺害人がいれば速やかな国外退去を命じ、「法度に背く者は国内に隠し置いてはいけない」と大名に徹底した法令遵守（コンプライアンス）を求めた。ここでいう国とは、藩領の意味である。

　武具の統制は、すでに豊臣政権下では**刀狩り***² が実施され、農民の持つ刀は没収されていた。これは武士の安定的支配を実現するための措置だった。

　それをさらに徳川政権下では平和、秩序を守るために、武士の犯罪を禁止したのだ。これはとりもなおさず、武具携行の制限を意味するものであろう。

Ⅵ　尾張柳生の祖・柳生利厳

＊1　**文武弓馬の道**：『武家諸法度』第1条は「…弓馬はこれ、武家の要枢なり。兵を号して凶器となす。已むを得ずしてこれを用う。治まりて乱を忘れず。何ぞ修練を励まざらんや」とさらに続く。このフレーズこそ、柳生宗矩が『兵法家伝書』で「兵」（武具）を定義したことの前提にある。
＊2　**刀狩り**：兵農分離を推進するために、農民の武器所有を禁止して、領主が没収すること。1588年に豊臣秀吉が実施した天正の刀狩りは有名。

177

現在の時代劇などで培（つちか）われた常識――それは「武士は町人などに対して無礼打ち*3が許された」といった錯覚に過ぎないのだが――を離れれば、理由のいかんを問わず、殺害を企てた者、殺害者が厳罰に処せられること、はいまも江戸時代も変わりはない。むしろ、この基本法のために江戸時代が最も殺人が少なかったといわれている。

そして武士である以上、柳生一族もまた『武家諸法度』の精神で生き、過渡期のトレンドに対応したのである。

文武両道に優れた柳生宗矩（1571～1646）は、坂崎出羽守事件ひとつを取り上げても忠実な法令の遵守者（じゅんしゅしゃ）といえ、権威の象徴というべき**江戸柳生**の祖となった。元和版『武家諸法度』発令のときは45歳、寛永版は65歳。

その一方で、宗矩の甥にあたる柳生利厳（1579～1650）は後に尾張徳川家に仕え、**尾張柳生**の祖として祖父・石舟斎宗厳が志向した介者剣術から素肌剣術への移行を完成させたのである。元和版『武家諸法度』発令のときは37歳、寛永版は57歳。

⓫加藤清正に仕官した柳生利厳

柳生利厳（やぎゅうとしとし）の通称は**兵助**（ひょうすけ）、**兵庫助**（ひょうごのすけ）、**伊予守**（いよのかみ）。諱（いみな）は長慶、長厳、そして利厳とした。

ここでは表記を利厳に統一し、名前の読み方についても尾張柳生伝承のとおり、厳を「とし」と読むこととする。ただし、＜初名・長慶（ながよし）→改名・長厳＞のステップを踏まえれば、祖父・宗厳と同様に厳は「よし」と読んだ可能性は十分にある。

松永久秀が滅亡して2年後の1579（天正7）年、利厳は石舟斎宗厳の長男・厳勝の次男として柳生の庄に生まれた。母は伊賀国の守護・仁木（にっき）氏の一族の娘といわれるが、詳しいことは分からない。

また若いころの話も、叔父の宗矩と同様にほとんど残っていない。

ただ、1594（文禄3）年に宗矩が徳川家康に仕え、1597（慶長2）年に兄の久三郎が朝鮮で戦死したことを踏まえれば、柳生の地に残る利厳は必然的に柳生新陰流の後継者のひとりとみなされ、旅から戻った祖父・宗厳や

---

*3　**無礼打ち**：現在の米国の「銃」と同じで、江戸幕府は武士に対して「刀」の携行は認められている。と同時に、それを使って殺人を犯した場合は厳罰主義で臨んだ。それも「銃」の取扱いと同じである。

Ⅵ　尾張柳生の祖・柳生利厳

父・厳勝から武芸の教授を受けたものと思われる。

利厳が26歳のとき、1603（慶長8）年に肥後国（熊本県）の国主・**加藤清正**[*4]に仕えたという。清正は豊臣秀吉の縁戚にあたり、「賤ヶ岳の七本槍」で勇名を馳せた秀吉子飼いの武将だが、関が原の戦いでは徳川家康に味方し、肥後一国52万石を与えられていた。

この仕官については、かねてより人材を募集していた清正に対して、石田三成の重臣・**島左近**[*5]がプロモートしたと伝えられ、利厳は5百石の知行で召抱えられた。

その際、75歳に達していた石舟斎は、清正の使者に対して「利厳は短気なので、どのような不始末をしでかすかもしれないが、3度までは大目にみてほしい」と注文を付けたという。

またこの仕官のタイミングに合わせ、利厳—当時の表記は「柳生兵介　平長厳」—に新陰流の極意を伝授し、『新陰流兵法目録事』などとともに、極意口伝として次の和歌2首を与えた。

　　切り結ぶ刀の下ぞ地獄なれ　ただ切り込めよ神妙の剣
　　立ち向かうその目をすぐに緩むまじ　これぞまことの水月の影

前者は太刀で切り掛かる際の身体の座（軸）、後者は目付きと見切りの注意である（68ページ参照）。

だが、利厳は1年足らずで、百姓一揆にまつわる騒動を契機として、清正のもとを退転することになる。

肥後国内に百姓一揆（いっき）が起こり、その鎮圧を伊藤長門守が清正から命じられたが、らちがあかない。そこで改めて利厳に全権が委ねられたが、前任の伊藤との間に確執が生じる。

主命により、やむなく利厳は伊藤を斬り、その勢いで一揆の有力者20数名をも斬殺に処した。そして、利厳は騒動の顛末（てんまつ）を清正に報告後、残留を求める声を振り切り、肥後国を後にする。

Ⅵ　尾張柳生の祖・柳生利厳

---

*4　加藤清正（1562〜1611）：豊臣秀吉の縁戚にあたり、若くして秀吉に仕え、特に「文禄・慶長の役」で殊勲を挙げた。後に熊本藩主となったが、最後まで豊臣家の恩顧を忘れなかったという。後に神格化され、「清正公」として祀られた。
*5　島左近：大和国の国人で筒井家、豊臣秀長、そして最後に石田三成に仕え、関が原の合戦で戦死した。ただし、首級がなかったことから生存説もある。同郷の柳生宗厳とは、親しい関係にあったようだ。

経緯は上記のとおりとされるが、主君への「忠義」という思想が確立するのはもう少し先のことで、当時は有名な前田慶次郎[*5]を初めとする多くの剛勇の武士が主家を**退転**している。

また、尾張柳生家以外にこの事件を伝える史料は残っていない。そもそも加藤家が２代・忠広[*6]のときに、徳川家光の弟・忠長の改易（かいえき）事件に連座して断絶したために、後世に史料そのものが伝えられていないのだ。

柳生石舟斎からの新陰流相伝

加藤家を去った利厳は兵法修行のため諸国を回ったという。

回国修行というと剣豪・宮本武蔵（1584～1645）がイメージされる。武蔵は利厳より５歳年少だが、ほとんど同時代を生きたといっていい人物だ。

その『五輪書』にいわく、「国々所々に至り、諸流の兵法者に行き逢い、六十余度まで勝負すといえども、一度もその利を失わず（負けなかった）」。

おそらく利厳の修行も同様のものだったのであろう。

1604（慶長９）年、その旅先で利厳は祖父・石舟斎からの書状を手にする。そこに記されていたのは、**新陰流**相伝の印可であり、翌年になって柳生の庄に戻った利厳は、改めて石舟斎（76歳）より秘伝『没滋味口伝手段書』（もつじみくでんしゅだんしょ）を授けられる。

　生年七十七歳六月吉日　今日まで子供、一類に一人も、相伝これ無き也。

と、その奥書には書かれているが、この書式は重み・権威付けであると同時に秘伝漏洩を防止する手段であり、三好一族に伝授された印可にも同様の趣旨が記載されているのは、前述のとおりだ。

ただ、このように何回かにおよぶ宗厳からの伝授を経て、新陰流の奥義が利厳に伝わったことは間違いない。

しかし、それをもって尾張柳生がいう「新陰流正統３代目が利厳に一子相

Ⅵ　尾張柳生の祖・柳生利厳

[*5]　**前田慶次郎**（生没年不詳）：「加賀百万石」の前田利家の兄の養子。利家に仕えたが、牢人して上杉景勝に仕えた。その後、再び禄を離れ、「かぶき者」の名をほしいままにした、と伝えられる。
[*6]　**加藤忠広**（1601～53）：清正の死とともに幼くして家を継いだ。「加藤騒動」―家老が大坂の陣のときに豊臣家支援を計画―、徳川忠長との挙兵密約説などがあり、1632年に改易され、流罪となった。

伝された」、すなわち＜初代・上泉伊勢守秀綱→2代目・柳生石舟斎宗厳→3代目・柳生利厳＞という系譜を信じるには、いささかのためらいがある。

　まず宗厳は秀綱の有数の門人ではあるものの、「一国唯一人」とは大和国限定であり、しかも同国内で同時期に宝蔵院胤栄なども印可を受けている。

　さらに秀綱には諸国に数多くの門人がおり、あえて石舟斎を2代目とする必然性は感じられない。2代目というのなら、キャリア・実力からして、むしろ疋田文五郎の方がふさわしいかと思う。

　また、石舟斎もこれまで見てきたとおり、三好一族、金春七郎、長男・厳勝などにも印可を与え、当然のことながら宗矩にも与えたはずだ。宗矩の執筆した『兵法家伝書』そのものが、なによりの証拠である。

　要するに伝授ジャンルは「義理、人情、金、熱心（執念）」免許の複数名になされているわけである。

　それに対して「一子相伝」、「正統」とはひとりへの限定免許を意味するもので、利厳の時代に「果してそういう概念が存在したのか？」という疑問を覚えずにはいられない。

　剣の正統といった概念は、おそらくは江戸時代中期以降、剣術を含む芸道に家元制度の考えが導入されてからのものだと思う。

2 尾張柳生の誕生

ⓘ柳生利厳、修行の旅

　柳生利厳は石舟斎没後に再び修行の旅に出て、その期間は12年の長きにおよんだという。回国修行の目的は武芸の研鑽がメインだが、もうひとつの側面がある。

　それは、国々の地理・風俗、国主・城主の動静、士卒の強弱などを見聞し、兵法家としての見識を高めることにあった。

　慶長14年、利厳は紀伊国（和歌山県）の熊野山中で修行に励んだようで、ここで棒庵（ぼうあん）という老兵法家から、新当流の**槍・長刀**（なぎなた）の印可を受ける。

　ちなみに古代より熊野神社は有名で、新当流の使い手は「塚原卜伝―鹿島神宮、柳生石舟斎―春日大社」などのように、何らかの形で神社・神宮の所

在地と関係があることに気づく。すなわち、新当流とは神の啓示を受けた「神道流」なのである。

さて、現存する棒庵の印可の奥書には、利厳への伝授形態が「執念の人」と明記されており、彼が純粋に武芸を志す者だったことが分かる。

さらに留意すべきは、ここで利厳が目指した武芸がある程度イメージされることだ。

前述のとおり、石舟斎が編んだ柳生新陰流の剣とは、上泉秀綱直伝の新陰流に、新当流の工夫をアレンジしたものだった。利厳はその剣の極意を伝授されたのは間違いないものの、その他のジャンル―槍・長刀―は伝授されなかった可能性が高い。

だからこそ、かつて祖父・石舟斎が学んだ新当流で、利厳自身もまた研鑽に励んだのであろう。

いまだ戦乱の余燼（よじん）がさめやらず、いつ合戦があっても不思議ではない時代にあって、利厳は剣だけにこだわらない広義の武芸を志向したのだ。言い換えれば、剣だけが望まれた時代環境ではなかった、ということになる。

なお利厳の槍術は、後に尾張藩主・徳川義直と長男・清厳（きよとし）に伝授されている。

さて、やがて京都に出た利厳は、妙心寺の禅僧・海山珠（かいざんじゅ）和尚（おしょう）に師事して、その後は柳生の庄に戻ったようだ。

そのころ柳生の地は、関が原の戦いで功績があった叔父・宗矩の所領となっており、その経済的基盤の中で養われていたのであろう。この地で、清厳も誕生している。

その後、利厳が1615（元和元）年に生涯の主君となる徳川義直（16歳）に仕えるまでの動向は、よく分かっていない。

御三家筆頭・尾張徳川家

ここで尾張柳生と密接な関係が生じる徳川義直について、触れておきたい。家康の子供で、後の**御三家**[*1]筆頭の尾張藩62万石の祖である。

実際に御三家という言葉が使われ始めたのは5代将軍・綱吉の時代なのだが、ここでは便宜上、御三家で統一したい。

御三家とは、次の藩を指す。

①**尾張藩**（62万石）…家康9男・義直を藩祖とし、代々、従2位権大納言

Ⅵ 尾張柳生の祖・柳生利厳

（亜相）に任ぜられた。江戸城・大広間上の間詰め。
②**紀州藩**（55.5万石）…家康10男・頼宣を藩祖とし、代々、従2位権大納言（亜相）に任ぜられた。江戸城・大広間上の間詰め。
③**水戸藩**（28万石）…家康11男・頼房を藩祖とし、代々、従3位権中納言（黄門）に任ぜられた。江戸城・大広間上の間詰め。

　1603（慶長8）年に征夷大将軍に就任し江戸幕府を開いた家康は、2年後には将軍職を秀忠に譲り、駿府（静岡市）において大御所政治を行ったことはよく知られている。

　その家康が、1607（慶長12）年に御三家を創設した背景には、数多くの息子の中では2代将軍・秀忠と松平忠輝（越後高田城主70万石、後に改易）、それと幼少の9〜11男以外は、当時すでに全員が死亡していたためである。

　つまり将軍家の血筋を絶やさないこと─言い換えれば御三家は将軍継嗣の有資格者─が最大の目的なのだ。

　そして下記の系図からも分かるとおり、3代将軍・家光は年齢的には水戸頼房の1歳下と、形の上では叔父・甥の関係なのだが、実際の「義直以下の3兄弟と家光・忠長の5人」は、ほぼ年子のような関係にある点に注意しておきたい。

Ⅵ　尾張柳生の祖・柳生利厳

[徳川家系図]
```
（徳川）家康①─┬─秀忠②（1579〜1632）─┬─家光③（1604〜51）
              │                          └─忠長（1606〜33）
              ├─義直（1600〜50）［尾張藩］
              ├─頼宣（1602〜71）［紀州藩］
              └─頼房（1603〜61）［水戸藩］
```

将軍・家光の母の秘密

　じつは家光は**春日局**[*2]の子供だった、という説がある。その根拠は、以下に引用する『神君家康公御遺文』にある。

---

*1　**御三家の名前**：将軍・秀忠の名前は豊臣秀吉からの「秀」、祖父・松平広忠の「忠」にちなんだものだが、御三家の義直、頼宣、頼房のケースは清和源氏の通字「義、頼」による。たとえば、鎌倉幕府を開いた源頼朝の父は義朝であり、弟は義経である。このことからも家康の豊臣政権下での立場、「源氏の長者」として将軍となったときの自負が読み取れよう。
*2　**春日局**（1579〜1643）：名はお福。明智光秀の家臣・斎藤利三の娘で、稲葉正成の後妻となった。通説では家光の乳母になり、家光を深く愛した。弟・忠長誕生後、秀忠夫妻の寵愛が忠長に集まるとして、大御所・家康に訴え、家光の将軍位継承に尽力した。その功で一族は大名に取り立てられ、春日局は大奥で権勢を振るった。

秀忠公御嫡男	竹千代君	御腹	春日局	三世将軍家光公なり	左大臣。
同　御二男	国松君	御腹	御台所*3	駿河大納言忠長公なり	従二位。

　将軍職の後継ぎをめぐって、徳川家光と弟・忠長との間に争いがあったことは有名で、後に忠長は家光によって改易され、配流の地・高崎城で自刃を遂げることになる。
　が、騒動の最中に終始家光に味方し、駿府在住の家康に直訴までしたのが乳母・春日局だった、と通説ではいわれる。
　ところが、この史料では明確に家光の実母と記されている。となると、確執の原因は「わが子可愛さ」――家光＝側室の子、忠長＝正妻・江与の方の子――に求められ、通説よりもかなり説得力がある。
　しかも家光誕生時に春日局は25歳の若さで、さらに家光は、家康が春日局に産ませた最後の子で、家康が秀忠の養子（嫡子）にしたという説までもが存在する。もともと春日局とは固有名詞ではなく、足利将軍家代々の側室の名称なのだ。決してありえない話ではないように思われる。

[春日局＝家光・実母説]

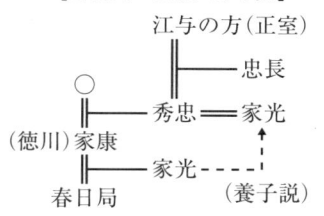

```
                江与の方（正室）
                  ‖――忠長
     ○――――――秀忠 ‖ 家光
   （徳川）家康      ‖
                     家光 - - →
     春日局               （養子説）
```

　また、よく江戸時代初期の２元政治――家康が駿府、秀忠が江戸――が行われたといわれるが、じつは家康は対外文書に記された日本国王*4 としての宗主権を依然保っていたからであり、秀忠は征夷大将軍という軍事権を委譲されたに過ぎなかった。将軍ではあるが、家康が生きているかぎりオフィシャルな政治の全権を握ることはできないのだ。

＊3　御台所：浅井長政と織田信長の妹・お市の方の3女で、名は江与の方（1573〜1626）。淀君はその姉にあたる。2度の結婚を経た後に、豊臣秀吉の養女として徳川秀忠と縁組し、家光、忠長、千姫、和子（東福門院）などを産んだ。

＊4　日本国王：足利義満が明に対して「日本国王　源道義」と名乗ったように、徳川家康は「日本国　源家康」を名乗った。対外的な「元首」の意味である。

家光が「生まれながらの将軍」といわれたのも、正確にいえば日本国王と征夷大将軍の両方を継承したことを意味している。
　ここで話を戻すと、義直以下の3兄弟は駿府の家康のもとで成長し、それぞれが幼くして大禄(たいろく)を与えられ、従二位権大納言などといった高い身分に列せられた。
　この位は尾張義直と紀伊頼宣とは同一だが、水戸頼房は下位の権中納言に留まった。ちなみに権中納言を中国の唐では「黄門」と形容したことから、2代水戸藩主・光圀(みつくに)を水戸黄門という。
　将軍家の世継ぎが絶えて継嗣問題が発生した際に、後継ぎが「尾張か、紀州か？」といわれるのもこのためである。
　なお現代から想像する以上に、この官位と席次—江戸城で詰める部屋—には重みがあり、加賀百万石と謳われた前田家でも最高位は正四位下参議、大広間下の間詰めであった。参議のことを唐名*5で宰相(さいしょう)と呼ぶことから、前田家は加賀宰相といわれた。

⑪「尾張藩兵術指南」柳生利厳

　柳生利厳が徳川義直に仕えた経緯について、『正傳・新陰流』では、家康が若年の義直に補佐として付けた家老・成瀬正成（犬山城主3万石）が、「禅」を通じてのネットワークで利厳を知り推挙した、という話が載せられている。その結果、利厳は5百石で召し抱えとなる。
　現在にたとえれば、御三家は新設の企業のイメージであり、相当程度の藩士を新規スカウトしたのであろう。
　ただし、御三家筆頭となる幼君（義直16歳）の立場を考えれば、お付き家老は将軍家に準じようとするのが自然であり、将軍家指南・柳生宗矩に紹介を依頼した可能性は十分にある。
　義直のもとには利厳以外にも、稲富一夢(いなどめいちむ)—砲術、石堂弥蔵—弓術、細野一雲—馬術、田辺八左衛門—槍術、梶原直景—小具足術・柔術、上泉秀信—居合術など、天下に錚々たる武芸者が集まった。
　江戸時代の武芸は**六術**—剣、槍、弓、馬、柔、砲—といわれるが、尾張藩

Ⅵ 尾張柳生の祖・柳生利厳

---

*5　**唐名**：唐の国での制度などの呼び方。黄門（中納言）などが知られる。特に江戸初期はブームだったようで、柳生但馬守も中国風に「柳但州」と書かれるケースもあった。

ではその全ジャンルがカバーされている。この六術に兵法を加え**七芸**というケースもある。

　上泉秀綱の表現（45ページ参照）を借りれば、「兵術＝六術、兵術＋兵法＝七芸」となるわけだが、それ以前から**兵術**と**兵法**とを混用したケースはかなり見受けられる。

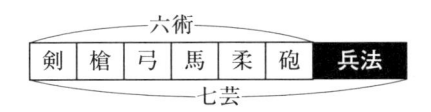

```
        ─── 六術 ───
    ┌─┬─┬─┬─┬─┬─┬────┐
    │剣│槍│弓│馬│柔│砲│ 兵法 │
    └─┴─┴─┴─┴─┴─┴────┘
        ─── 七芸 ───────
```

　したがっていくら「利厳は剣術、兵術、兵法指南のいずれか？」と突き詰めても、答えはハッキリしないのだが、おそらく軍師的な機能（兵法）は持たない「兵術のエキスパート」として、利厳は採用されたのであろう。

　あえて剣術と書かないのは、利厳は剣術オンリーとは言い難い面が存在するからなのだ。それは1620年（元和6）年、利厳は21歳となった義直へ新陰流の兵法および新当流の槍・長刀を伝授し、それを裏付けるかのように義直が利厳へ差し入れた起請文も残されている。

　現在のイメージとは異なるかもしれないが、記録に槍・長刀が登場する以上、厳密にいえば利厳の立場は**兵術指南**ということになる。

　その新陰流伝授に際して、利厳は自らの工夫を記した『始終不捨書』を義直に進上した。その序に次の一節がある。

　宗厳は70数歳になって、兵法微妙の妙道を私に伝えた。私もまた祖父の業(わざ)を継いで、兵法に心掛け、新陰の中から奥源の妙道を選択して一巻の書とした。（意訳）

　つまり利厳もまた祖父・石舟斎同様に、兵術を兵法と認識していたのである。

　そして尾張柳生家の子孫・柳生厳長の著『正傳・新陰流』では、この新陰流伝授をもって新陰流正統は3世・利厳から4世・義直に伝わったと記している（前提は1世・上泉秀綱、2世・柳生宗厳とする）。

　だが、当時は前述のとおり正統という概念に乏しく、まただれしもが「わずか修行5年で？」という素朴な疑問を覚えることは間違いない。たしかに義直は、5年前に利厳が仕官したときにも大坂夏の陣へ参戦しており、修行

Ⅵ 尾張柳生の祖・柳生利厳

にも熱心だったようだ。少し時代は下がるが、4代藩主・吉通の小姓を勤めた近松茂矩(しげのり)はその著『昔咄(むかしばなし)』で、次のような逸話を書き残している。

　源敬公（義直）が若いときは、毎日兵法や槍の稽古をされた。政務を行い、夕食の後は弓や馬の稽古をした。特に弓馬は上手で、武道を怠るということはなく、つねに出陣の用意をしていた。（意訳）

　そこから受ける義直の印象はまさに武将そのものであり、武芸のカバー範囲も広いが、六術の中でもウエイトが弓馬に置かれたことも明白である。これこそ『武家諸法度』の「文武弓馬の道を嗜(たしな)め」の実践であり、どうみても剣術だけに特化していたとは考えにくい。
　客観的にいえば、義直への新陰流の印可は伝授ジャンルの義理免許、かつて石舟斎が家康に与えたのと同様のものと考えるべきであろう。
　後の平和の時代に、剣術がメインになったからといって、その概念を物差として過去に遡及させると、主客が転倒してしまう。少なくとも義直の逸話は、そのことを証明している。少なくとも当時の剣術は弓馬・槍と同様に武芸のひとつであり、「オンリーワン」ではない。

３ 尾張柳生をめぐる伝説

⓫尾張柳生・江戸柳生、不和の原因

　尾張柳生と江戸柳生とは仲が悪かった、という話がある。
　その原因のひとつは、**財産相続問題**。先祖代々の柳生の本領を安堵された江戸柳生の祖・宗矩が、一族にそれを分けなかったからだという。これは尾張柳生サイドの説である。
　もうひとつは江戸柳生サイドの説で、利厳の**妹の再婚問題**に端を発する。その時期は定かではない。
　利厳の妹は初め伊賀国の地侍に嫁いだものの離縁となり、柳生を所領とする宗矩が一旦引き取った。そして宗矩は、妹を家臣・佐野主馬(しゅめ)と再婚させる。
　後に主馬は柳生の姓を賜り、柳生主馬として重臣となったが、どうやら宗

矩はその縁談を利厳に断ることなく、一存で運んでしまったという。この経緯を『神隠抄』という本では、次のように記している。

「両家に交際がないのには、次のような事情がある。宗矩は利厳の妹を柳生主馬に下されたが、そのことを後になって利厳に知らせた。

ところが利厳は『主馬は他国人で、しかも事前に相談がないのは心外だ』として、交際をしなくなった。

それ以降、宗矩が但馬守に任官し、大名に出世したことを利厳に連絡しても『賀詞（祝いの言葉を述べること）には伺わない』という回答だった」

文中の他国人とは、『玉栄拾遺』に記載された「主馬は朝鮮国の種なり」を指す。なお主馬の墓は、柳生家の菩提寺・芳徳寺の「柳生家墓所」に柳生一族とともにある。

両説がともに剣といった内容ではなく、家庭内騒動の様子なのだが、いつしか両柳生家は不仲となってしまう。

むしろ、尾張柳生の方が江戸柳生に対してライバル心を燃やし続けた、と表現した方が適切かもしれない。そして次第に「柳生新陰流の正統は尾張にあり」という宗家・家元意識をより強固なものにしていく。

⑪宮本武蔵伝説と柳生利厳

また回国修行中の**宮本武蔵**が仕官を希望して、尾張藩・名古屋城下に来たという話も残っている。

こちらも時期が特定できないのだが、尾張藩の人材事情や藩主・徳川義直の武芸好きからして、ありえないことではない。

さらに尾張藩に、武蔵が創始した「円明二天流」が伝わった事実からすれば、彼が名古屋を訪れたことだけは間違いなさそうだ。

いまも武蔵という人物は「剣術の達人」として著名な存在だが、当時、兵法家（理論・学問）としても一流だった。

その著『**五輪書**』で武蔵は兵法の道に触れ、「大工の棟梁(とうりょう)も武家の統領も同じ事なり」と端的に記している。

「天下の治め方も、宮殿の建て方も、物差を用いて寸法を図り、図面を引き、人材を活用して作りあげていくのは同じことだ」というのが骨子で、この一例だけを取り上げても、武蔵が物事の本質を見抜き、かつ平易に表現した有数の人物ということが理解できよう。

Ⅵ 尾張柳生の祖・柳生利厳

当時、このような視点で論旨を展開できたのは武蔵と、江戸柳生の宗矩をおいてほかにない。いまもなお『五輪書』と『兵法家伝書』がともに岩波文庫に収録され、愛読される由縁である。
　すなわち、武蔵には「一介の武芸者ではない」という自負があり、「兵法家、さらにいえば政治家として用いられたい」という欲求が強かった。彼なりの**立身出世意欲**である。
　しかし、結果として武蔵はどの藩にも仕えることができず、その思いは生涯叶うことはなかった。立身出世に見離され、世渡りが下手だった、といっていい。その意味では、武蔵もまた石舟斎と同じ悲運の兵法家である。
　ここで名古屋滞在時の武蔵の逸話・伝説を挙げておきたい。そのいずれもが、利厳に絡む話である。

①滞在中の武蔵が、外出時にひとりの武士と出会う。武蔵は「これだけ活きた人物は、柳生兵庫（利厳）をおいてほかになし」と、供の者にいった。一方の利厳も、一目で相手を武蔵と見抜いた。
②名古屋城の義直に招かれ、武蔵は尾張藩士と試合を行い圧勝した。義直は召抱えようとしたが、試合を見ていた利厳は、武蔵の剣の凄まじさを懸念して、「不採用」と意見具申した。その結果、武蔵の仕官の道は閉ざされてしまい、武蔵は「おのれ、柳生！」と叫んだ。
③設定はほぼ上記の②と同様だが、不採用となった武蔵は「それならば試合をせずに、初めから柳生門下に入り、仕官を望めばよかった。無分別で、兵法を使いそこなった」といって、名古屋を去った。

　多少、③に兵法家・武蔵らしい側面が窺えるが、功利主義すぎて次元の高い内容ではなく、いずれもが講談本の類いの話であろう。また利厳との出会い自体も、事実かどうかは分からない。

Ⅵ　尾張柳生の祖・柳生利厳

[宮本武蔵と柳生宗矩・利厳の生涯]

宮本武蔵	1584 生誕	1600 関ヶ原の合戦	1214〜15 大坂の陣／厳流島の対決	37 島原の乱	45 『五輪書』完成	62歳没
柳生宗矩	1571 生誕	1600 関ヶ原の合戦	14〜15 大坂の陣	29 任官 32 『兵法家伝書』完成 36 大名	46	76歳没
柳生利厳	1579 生誕	1603 加藤家仕官	15 尾張藩仕官		48 隠居 50	72歳没

VI 尾張柳生の祖・柳生利厳

⑪ 尾張藩主・徳川義直の「野望」

柳生利厳の主君・義直は武芸以外でも学問の研鑽に励み、当時としてはかなり過激な**勤皇思想**の持ち主だった。その考え方は代々の藩主に受け継がれ、4代・吉通は次のように説明している。

> 天下の武士は皆、公方（将軍）を主君として崇めているが、じつはそうではない。大名、譜代も御三家もすべて公方の家来ではない。自分が従三位中納言源朝臣（みなもとのあそん）と称しているからには、朝廷の家臣なのだ。（意訳）
>
> （『円覚院様御伝十五箇条』）

この勤皇思想—天皇崇敬（すうけい）—は、後に御三家・水戸光圀へと引継がれ「水戸学」としてまとめられ、南朝正統論などで知られる『大日本史』が編纂（へんさん）される。ついでにいえば、時代劇で知られる「水戸黄門」の助さん・格さんも、実際はその編纂要員である。

さらに幕末に至って、過激な水戸勤皇思想となり、尊王攘夷運動の理論的な根拠となっていく。その原点はじつに義直にあった。

そして義直自身の行動もまた、幕府を刺激するところ大だった。

1631（寛永8）年、2代将軍・秀忠が重病と聞いた義直は、紀伊頼宣とともに江戸に行こうとして、途中で帰国を命じられている。

その事件の翌年に秀忠が逝去し、家光が3代将軍に就任する。

ここで再び、義直は幕府を震撼（しんかん）させるような事件を起こす。なんと今度は

家光が大病を患ったときに、義直は江戸に向かったのだ。江戸に入る手前で幕府・老中が面会したところ、義直は次のように答えたという。

「大樹（将軍）が他界された、と名古屋で聞いた。大樹には御子（4代将軍・家綱が誕生する前の話）がなく、兄弟の中で私が兄だから、名代として江戸城を守り天下を他家に渡さないためだ」

兄弟の読み方次第では、家光＝家康末子説の傍証のような内容であり、義直を家光の兄とした方が、その行動自体も大義名分が立ち、より理解しやすい。義直の没後になるが、紀伊頼宣[*1]が由比正雪の企てた幕府転覆事件「慶安の変」の黒幕だった、といわれるのも、頼宣もまた同じ思いを抱いていたからかもしれない。

当然のことながら義直の江戸入りは許されず、短期間のうちに2回も「本家（将軍家）継承の意思あり」をアピールした義直は、幕府サイドからは完全な危険人物と見なされてしまう。

幕府内部に根付いた**尾張嫌い**。

それは、後に7代将軍・家継の没後に後継者問題が発生し、尾張藩主・宗春と紀州藩主・吉宗が争ったときに、最終的に徳川吉宗[*2]が8代将軍を相続した事件にまで影響したという。徳川15代の中で、尾張藩だけが将軍を輩出しえなかった。

このような家康の血筋を引く将軍家と尾張藩との確執、端的にいえば義直の挫折は、「南北朝」の対立構造を微妙にイメージさせる。

最終的に三種の神器—天皇の位の印として代々相伝された3つの宝—を南朝から獲得して天皇家を継いだ北朝＝将軍家、悲運のままに終わった南朝＝尾張藩という図式イメージである。

この将軍家対尾張藩の対立構造は、ストレートに家臣である**柳生一族**（将軍家＝江戸柳生、尾張藩＝尾張柳生）にも投影される。しかも将軍からすれば、江戸柳生は**直臣**、尾張柳生は**陪臣**—家来の家来—という身分上の格差も存在していた。

両柳生家不和の要因を、家庭内争議の次元だけで捉えるよりも、主君の確

VI 尾張柳生の祖・柳生利厳

[*1] **紀伊頼宣**（1602〜71）：徳川家康の10男で、紀州藩の祖・徳川頼宣。妻は加藤清正の女。おくり名は南竜公。切腹した由比正雪の荷物の中から、頼宣が印章を押した書類が発見されたことが「黒幕説」の根拠。だが、「それは偽物」で押し通したという。

[*2] **徳川吉宗**（1684〜1751）：紀州藩主・光貞の3男ながら、兄の死亡に伴い紀州藩主となり、さらに将軍家の跡も継いだ。享保の改革を行い、徳川中興の祖といわれる。

執構造にリンクした図式、身分の違いも視野に入れるべきであろう。

⑪柳生如雲斎・利厳の最期

　徳川義直が「賭け」に出たころの柳生利厳の動向は、定かではない。全体にあまり事績が、伝わっていない人物なのである。
　ただし、死ぬ前の話は記録に残されている。
　利厳は京都の妙心寺・海山珠和尚の指導を受けた後は、同じく霊峰和尚に師事して禅を学び、親交は終生続いた。この霊峰和尚は、柳生宗矩とともに将軍家剣術指南となった一刀流・小野次郎右衛門忠明の甥にあたる人物という。
　1648（慶安元）年に、77歳となった利厳は隠居して**如雲斎**と号し、妙心寺内に草庵—草ぶきの庵—を建て京都に移り住んだ。主君・義直が江戸で死ぬ2年前のことである。
　『霊峰和尚語録』には「柳生利厳は、ところを西南の隅として庵を始め、自ら柳庵と名付けた」と記されており、利厳自身も柳庵での隠遁生活を象徴するような歌を残している。

　春は花夏は泉に秋は月　冬の雪をば友とこそすれ

　尾張柳生家の家紋は、**地楡**紋といい、柳生家独自の紋だ。地楡とはバラ科の植物で、初秋に赤い花を咲かせる秋の七草のひとつである。そのためか如雲斎は四季の花々を愛する気持が強く、『霊峰和尚語録』ではその様子を次のように描写している。

　この公は生涯千草万木（あらゆる植物）を愛し、いつも銅製の瓶に水を貯え、花を盛って左右に置いている。

　また如雲斎は、夏には花をいけて仏に供えることを日課とした、という。
　祖父・石舟斎と容貌、体形もよく似ていたと伝えられる如雲斎は、上記の和歌に見られる平易な表現もまた祖父から受け継いでいたようだ。
　そして2年後の1650（慶安3）年、主君・義直が江戸で逝去した年に、如雲斎は77歳で京都に没した。

[尾張徳川家系図]

```
              ①      ②      ③     ④     ⑤     ⑥
(徳川)家康 ─ 義直 ─ 光友 ─ 綱誠 ┬ 吉通 ═ 継友 ═ 宗春 …
                              ├ 継友
                              └ 宗春
```

4 尾張柳生、その一族

柳生利厳の息子たち

　柳生利厳の兄弟は兄・久三郎は朝鮮で戦死し、弟・権右衛門は仙台藩・伊達家の指南として召抱えられたという。

　仙台藩は、かつて天下を狙ったといわれる伊達政宗を祖とする奥州の雄藩である。だが、権右衛門には後継者はいなかったようで、後に石舟斎宗厳と同国、同門だった狭川助信の子・新三郎助直が剣術指南となり、この「狭川派新陰流」が仙台藩では栄えた。狭川派は江戸柳生と親しく、仕官にあたっては柳生宗矩の推挙があった、という。

　ところで、柳生新陰流と同じく大和国を発祥とする能楽。その能役者たちも幕府・諸藩に仕えたが、じつはその分布が柳生新陰流とバランスがとられているような印象を受ける。一例を挙げてみよう。

①将軍家＝江戸柳生・宗矩、観世流

②尾張藩＝62万石、尾張柳生・利厳、金春流

③仙台藩＝62万石、柳生権右衛門（利厳の弟）、金春流（尾張の分家）

　これは尾張藩、仙台藩のひそやかな将軍家への対抗心、つまり「将軍お抱え」と同水準ながらも別のブランドを採用したいという結果なのかもしれない。

　さて、柳生利厳である。彼には3人の息子がいた。

　長男が**新左衛門清厳**、次男が**茂左衛門利方**、そして3男が**兵助厳包**、後に「尾張柳生最強」と謳われた**柳生連也斎**である。

　どうやら長男・次男は柳生の庄で生まれ、3男は名古屋で誕生したようだ。母の名は珠という。珠は関が原の戦いで有名な島左近の遺児で、利厳と出会ったのは京都、すなわち尾張藩へ仕官する以前の回国修行中の出来事と

Ⅵ 尾張柳生の祖・柳生利厳

伝えられる。

　この島家と柳生家とが、同じ大和国の土豪同士で親交があったのは確かだ。

　しかし、左近が柳生一族の仕官斡旋を一手に引き受けたり、利厳の場合は左近の娘を娶ったりと、いろいろな話が著名人・島左近に結びつけられ過ぎているような印象を受ける。ただし、真偽の確かめようはない。

⑪長男・清厳、「島原の乱」で戦死

　柳生清厳（1615〜38）は利厳が徳川義直に仕えた年に生まれ、後に義直の小姓として3百石取りになり、**島原の乱**（1637〜38）に出陣して24歳の若さで戦死している。

　島原の乱とは、肥前国（長崎県）島原城主・松倉家の圧政に耐えかねた農民と、肥後国（熊本県）天草地方のキリシタンがともに蜂起した幕府初期の最大級の一揆、反乱である。

　前述の『寛永版武家諸法度』の公布によって、各大名は参勤交代などの費用を賄う必要性が生じ、領民からの年貢・税取立てが一層厳しくなった。それが社会的な不安を呼んだことが、この一揆の背景にある。

　またキリシタンを弾圧した結果、**天草四郎時貞**（1621〜38）が原城に籠もり、一揆・キリシタン軍の首領となった。

　第Ⅲ章でも述べたので重複は避けるが、幕府は大名・板倉重昌を上使、旗本・石谷十蔵を副使として現地に派遣し、九州の諸大名――細川家＝熊本藩、鍋島家＝佐賀藩、小笠原家＝小倉藩など――を動員して鎮圧に乗り出した。

　ちなみに、「武士道というは、死ぬことと見付けたり」で知られる『**葉隠**』の山本常朝は佐賀藩士であり、その祖父・父が島原の乱に出陣している。そして葉隠とは「卑怯、怠惰への戒め」であり、木の葉や物陰に隠れて進まない武士を指す。

　だが、一揆の抵抗が激しく、1638（寛永15）年正月元旦に原城総攻撃を決行した板倉重昌は討死を遂げる。幕府軍総指揮官の戦死とはまさに前代未聞だが、彼が陣頭指揮に立つまでに追い込まれたのも、葉隠れする武士が多かったという実態の裏返しである。

　じつは、この幕府軍に柳生清厳が家来2人とともに参加していた。

　尾張藩自体は参戦しておらず、経緯は分からないが清厳は個人の立場で加わり、武功を挙げようとしたのであろう。これを「陣場借り」という。

Ⅵ　尾張柳生の祖・柳生利厳

「ひそかに父母の家を去りて遠く海西に赴く」。

利厳・清厳親子と親交があった霊峰和尚は、追悼文でそのように記している。

また清厳が総攻撃の前夜（大晦日）に父・利厳に宛てた「討死覚悟」とした遺書が残っている。その手紙は、清厳が死の直前まで振るった槍、遺髪とともに、家来のひとりが名古屋まで届けたものだ。

「拙者は27日に有馬（島原地方のこと、島原の旧領主は有馬家）に到着し、石谷十蔵殿を頼って松倉軍に加わりました。元旦の朝に原城に一番乗りし、討死します」

⑪江戸時代の武士の呼び方

この柳生清厳で注目すべきは、これまであまり触れなかった**通称・新左衛門**にある。

諱の通字——尾張柳生では「厳」——については前述したが、特に嫡男（後継）は通称もまた代々継承する傾向があった。

たとえば尾張徳川家では祖・義直の幼名・五郎太が、代々の藩主に引き継がれていった。そして跡を継げば、呼び名は官位・大納言（亜相）が用いられる。武士を実名で呼ぶことは失礼に当たることから、日常では諱は用いられずに通称が使用され、大名・旗本などで官位があれば、それが呼称となる。江戸柳生の宗矩でいえば、①任官前は又右衛門、②任官後は但馬守と呼ばれるわけだ。

だが、それでは「徳川五郎太」や「尾張大納言」や「柳生但馬守」が複数名存在することになりかねず、だれだかを特定できない。だから、史料・記録では諱ベースで義直、光友、宗矩と表示し、特定するのである。

時代劇などでは平気で諱を呼び捨てにするが、本当はありえない話。現在の会社組織を考えてもオフィシャルな場面は部長、課長と役職名で呼ぶ。名前を呼び捨てにするのは、レアケースであろう。

ついでに記せば、たとえば仙台藩・伊達政宗を呼ぶ場合は官位からは「仙台黄門」、また将軍家からは松平の姓を賜っているので「松平陸奥守」となる。

しかも伊達家は官位と領地が一致する「国持大名」だが、柳生但馬守の領地は大和国にあり、官位の但馬国（兵庫県）とはリンクしない。

Ⅵ 尾張柳生の祖・柳生利厳

195

というようにかなり複雑だが、諱のほかに武士は通称を持ち、大名は通称と官位の2つを持つということになる。

ただ、これは当時でも複雑だったようで、300におよぶ大名家を整理した『**武鑑**』——武家名鑑の意味——が作られ、姓名、官位、家紋、系譜、居城などが一目で分かるように工夫された。

幕末に桜田門外で水戸浪士が井伊掃部守直弼を暗殺したときも、行列の紋所を確認するために浪士は『武鑑』を携えていたという。この『武鑑』は現在の『会社四季報』のイメージに近い。

⓫「柳生新左衛門」は嫡子の通称

ここで柳生家の**通称**の推移を見ると、まず先祖に新六郎光家が存在し、尾張柳生の系譜を見れば＜宗厳は新次郎・新介・新左衛門→嫡男・厳勝は新次郎→（利厳は兵助・茂左衛門・兵庫助）→清厳は新左衛門＞となる。

利厳の通称だけに「新」の字が見られないが、じつは彼の叔父・宗矩が一時期、通称が新左衛門（後に又右衛門）だったことがあるのだ。

これらの事実からすれば、柳生家では「**新**」を通称に付けることが嫡子、一族の惣領の証だった可能性が高い。

しかも清厳の通称・**新左衛門**は、柳生家の実質的な祖というべき曽祖父・宗厳、大名家となった宗矩の名乗りとまったく同一なのだ。これは清厳こそが柳生一族の期待を担う嫡子、ということを意味している。

現在でもそういった名残は、歌舞伎の世界に垣間見ることができる。たとえば市川新之助が父・団十郎の前名・海老蔵を襲名したケースでいえば、彼が将来は団十郎の大名跡を継ぐことが前提にある。

市川家の役者（成田屋一門）のだれでもが海老蔵襲名をできるわけではない。嫡子のみが名乗る資格を有しているのだ。このように名前とは、現在で考える以上に大きなものといえる。

柳生の庄に生まれた清厳に「新左衛門」と、厳勝と利厳のいずれが名付けたのかは分からないが、ことは宗矩の了解なしにはスムーズに運ばなかったはずだ。

というのも、宗矩は一族の出世頭にして柳生の領主、さらにはかつて新左衛門を名乗っていた身なのだ。しかも通称の名乗りで、一族の惣領は明示されるに等しい。一族を挙げての重要決議事項である。

Ⅵ 尾張柳生の祖・柳生利厳

ちなみに江戸柳生の宗冬は父・宗矩の通称・又右衛門から「又」が取られ、又十郎といった。またその子・宗在の通称は又右衛門である。

通称に隠された秘密

　では柳生一族の中で嫡流について、どのような経緯(いきさつ)があったのだろうか？　以下、推測を交えて述べてみたい。

　まず宗厳の後の惣領は長男・厳勝とされたが、不具者となったために惣領には5男・宗矩がなったと思われる。困窮した宗厳の遺言書めいた手紙に登場するのも、じつは宗矩だけである。

　そして1615（元和元）年、この年には①宗矩は将軍家旗本として大坂夏の陣に参戦、②利厳は徳川義直に仕官、③利厳の長男・清厳が誕生、と柳生一族にとって大きな出来事が重なった。

　そのときに宗矩はすでに、自らは仕官して別家を立てたという認識を有しており、利厳の仕官をきっかけとして清厳に新左衛門を継がせ、改めて嫡流であることを明確にしたのではなかろうか？

　この関係からさらに憶測(たくま)しくすれば、宗矩と利厳との間には少なくとも不和が存在した、とは思えない。先に宗矩が利厳の尾張藩仕官を斡旋した可能性がある、と記したのもそのためである。逆にもし不和があったとすれば、宗矩が新左衛門という惣領名を清厳に名乗らせるはずがないからだ。

　この推論が、尾張柳生が主張する正統──「新陰流の一子相伝」──とは、まったく別の視点であることは理解いただけると思う。

　利厳の次男、3男はそれぞれ茂左衛門、兵助と、父の通称を受け継いだ。ともに尾張藩の剣術指南となったが、この2人の話は次章に回したい。

　なお島原の乱では、宮本武蔵も54歳の身で、養子の伊織とともに小倉藩主・小笠原忠真に属して原城攻めに出陣していた。そのとき伊織は戦功を挙げたが、逆に武蔵の方は城からの投石が足のすねに当たり、ケガを負ってしまったと伝えられる。

　ところが、そのことを後に訊ねられた武蔵は、『二天記』によると次のように答えたという。

　「私は終始藩主の側にいて、自らが手を下すことなく、攻撃策を論じていたのだ。……なにゆえに私が戦場での戦功を貪(むさぼ)る必要があるのか」

　やはり武蔵は兵法家としてのプライドを持っていたのである。

Ⅵ　尾張柳生の祖・柳生利厳

VII 尾張柳生最強・柳生連也斎

西暦	和暦	柳生一族の主な出来事（☆＝主要一般事項）
1620	元和6	利厳の2男・利方、誕生（〜87）
1625	寛永2	利厳の3男・厳包、誕生（〜94）
1638	寛永15	利厳の長男・清厳、島原の乱で戦死
1642	寛永19	徳川義直、厳包に伝授
1649	慶安2	利厳、厳包に伝授
1650	慶安3	利厳、逝去。☆義直、逝去
1651	慶安4	利方・厳包、慶安御前試合に出場。☆将軍・家光、逝去
1685	貞享2	厳包、隠居（連也斎）
1687	貞享4	利方、逝去
1694	元禄7	厳包、逝去

１ 若き日の連也斎厳包

⑪ﾄ「微妙な兵法指南役？」柳生利方

　柳生如雲斎利厳の次男を**茂左衛門利方**、３男を**兵助厳包**という。

　1620（元和６）年に名古屋で生まれた利方は、兄・清厳が戦死した1638（寛永15）年に江戸に赴き、尾張藩主・徳川義直の嫡男・**光友**の兵法指南を勤めた。利方は19歳、光友が14歳のときである。

　このことは兄の没後、利方が利厳の後継者と見なされたことを示し、翌々年に光友は利厳に対して、新陰流伝授の誓詞を入れた。父・義直と同様の手続きである。

　ロケーション的に光友は江戸、利厳は名古屋と距離があり、利方は父の代理人として出張稽古の役割を果たしたのである。

　光友（1625〜1700）は後の尾張藩・２代藩主。

　「身体はいかつく筋力がある。武技の達人で、弓や馬も上手だった」と記録されるように、義直と同様に武将を彷彿させる大名だ。この光友に尾張柳生の兄弟は仕えた。

　その後、1649（慶安２）年、利厳の隠居に伴い、利方（29歳）が柳生家の家督５百石を継いだが、兵法指南役は弟・厳包に譲り、自らは尾張藩の役職——寄合、目付、馬廻、鉄砲頭など——を歴任したという。

　そのようなキャリアからすれば、利方は馬術、砲術にも素養があった人物とも目されるが、詳しいことは分かっていない。

　役職が出たついでに記すと、じつは江戸時代に兵法指南、剣術師範といった役職が幕府や諸藩に存在したのか、どうかさえもハッキリしないのだ。

　『江戸時代役職事典』、『江戸時代奉行職事典』などの労作には、柳生宗矩が就任した総目付（大目付）、武具関係の幕府職制としては鉄砲方、御馬方、鉄砲玉薬奉行　弓矢槍奉行などが数多く記載されている。

　しかし不思議なことに、刀関係ではわずかに腰物奉行——将軍の佩刀や大名への下賜品の管理——くらいしか存在しないのだ。

　当時最も重視された江戸城内の席次、その詳細を定めた『殿中席書』には馬医や能役者までもが網羅されているにもかかわらず……なのである。

であれば、剣術を含む武芸指南とは幕府・藩（オフィシャル）のスタッフではなく、将軍・大名個人（プライベート）に属する位置づけの可能性があることを指摘しておきたい。柳生家と並ぶ将軍家剣術指南で知られる旗本・小野家の職制も、なぜか持弓頭なのである（170ページ参照）。

なお、幕府職制で「弓矢槍奉行」―ミッションは幕府の弓矢、槍の製造・管理・修理―や「鉄砲玉薬奉行」が存在することは、江戸時代に戦闘武具（弓・槍・鉄砲）が規制・一元管理されていたことの裏付けといっていい。

このように「利方が兵法指南を厳包に譲った」の一行だけでも、厳密に考えれば微妙なニュアンスを秘めている。

その利方も優れた使い手だったというが、「それでは、なぜ弟に譲ったのか？」も明らかではない。

さらに利厳はその死の前年、1649（慶安2）年に利方の立会いのもとで、厳包に新陰流を伝授相伝したとされる。このシチュエーションは一族内であり、これは伝授ジャンルでいえば「情」免許となる。

そして利方は1687（貞享4）年に68歳で逝去し、斎号は如流斎といった。なお、後に尾張柳生はこの利方の子・厳延の流れとなる。それは、厳包に子供がいなかったためだ。

⑩ 柳生厳包、口伝をメモに

柳生厳包は1625（寛永2）年、名古屋に生まれたが、母とともに育ったのは三河国（愛知県）御油の姉の嫁ぎ先だったという。有名な**連也斎**は後年の斎号である。

名前も最初は母・珠（島左近の娘）の生家にちなんで、島新六と称したようだ。そのことから厳包は兄の清厳・利方とは異腹、つまり母が異なるのではないか、といわれる。

しかし、清厳の遺書には「茂左（利方）、新六（厳包）は母をよろしく頼む」の一節があり、利方が一時期「島如流」を名乗ったことから、同腹の兄弟と思われる。

通称は**七郎兵衛**または**兵助**といい、10数歳で名古屋に戻り、父・利厳のもとで修行した。彼が「父祖に劣らぬ兵法を与え給え」と熱田神宮に祈願したのもそのころであろう。

その厳包が13歳のころに、父・利厳から習った新陰流の口伝を書き留めた

手帳、いわばメモが『御秘書』として尾張柳生家に伝わっている。その中の「九箇」──9つの習い──から、ひとつ引用したい。

十太刀
本云　これは車の構えなり。切り合いの内より構え掛けてよし……。
厳曰　宗厳は切り合わずに、拍子を取りて車になるなり。

車とは下段右構えのことだが、それはさておいて注目すべきは、まず「本云う」として新陰流創始者の上泉秀綱・柳生宗厳の解説が簡潔に示され、次に「厳曰く」として利厳の補足説明がなされる教授法だ。じつに理論的な構成であり、しかも少年期のメモなのだ。

おそらく実技でも基本形が見せられ、その後に利厳の工夫が示されたのであろう。柳生新陰流の近代性は、このような宗厳以来の実技と理論との見事なコラボレーションにあるといって過言ではない。

そして政治的、社会的環境の変化に適応しうる優れた直系を輩出し、江戸柳生──宗矩・十兵衛三厳──、尾張柳生──利厳・厳包──といった一族が研鑽に励んだことは、奇跡に近いと思う。

将軍・家光の勘気を受け、故郷・柳生の庄に戻った十兵衛三厳は、その著『昔飛衛というものあり』で次のように記している。

「(兵法を)家とする道なれば、明け暮れ兵法の事を案じ……」。

厳包もまた同様であり、彼は父・利厳の高弟である**高田三之丞**からも指導を受けたという。

三之丞は、かつて利厳との試合に完敗したことから門弟になった経緯があり、後に尾張藩・家老を勤めた成瀬家に剣術指南として仕えた。

その剣の強さは、試合に際しての彼の掛け声、「お労しや」に集約されている。試合の相手に仕掛けざまに「お気の毒だ」といって勝ちを制すとは、腕前もさることながら、なかなかシニカルな性格の持ち主だったようだ。

⑪新陰流の伝授形態

1642（寛永19）年、厳包が18歳のときに江戸藩邸の藩主・徳川義直の招きを受け、柳生新陰流の伝授を受けたと伝えられる。

そのとき義直は厳包に30人もの藩士との立会いを命じたが、厳包が全勝

Ⅶ「尾張柳生」最強・柳生連也斎

し、江戸詰めとして40石の知行を賜った。また、世子・光友が立会いを命じた、という説もある。

これらの話の真偽は定かではないが、特に前者は尾張柳生のいう「正統は3世・柳生利厳から4世・徳川義直に伝わり、義直から5世・厳包に伝わった」とする話の整合性を保つための伏線かもしれない。

また、兄・利方も江戸で世子・光友の指南を勤めたのは前述したとおりだが、光友からの極意について質問を受けた際に、「弟のほうがよく修行しているので、厳包をお召しください」と推挙した、という話もある。

とすれば、厳包は若くして、一族はもとより藩主親子からも非常に嘱望されていた人物ということになる。

光友と厳包は同い年で、いつのタイミングかは分からないが、尾張藩士が記した『昔咄』に次の話が載せられている。

「瑞竜院様（光友）と連也斎（厳包）とはたびたび試合をしたが、後には互角だった。双方が竹刀を持って立会うと、連也斎のほうから『いやいや負けました。及びません』。また御前（光友）から『ならざるぞ（まだまだ）』ということもあった」

たしかに両者は互角の腕前だったのかもしれない。しかしこのエピソードには、権力者に「芸」で仕える者の生き方が垣間見ることができる。それは、祖・柳生石舟斎の言葉を借りれば「世渡り」、処世術である。

⑪死んでも奉公一筋、「殉死」

柳生厳包が、兄の立会いのもとで父から新陰流を伝授されるのは1649（慶安2）年、義直伝授から7年後のことである。

そして翌年には、父・利厳の死後まもなくして、藩主・義直が江戸で没する。その棺が名古屋に戻ったときの**殉死**にまつわる話が残っている。

殉死とは、主君が病没したときに家臣が後を追って自殺することで、「死後も奉公する」ことの意思表示といっていい。

戦乱に明け暮れた時代での主従は、所領・恩賞を媒介とするギブアンドテイクの関係だったのが、平和・泰平の時代の到来とともに主君への忠誠と滅私奉公が強調されるようになった。

というのも徳川幕府は、その精神的な存立基盤を絶対的なロイヤリティに求めたからだ。一種のマインドコントロール、といっていいかもしれない。

有名な『葉隠』にも「藩士は、藩主との懇親とか恩賞がなくとも、そもそも自らの存在が知られていなくても、主君のご恩が有難いことを骨髄に徹して感じ、涙を流して主君を大切に思うだけだ」(意訳) と無二の忠誠が記され、散り際の美しさ・潔さ—死の美学「武士道というは、死ぬことと見付けたり」、「花は桜木、人は武士」—へとつながっていく。

ただし、無私の奉公を求められた家臣サイドにも、本音でいえば打算と思惑が働いている。それは自らが殉死することが、子孫の繁栄—名誉の家柄・知行の保証—へとつながるからである。

徳川義直が死んだときも、10数名の殉死者を出した。そのひとりの介錯を厳包が命じられ、脇差で片手打ちした。それを見た尾張藩士は「妙術」と感嘆したという。この話が事実ならば、ことの本質は城中での太刀の携帯禁止、脇差のみが認められた環境下での妙技の発揮にある。

さらにいえば、殉死を通じても窺える**主従一体感**が強くなったことが、厳包の生きた時代の思想的な背景としてある。武芸の家も、藩士として藩主に仕え、その庇護なくしては存続しえないのである。

なお殉死は1663 (寛文3) 年に幕府が厳禁したことから一旦は途絶えるが、明治時代以降の軍人の精神論—武士道礼賛—によって、明治天皇崩御に伴い乃木希典が殉死を遂げたことはよく知られている。

このような江戸時代に端を発する忠誠、滅私奉公などを、仮に「日本教」というならば、それは藩が姿を変えたような現代企業の中でも、いまも様々な形で息づいている。

2 柳生連也斎の風変わりな後半生

❶上覧「慶安御前試合」の開催

柳生如雲斎利厳が没したのは1650 (慶安3) 年1月、この年の3月には江戸柳生の十兵衛三厳が大和国と山城国の境で急死を遂げている。

その年の暮れに3代将軍・**徳川家光**が病気に陥り、翌1651 (慶安4) 年の正月参賀も受けられない状態となった。

この事態に際して、京都の朝廷でも3月には家光の病気平癒の祈願を行っ

VII 「尾張柳生」最強・柳生連也斎

ているほどだ。そして家光は4月20日に48歳で、その生涯を閉じる。

その微妙な時期に、江戸城に一流の武芸者が召集され、**慶安御前試合**─将軍への上覧試合─が開催されたという。

試合と表現すると立合い─トーナメント方式─を連想しがちだが、幕府の正史『徳川実紀』によれば2月26日から4月14日までの2ヶ月弱の間に、20数名の武芸者が**剣術**、**抜刀術**、**槍術**の演武を行い、その型を披露している。

開催の趣旨は病中の家光への慰み、気を紛らわすためといわれ、家光の死の直前まで開催されたことになる。

その上覧への3月18日付けの参加命令が残っている。老中・松平伊豆守信綱などから、尾張藩家老・成瀬隼人正正成あての書状である。

「将軍がお慰みのため、柳生伊予（利厳）の子供の兵法を上覧されたい、といわれているので、当地（江戸）へ来るようにお達し願います」（意訳）

これによって柳生利方（32歳）・厳包（27歳）兄弟の参加が決まった。

⓫尾張柳生VS江戸柳生、幻の立合い

「慶安御前試合」への柳生新陰流からの出場者をピックアップすると、次のとおりである。

3月2日………柳生宗冬（江戸柳生、宗矩の3男、当時は旗本）
3月6日………木村助九郎（江戸柳生の高弟、紀州藩剣術指南）
4月5・6日…柳生茂左衛門利方、兵助厳包（尾張柳生）
4月14日………柳生宗冬、諸大名（江戸柳生の門人）

ここに期せずして、江戸と尾張に分かれた柳生一族が**将軍上覧演技**に参加することになったのだ。

『徳川実紀』では、尾張柳生の兄弟について次のように記している。

「4月5日　将軍は柳生茂左衛門（利方）、兵助（厳包）を御座所（居室）に召して撃剣の術をご覧になり、2人に時服と銀10枚ずつを与えられた。

4月6日　今日も2人を御座所に召して剣法をご覧になった」

しかも、この話は直ちに紀州藩主・徳川頼宣から尾張藩主・光友に伝わり、その書状も残されている。

「公方様（将軍）のご気色は良くなっているように聞いてはいますが、ご

Ⅶ　「尾張柳生」最強・柳生連也斎

老中が夜は詰めているそうです。昨日は柳生兵庫（利厳）の子供の兵法をご覧になられ、ご機嫌が良かったそうで、めでたく思っています」（意訳）

これからも柳生利厳の名が、将軍・家光、紀州頼宣などの貴人にも広く知られた存在だったことが分かる。

が、なによりも演武に対する家光の満足度が、かなり高かったのであろう。その様子が尾張藩士の書いた『昔咄』にも記されている。

「大獻院様（家光）が諸国の武芸者を召して上覧したときに、茂左衛門（利方）兄弟がともにお目見えし、武芸をご覧に入れたそうだ。この兄弟の燕飛は古今無類、面白いものだったそうだ」

尾張柳生に伝わる記録では、2人は「燕飛、三学、九箇」、続いて「小太刀、無刀」などの型を家光に披露したようだ。

だが尾張柳生の伝承では、さらにその場で家光から「**江戸柳生対尾張柳生の立合いを命じられた**」という話までもが登場する。この話は『徳川実紀』などには、一切記されていない。

具体的には柳生宗冬（39歳）と厳包（27歳）との木刀による試合である。

そのとき宗冬は定寸の木刀を持ち、一方の厳包は自ら公案した小太刀でもって対戦し、結果は小太刀が宗冬の右拳—親指の付け根—を打ち砕き、圧勝したとされる。

とはいうものの、この話はあまりにも尾張の強さ、換言すれば江戸柳生への反発を強調したものであり、さすがに信じ難い。

親指を砕かれたとされる宗冬自身が、約1週間後に剣術を上覧した事実を確認するだけで、すぐに分かるような虚構である。さらに、この事件を契機として尾張柳生は江戸柳生の恨みを買い、不和となったとするまことしやかな俗説もある。

ただ個人的には、59ページで触れた新陰流の戦法—徹底的に拳を攻撃—が、はからずもこの架空試合の中で活写されているのが興味深い。

じつは家光の時代、それ以前の1636（寛永13）年にも諸国の武芸者を集めて、家光の面前で**寛永御前試合**が開催されたという話がある。

こちらに集まったとされるメンバーが凄い。本書に関係するトーナメントをピックアップすれば次のとおり。

●荒木又右衛門（柳生新陰流）VS宮本武蔵（二天一流）
●丸目蔵人（タイ捨流）VS疋田文五郎（疋田陰流）
●柳生宗冬（柳生新陰流）VS由比正雪（楠木流軍学）

Ⅶ 「尾張柳生」最強・柳生連也斎

この試合は講談などを通じて知られ、幕末の勝海舟も実在説を唱えたが、『徳川実紀』に登場せず、現在では架空のものとされている。講談ネタだけに出場者の時代設定もかなりいい加減な面がある。
　ただ、架空の「寛永御前試合」の翌年には柳生清厳が戦死した「島原の乱」が起こり、利方・厳包が参加した実在の「慶安御前試合」のわずか3カ月後には、由比正雪や丸橋忠弥などの牢人が倒幕を企てた「慶安の変」が起こっている。
　つまり尾張柳生3兄弟（清厳、利方、厳包）の若き日々は、幕府の中央集権化が積極的に図られた時期で、その政策―「武家諸法度」による大名統制強化、大名の取り潰し―のために、百姓・庶民は年貢・租税負担が増加し、失業する武士―牢人―があふれた激動の時代でもあった。

⓫尾張柳生の完成者・厳包の剣

　この厳包が、尾張柳生の新陰流完成者といわれる要因は3つある。
　まず最初に、従来の個別の伝授法に普遍性を持たせ、多くの修行希望者に対する**教授法**を確立した点にある。
　つまり厳包は新陰流の原点に立ち戻り、「三学」「九箇」の太刀筋から指導したのだが、それは父からマスターした方法―「本云う、厳曰く」―だったに違いない。
　次に**転**である。これは特定の技を示すものではなく、概念と考えたほうがいい。くるりと回ることを回転というように、「転」には変化の意味がある。
　それを踏まえれば、たとえば石が山から転がるような自然体で、敵の動きに応じて自らも変化する。そういったニュアンスであり、厳包はその妙を小太刀で発揮したといわれる。
　3つ目は**武具の工夫**。柳生十兵衛三厳が「柳生杖」を開発したように、厳包も「柳生拵え」―目貫の位置が通常の刀と逆―、「柳生鍔」―丸型で透かしの入った鍔―を考案した。
　鍔とは刀剣の刃と柄の境に設けられたもので、目的は拳の保護にある。換言すれば、それだけ剣術では手が狙われることを意味している。
　時代劇で振り回すジュラルミン製の刀ならば、刃も減らないし鍔もシッカリ固定しているが、当時の冶金水準を考えれば、武具の重要性が自ずと理解いただけるかと思う。

⓫「生涯不淫」奇人・連也斎

　柳生厳包は、最初は修行のため、後には慎みのために女性と接することがなく、**生涯不淫**を通し続けたといわれる。

　「連也（厳包）は若いときに女性と二、三度接し、後には男色を少々行ったが、淫することはまれであった。だが、修行の邪魔になるとして不淫をモットーとして稽古に励んだ。上達した後は、慎みとして不淫だった」（意訳『昔咄』）

　藩主もその禁欲ぶりに柳生家の行く末を懸念して、妻を娶るように勧めたが、厳包は「もし性交した翌日に互角の兵法者と戦えば、私は勝てないだろう。負けは流儀の恥というより主君の恥になってしまう。天下は広い。自分より上手な者には勝てないが、下手な者には勝てる。自分と互角の者に勝つには、自らの不淫しかない」と語ったと伝えられる。

　その女性断ちはかなり徹底していた様子で、『霊峰和尚語録』でも記されている。

　「連也（厳包）は父の業を継ぎ、家名を落とさなかった。その剣術は真に妙を得ており、そのために嫡子ではなかったが、亜相（大納言）・光友卿は連也をその師とした。連也は生涯妻妾を娶らず、女性の使用人も用いなかった。衣類も女性が縫ったものは着ることがなく、母すらも部屋に入れなかった」

　その厳包が隠居したのは1685（貞享２）年のことで、髪を剃り**連也斎**と号した。また、城下の小林という場所に隠居所を設けたので、「小林和尚」とも呼ばれたようだ。

　その邸で連也斎は造園に凝り、その名木、名石で彩られた庭園は尾張隋一といわれた。藩主などもたびたび訪れたと伝えられる。また連也斎はことのほか牡丹を愛し、茶入れを焼かせ、鍔を愛し作らせたもしたという。

　じつに連也斎は、多彩な数奇者―趣味人―だったのである。当然のように子供がいない連也の後継者は、甥（兄・利方の子）の厳延がなり、新陰流の印可相伝は藩主・光友が1694（元禄７）年に厳延に対して行ったと伝えられる。このとき、連也斎は70歳。

　そして連也斎はこの年に逝去した。法名は「寒松院貞操連也居士」というが、法名にまで貞操―性的に純潔を保つこと―が書き込まれているのが、そのストイックさの証拠である。

　また連也斎の遺言により遺体は火葬にふされ、遺骨の灰は厳延などの手で

熱田神宮沖の海に流されたと伝えられる。したがって、墓がない。

現在であれば、さほど抵抗感なく理解される内容だが、江戸時代の将軍・大名は土葬が主であり、まして遺灰を海に撒くといった習慣は皆無に等しい。その意味で、時代の価値観からすれば、当時の言葉で「異人」、現在でいう**奇人**、その形容が連也斎にはふさわしい。

連也斎が死んだとき、時代もあの華麗にして華美な元禄期（1688〜1703）に入っていた。

そのころから芸道は大名の庇護のもとで、そのヒエラルキーを踏襲する形で、その伝統を保とうとし始める。武道、茶道など諸々の芸、すべてといって過言ではない。

具体的にいえば各流派との接点を持つことはなく、宗家の一子相伝、つまり血筋を重視する。そして宗家は師範の免許権・破門権、一門の統制権を掌握し、家元として君臨するのである。

芸の伝承も当然あるにはあるが、どうしても形骸化は否めず、次第に宗家のミッションはマネジメントとなっていく。

🈑 その後の尾張柳生

江戸柳生家は＜宗矩―宗冬―宗在―俊方＞と続き、宗在の代で将軍家剣術指南を外れ、俊方の代で直系の血筋も絶え、以後は養子を頻繁に迎えることで、大和国の大名家「柳生藩」として明治維新を迎える。

一方で尾張柳生家は歴代藩主の剣術指南として存続し、柳生新陰流宗家として現在に至っている。

尾張柳生の立場では新陰流の**正統**―伝授相伝―は次のようになる。

特徴は「何世」と表示することにある。これまで登場した人物の整理の意味を込めて改めて記したい。

流祖・上泉秀綱―第2世・柳生石舟斎宗厳―第3世・柳生兵庫助利厳―第4世・徳川義直（尾張藩主）―第5世・柳生連也斎厳包―第6世・徳川光友（尾張藩主）―第7世・徳川綱誠(つなのぶ)（尾張藩主）―第8世・柳生厳延―第9世・徳川吉通（尾張藩主）……

考え方として武芸に優れた藩主に対して相伝を行い、その藩主から尾張柳

生家の後継者が伝授される仕組みである。

　第10世以降も間隔が空くケースはあるものの、藩主と柳生家とが相互に正統を受け継いでいく。これは、藩主の庇護に対する見返り――義理免許――といっていい。

　もうひとつの概念を**道統**という。いわば血筋によって流儀を継承する形である。当然のことながら尾張柳生一族に限定され、これを「何代」と称している。こちらは「家元」といった方がわかりやすい。

　＜初代・柳生利厳―2代・利方―3代・厳包―4代・厳延……＞

　そして明治維新を迎えたのは、正統第19世・道統13代の柳生厳周(としちか)のときであった。

　この藩主を正統として迎える手法は、主従一体感を見事に活用したもので、フレーム化することによって尾張柳生の後継者は、処世の術としたのである。

Ⅶ　「尾張柳生」最強・柳生連也斎

VIII 柳生一族略伝

付録：武芸者列伝
　　　主要周辺人物略伝

柳生一族 1 「柳生新陰流」の始祖・石舟斎

柳生宗厳

やぎゅう・むねよし

DATA

生没年	1529（享禄2）年～1606（慶長11）年
享年	78歳
通称	新介・新左衛門・新次郎
妻	春桃御前
剣術	中条流、新当流、新陰流
著書	『兵法百首』『新陰流兵法目録事』
その他	《私称》：但馬守／《斎号》：石舟斎／《法名》：宗厳／《思想》：「殺人刀、活人剣」（剣は人を殺すためでなく、人を活かすものでなくてはならない）

◉石舟斎の名に込められた悲哀

　戦国群雄割拠の時代、青年期の柳生新左衛門宗厳は父・家厳とともに、大和国に覇を唱えた筒井順昭、松永弾正久秀などにしたがって国内を転戦し、殊勲を挙げた。

　1563年、宗厳が35歳のころ、新陰流の開祖・**上泉秀綱**が柳生の地を訪れた。以降宗厳は修行に励み、2年後には秀綱より「一国唯一人」の印可、さらには新陰流目録を伝授され、ここに**柳生新陰流**が誕生する。

その一方で久秀に属した宗厳は、1566年の戦闘では敵に拳を射られたりしている。また、1571年の戦闘では、久秀軍で出陣した宗厳の長男・**厳勝**（としかつ）が、敵の筒井方の鉄砲で重傷を負ってしまう。

新左衛門がいう。——柳生家は平安の昔より……つぶさに小国の悲運をなめつつ、生きながらえて来た。ちかくは、じぶんがまだ少年時の天文十三年、大和の豪族筒井氏にためにいちどは亡国の難におちいったのを、二年前、ようやく松永弾正に属してこれを回復したものである。——
（小説『伊賀忍法帖』山田風太郎）

柳生新左衛門が若いころから刀術に工夫をこらしたのも、一身というよりも一国を護るための必死の必要からであったろう。
（小説『忍法剣士伝』山田風太郎）

しかし、頼みの松永久秀が滅亡した後の宗厳は、いわば失意のどん底にあり、その胸に去来するのは無常観であった。

1593年に宗厳は出家して**石舟斎**を名乗り『**兵法百首**』を編んだ。

そして、その奥書には「大和国の年寄りは死去し、あるいはどことも行方が知れない。その一族もなんの甲斐もなかった」と記した。

また和歌でも「世を渡る業の無きゆえ兵法　隠れ家とのみ頼む身ぞ憂き」、「兵法に舵をとりて世の海を　渡りかねたる石の舟かな」と、世間を渡りそこねた老人の悲哀、ペシミズムがストレートに詠われている。

だが、その翌年、66歳の宗厳に転機が訪れる。徳川家康からの招きを受けた宗厳は５男・宗矩（24歳）を連れて京都に行き、家康の前でその剣技を披露した。

このとき家康はその出仕を求めたが、宗厳は老齢を理由に辞退し、代わりに宗矩を仕官させた。この出会いによって柳生一族の運は開け、宗矩は旗本として**将軍家剣術指南**に登用され、さらには大名にまで出世する。

そして宗厳は、関が原の戦いの６年後に78歳の生涯を閉じた。

Ⅷ　柳生一族略伝——柳生一族

柳生一族 ② 不遇に終わった宗厳の嫡男
柳生厳勝
やぎゅう・としかつ

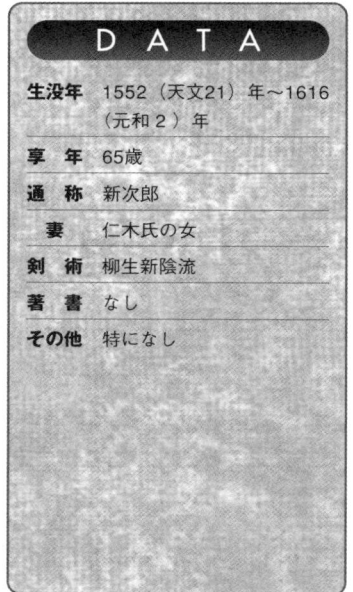

DATA

生没年	1552（天文21）年〜1616（元和2）年
享年	65歳
通称	新次郎
妻	仁木氏の女
剣術	柳生新陰流
著書	なし
その他	特になし

◉息子の後に新陰流の印可を受ける

　石舟斎・柳生新左衛門宗厳の嫡男で、弟に五郎右衛門宗章、又右衛門宗矩などがいる。

　1571年、父とともに出陣した辰市の戦いで、筒井方の銃弾によって腰を撃たれ、**戦傷**を負ってしまう。新次郎厳勝が20歳のときである。

「（甲冑の敵を）刀で斬る部分はきまっている。顔、首、腕、脚、股間の五

ヵ所だった。勢い斬撃の方法も限られたものになる。……新次郎はもう何人の敵を斬ったか判らなくなっていた。……（中略）……
　一斉射撃の轟音が起り、新次郎の躰は丸太ン棒でぶん殴られたかのように後方へすっとんだ」

（小説『柳生非情剣』「跛行の剣」隆慶一郎）

　小説ならではの勇ましい描写であるが、この戦いで厳勝は不自由な体となり、柳生の庄で暮らしたといわれる。
　1596年に上泉秀綱の高弟だった疋田文五郎から新陰流の印可を受けている。
　さらに厳勝が55歳のとき、1606年には父・宗厳からも新陰流の印可を相伝されている。
　とすれば、厳勝は剣が持てた状態と考えるべきなのだろうが、とにかくほとんど事績が語られない人物なのである。
　が、それよりも早く、1604年に宗厳は厳勝の子・**兵庫助利厳**に対して印可を授けている。この伝授時期のパラドックスは、実力本位というよりほかにないだろう。

　筒井順慶に属し柳生庄を領すといえども、他日故ありて旧地を避け他方に経歴し客中に死す。故に宗矩、家秩を嗣ぐ。　　　　　　（『柳生藩旧記』）

　後年、故ありて柳生を辞し、他邦に経歴したまう。元和二丙辰四月五日客中に逝去したまう。　　　　　　　　　　　　　　　　（『玉栄拾遺』）

　家秩とは家の秩禄、ここでは領地と考えていい。このように『柳生藩旧記』は、厳勝が明らかに宗厳の嫡子だったことを前提として、その流浪中の死亡により弟の宗矩が家を継いだ、としている。
　たしかに父・宗厳や子・利厳は諸国流浪の旅を重ねたが、厳勝自身はケガのためにおそらく「柳生の庄」を離れることなく、生涯を終えたものと思われる。
　厳勝が65歳で没した年に、孫にあたる新左衛門清厳—利厳の長男—が柳生の地で生まれている。
　柳生一族の惣領名・「新左衛門」を清厳につけたのは、不運な生涯だった厳勝の最後の夢だった、のかもしれない。

Ⅷ　柳生一族略伝——柳生一族

柳生一族 3 義のために伯耆国に死す

柳生宗章

やぎゅう・むねあきら

DATA	
生没年	不詳〜1603（慶長8）年
享年	不詳
通称	五郎右衛門、五郎左衛門
妻	なし
剣術	柳生新陰流
著書	なし
その他	特になし

◉「山姥の槍」の真の所有者？

　石舟斎・柳生新左衛門宗厳の4男。
　関が原の合戦で知られる**小早川秀秋**（豊臣秀吉の甥）に仕えたが牢人し、後に伯耆国（鳥取県）米子城主・中村一忠（かずただ）の家老・横田内膳に仕えたという。中村一忠の父・一氏は、豊臣5大老に次ぐ3中老（中村一氏、堀尾吉晴、生駒親正（いこまちかまさ））のひとりで、その妹が内膳の妻となっていた。
　いわば中村・横田家は主従にして縁戚関係にあったが、1603年に**内紛**が起

こり、内膳は一忠（14歳）の手討ちに遭って殺されてしまう。

そのとき柳生五郎右衛門宗章は、内膳の子を擁して飯山城に立て籠もり、一忠に反抗した。

しかし、隣国・出雲国（島根県）の堀尾家の援軍を得た一忠によって、籠城者は全滅したと伝えられる。なお、一忠は1609年に20歳で死亡し、後継がないことから中村家は断絶した。

　五郎右衛門は慶長八年に義に依って横田内膳の一子主馬助(しゅめのすけ)を援けて、伯耆(ほうき)国飯山に籠城し、勇戦したことは周(あま)く知られている。柳生の名が天下に喧伝されたのは実はこの五郎右衛門討死以来で、それまでは中条流の達人柳生新左衛門宗厳の名は、後世で考えられるほどに高くはなく、評判もなかった。
　　　　　　　　　　　　　（小説『剣法奥義』「柳生流八重垣」五味康祐）

　五郎右衛門の馬が槍を受けて倒れた。五郎右衛門は槍を捨て、太刀を抜いた。左八双に構えると叫んだ。「柳生新陰流逆風の太刀」…（中略）…
　鎧武者たちが鮮血を撒き散らしながら巻藁(わら)のように斬り殺されてゆく光景は、信じられぬ恐ろしさだった。五郎右衛門はなんと十八人の鎧武者を斬ったと柳生流の伝書は書いている。
　　　　　　　　　　　　　（小説『柳生非情剣』「逆風の太刀」隆慶一郎）

　さて柳生宗矩が、坂崎出羽守事件の功によって拝領した槍を「山姥(やまうば)の槍」といい、いまも残っている。が、この宗章がこの合戦のときに使った大身の槍こそが、「山姥の槍」ともいわれている。

　彼はおそらく最期までこの槍で奮戦し、その形見として江戸柳生家に伝えられたのであろう。なお、山姥とは固有名詞ではなくデザインを指すようだ。

　このように江戸柳生では、宗章の活躍を「槍」と伝えているが、尾張柳生では上記『柳生非情剣』で描かれたように「刀」と伝えている。これも伝承に見える主力武器の変遷、といってよかろう。

　ただし、刀による鎧武者18人斬りは、たとえスペアを準備していても到底無理な話だと思う。

Ⅷ　柳生一族略伝──柳生一族

柳生一族 4　剣の名人、江戸柳生の祖
柳生宗矩
やぎゅう・むねのり

DATA	
生没年	1571（元亀2）年〜1646（正保3）年
享年	76歳
通称	新左衛門、又右衛門
妻	おりん
剣術	柳生新陰流
著書	『玉成集』『兵法裁相心持の事』『新陰流兵法心持』『兵法家伝書』など
その他	《初名》：宗頼／《官位》：従五位下但馬守／《愛刀》：伯州在廣賀／《思想》：「治国・平天下の剣」

VIII　柳生一族略伝――柳生一族

◎徳川3代に仕えた剣の名人

「江戸柳生」の祖。父・柳生新左衛門宗厳、母・春桃御前の5男。兄に、厳勝、久斎、徳斎、宗章がいる。

宗矩が歴史の表舞台に出るのは、1594年、24歳で家康の旗本となってからである。1600年、関が原の戦いでの後方攪乱の功により、柳生の地2千石を賜り、翌年には徳川秀忠の剣術指南となった。

1629年、従五位下但馬守に叙任。それからは順調な昇進ぶりで、1632年に

総目付に就任する。そして1636年には、1万石—最終的には1万2千5百石—の大名に取り立てられる。

その宗矩が剣技を見せつけたといわれるのは、大坂夏の陣の7人斬り。

　異様な素肌の一隊が駆け出して、あっ！という間に秀忠と、そして宗矩のまわりを赤柄の槍でとり囲んだ。……「上様、ご安堵あってご見物を」二人目を斬ってから宗矩ははじめて太刀を馬前にかざして秀忠にみせた。「人を斬るとはこの様にいたすものでござりまする。血糊一滴焼刃にとどめぬ。触れると裂ける。ただそれだけのこと……」　　　（小説『柳生宗矩』山岡荘八）

一方で宗矩が、剣の**名人**であった、という逸話は数多く、馬術の名人・諏訪部文九郎との「馬上の試合」（156ページ参照）もそのひとつである。この他、今に伝わる代表的なものを挙げれば、以下の通り。
● 能楽の名人といわれた観世左近（かんぜさこん）が家光の前で「知盛」を舞うのを見て、宗矩がその一瞬の隙を見切った、という話。左近が大臣柱—舞台正面右手の柱—に行って、ほっと気を抜いたところで、宗矩はその隙を見逃さず、ニコリと笑った、というもの。このエピソードもまた、柳生と**能楽**との関係を想起させる。
● 晩年にいたってもその業（わざ）は衰えず、春の一日、宗矩が庭の桜を見ていて殺気を感じた、という話。宗矩は背後に殺気を感じて振り返るが、小姓以外に誰もいない。訝（いぶか）る宗矩に、小姓は「戯（たむ）れにいま斬り付けたらどうか」と一瞬思ったことを告白する。かくして宗矩は、老いによる気の迷いでなかったことを知り、愁眉（しゅうび）を開く。
● タイ捨流の創始者・丸目蔵人佐（くらんどのすけ）が、九州から上京して宗矩に試合を申し込んだ、という話。「かしこい宗矩は下へもおかぬ鄭重（ていちょう）な待遇をしたので、（丸目は）すっかり丸められ、しばらくとどまって代稽古をしていたというのだ」（史談『実説武侠伝』海音寺潮五郎）

なおこれに似た話は、息子・十兵衛にもある。一刀流・小野忠明から試合を申し込まれた—2人の歳の差は57歳もあり、実際にはありそうもない—が、十兵衛は「私には歯が立ちませぬ」と、木刀を捨てたという。これは「将軍家御留流」として他流試合が禁じられていたための措置であろう。

1646年、病没。死後、家光のはからいで従四位下贈位、という破格の厚遇を賜った、とされる。

Ⅷ　柳生一族略伝——柳生一族

柳生一族 5 　柳生一族のヒーロー・十兵衛
柳生三厳
やぎゅう・みつよし

DATA

生没年	1607（慶長12）年～1650（慶安3）年
享　年	44歳
通　称	十兵衛
妻	秋篠和泉守女
剣　術	柳生新陰流
著　書	『昔飛衛という者あり』『月之抄』『武蔵野』など
その他	《初名》：七郎

◉従来の剣豪イメージと異なる実像

　柳生但馬守宗矩が37歳のときに生まれた長男・十兵衛である。祖父・石舟斎宗厳が前年死去しており、十兵衛はその生まれ変わりといわれた。
　13歳で家光の小姓となるが、20歳で家光の勘気に触れて暇を出される。
　以降、再出仕するまでの12年間、諸国を遍歴し探索を行った、という**十兵衛隠密説**が有名だが、実際に武勇伝の記録として残っているのは、『玉栄拾遺』に記された宗矩の領地内での**山賊退治**ぐらいである。なお、同書では

「その外の説は証拠がない」として載せていない。

　寛永年中……父君（宗矩）の領地八幡山のあたり、山賊あって旅客の愁(うれい)をなす。公（十兵衛）、かの地にいたり……賊徒をこらしめたまう。
（『玉栄拾遺』）

　ほかによく知られている俗説に、某大名屋敷での浪人者との勝負がある。
　木刀での２人の立合いは相打ちに見えたが、十兵衛は「自分の勝ちだ」、という。それを聞いた浪人は、納得せずに「真剣での立合いを」、といきり立つ。勝負の結果、浪人は一瞬にして斬られ、即死した。
　これは、柳生新陰流の極意「水月」（間合いの見切り）の具体例ともいわれている。
　さて歳月を経て再出仕した十兵衛は、父・宗矩の死を機に柳生の庄に隠棲する。世に容(い)れられなかった祖父・宗厳に似て、残るは兵法への研鑽のみ、と思い定めた**引き籠り**といえる。
　文才もあり、また、父の死後描いた「宗矩画像」に見られるように画才もなかなかのものである。
　そして、この現実とされるナイーブな性格と、以下のような豪胆にして愛すべき**剣豪イメージ**とが奇妙なコントラストをなす。

　十兵衛の姿には……すぐに察知できる剣気があった。……おのが腕前に驕(おご)ったように六尺（180cm）の長身に、それを漲らせていた。
（小説『赤い影法師』柴田錬三郎）

　家光から見た柳生十兵衛は、寡黙(かもく)で沈毅(ちんき)で少々無精(ぶしょう)で、そのくせ何となくユーモア味があって実に好ましい男なのだが……。
（小説『柳生十兵衛死す』山田風太郎）

　なお、実際の肖像画は額が禿げ上がり、目は三白眼。剣豪というよりは軍学者のような雰囲気を漂わせている。ただし、その眼光はあくまで鋭い。
　1650年、十兵衛は山城国との境で放鷹(ほうよう)中に急死を遂げた。妻との間には松、竹という娘があったが男子がおらず、柳生家は弟・宗冬に受け継がれた。

Ⅷ　柳生一族略伝──柳生一族

柳生一族 6 薄幸の美剣士
柳生友矩
やぎゅう・とものり

DATA

生没年	1613（慶長18）年～1639（寛永16）年
享年	27歳
通称	左門
妻	なし
剣術	柳生新陰流
著書	不詳
その他	《官位》：従五位下刑部少輔

◎家光の寵愛を一身に受ける

　柳生但馬守宗矩の2男。兄・十兵衛三厳、弟・宗冬とは異腹といわれる（生母は不詳）。

　十兵衛が致仕した翌年（1627年）より、徳川家光の小姓に出仕。22歳のとき家光の上洛にお供し、京都において徒士頭に任ぜられ、さらに江戸への帰途、駿河国（静岡県）久能山で刑部少輔に任ぜられた。まさに家光の寵愛の深さが伺える立身出世振りである。

友矩の剣技については、「新陰流の武芸にも長じていた」（『玉栄拾遺』）とあり、兄・十兵衛の剣に勝るとも劣らなかった、ということも考えられる。

　十兵衛が新たに旋風を巻いて斬撃を送った時、左門（友矩）の刀は下からすり上げながら、正確に十兵衛の右眼を突いた。……呻きながら十兵衛は、反射的に疾風のような剣を横ざまに送っていた。今度は左門はかわしもしのぎもしなかった。十兵衛の剣はその腹を充分に斬った。
（小説『柳生非情剣』「柳枝の剣」隆慶一郎）

　引用は、友矩は十兵衛よりも強かったが、兄の右眼を奪った後、あえて柳生家のために十兵衛に斬られた、とする小説である。このように友矩の死因には諸説あるのだが、1639年、柳生の地で友矩は死去した。
　『玉栄拾遺』では、「柳生下邑中宮寺に葬す。その後、平日坐右の櫃（ひつ）を閲（けみ）したまえば、十三万石のご内命（ないめい）あり。或いは曰（い）う四万石と。そのいずれを知らず」と伝えられる。
　弟の宗冬は、その早すぎる死を悼み、友矩の住いを寺とし、また彼の旧領地にも寺を建立して菩提を弔った。このように手厚い対応が、かえって「柳生一族による友矩暗殺説」を導いたのかもしれない。
　なお創作の世界では、友矩こと刑部が天海僧正によって蘇生させられ、「柳生家代表」として小野派一刀流と試合をする、という破天荒な時代SFもある。

　白砂の上から小野忠常（小野忠明の長男）へのしかかる柳生流「残月」の怒涛（どとう）。砂利を巻き上げつつ柳生刑部（友矩）を襲う小野派一刀流「青嵐（せいらん）」の竜巻（たつまき）。胴がなった。よろめいた。刑部の木刀が白砂の上に。……『それまで――小野派一刀流・小野次郎右衛門忠常の逆胴』、松平伊豆守が宣した。
（小説『柳生刑部秘剣行』菊地秀行）

　将軍家指南の生き残りを賭けての、2代目同士の激突を描いて凄絶である。これは、十兵衛が小野忠明の挑戦を辞退した、という俗説（221ページ参照）を受けての、空想上の遺恨試合というべきであろう。

Ⅷ　柳生一族略伝――柳生一族

柳生一族 7 江戸柳生・中興の祖

柳生宗冬

やぎゅう・むねふゆ

DATA

生没年	1615（元和元）年〜1675（延宝3）年
享年	61歳（63歳説もある）
通称	又十郎 主膳、内膳正俊矩
妻	京極正高女
剣術	柳生新陰流
著書	『宗冬兵法物語』『無題（飛鳥川流）』
その他	《官位》：従五位下飛騨守／《号》：心計、柳陰／《思想》：「水の流れのごとく、常に変化して絶えぬようにせよ」（飛鳥川流）

Ⅷ 柳生一族略伝──柳生一族

◉能楽から剣術の悟りを開く

　柳生但馬守宗矩の3男。兄・十兵衛と同腹である。なお、63歳死亡説をとれば、異腹の次男・友矩と同年の生まれとなる。1628年、14歳で家光の小姓となるが、病弱で剣術修行に励まなかった、といわれる。

　なおこの小姓時代、くノ一（女、公家などに変装する忍術）となるため、歯をすべて抜かれた、という説がある。

「くノ一」の術を使う必須の条件は歯を抜き取るとこであった。それで又十郎（宗冬）は小柄で歯茎を切られ、十五歳の健やかな少年の歯並を抉られていったのである……ひそやかなそんな鑢の軋みが座敷の空気を震わせる中で、宗矩は石のように瞑目して座り続けた。額から脂汗が流れていた。

(小説『柳生武芸帳』五味康祐)

昭和2年、宗冬の墓所移転の際、棺から精巧な入歯が見つかった。これが歯槽膿漏などでなく、抜歯による総入歯だったことから、**宗冬忍者説**が取り沙汰されたのである。また、時代劇や小説で、宗冬は**表柳生の総帥**とされることもある。

なお、宗冬がじつは十兵衛よりも強かった、とする小説も中にはある。

又十郎（宗冬）と十兵衛は向いあった。……又十郎はもう動き出していた。……十兵衛が近よるともないその足運びに気付いた時、又十郎はもう一足一刀の間境いを越えていた。又十郎は全く無造作に、脇に下げていた木刀を持ち上げ、十兵衛の額を斬った。十兵衛は物も云わずに昏倒した。

(小説『柳生非情剣』「ぼうふらの剣」隆慶一郎)

実際の宗冬は1632年、大名屋敷で能楽を観劇して悟るところがあり、一念発起して修行に励んだ。1639年、次兄・友矩が、そして1650年、長兄・十兵衛が、ともに早世したため、35歳で柳生家の当主となる。

将軍の剣術指南となり、加増を受けて1万石の大名に復帰。幕末までの柳生藩の礎を築いた、という意味では、**江戸柳生中興の祖**といっていい。

晩年（53歳）の著書『飛鳥川流』では、尊敬する兄・十兵衛に倣い、鴨長明『方丈記』を引用して「流れる水のごとく心を自由にせよ」と説いている。なお、遺された筆跡は「手馴れたていねいなもの」で、円満な人柄が偲ばれる、という。

1675（延宝3）年、がんを病んで死去。遺命により火葬とし、江戸の下谷広徳寺に埋葬。昭和になって、前述のごとく、練馬の同寺別院に移葬された。

Ⅷ　柳生一族略伝──柳生一族

柳生一族 8 「裏柳生」とされた僧

柳生列堂

やぎゅう・れつどう

DATA

生没年	1636（寛永13）年～1702（元禄15）年
享　年	67歳
通　称	不詳
妻	不詳
剣　術	（柳生新陰流）
著　書	不詳
その他	《幼名》：六丸／《僧名》：義仙（義詮とも）／《寺座主》：大徳寺、芳徳寺

VIII 柳生一族略伝――柳生一族

◉大徳寺の座主となった宗矩の4男

　柳生但馬守宗矩が66歳の時に生まれた4男。11歳のときに宗矩が没し、遺命により出家して**列堂義仙**といった。京都の大徳寺で修行するが、僧侶暮らしが合わなかったのか、出奔を繰り返した、という。

　その水もしたたるような男ぶりに、通りすがりの若い娘がはっと息をとめて振り返るほどである。……この年、列堂は二十五歳で、体格は図抜けて大

きかった。今は亡き長兄の十兵衛は六尺（約180センチ）近くあったというが、ほぼ同じくらいの背丈である……まさしく、江戸時代初めに流行った『かぶき者』そのものの異装である。　　　　（小説『柳生烈堂』火坂雅志）

　寺を抜け出し京の町を闊歩する列堂の姿を描いている。現存する芳徳寺の坐像からも、その整った美男ぶりは想像され、若き日は放蕩無頼の「かぶき者」だった可能性もなくはないが、何ともいえない。ちなみにこの列堂、創作では「烈堂」と書かれるケースが多い。
　しかしその後、大徳寺の第238代座主にもなっており、若気の過ちを反省して、仏門修行にも精を出したことが窺える。
　祖父・宗厳の菩提を弔うための**芳徳寺**は1638年、列堂3歳のときに柳生の地に創建された。列堂は、父・宗矩の願いどおり、後にその第1世座主となる。
　そして柳生の地に暮らした僧・「列堂義仙」は、なぜか**裏柳生の総帥**として、柳生一族の陰の部分を一手に引き受ける存在、とイメージされるようになる。劇画『子連れ狼』では拝一刀の最大の敵である。

　義仙は、大和柳生谷法徳寺（芳徳寺）の庫裏で、焦だつ手で忍び装束に着替えていた。……野獣のような凄まじい速さで、山の中をつっ走るのだ。走路に立ち塞がるものは、すべて斬る。……義仙の走ったあとには、小動物の屍が累々と転がった。　　　　（小説『吉原御免状』隆慶一郎）

　柳生の村に閉じ込められ、なりたくもない寺の住職にされた、という列堂義仙の、日頃の鬱屈を描破した隆慶一郎の出世作の一節である。この鬱屈、そして父への反撥が、彼を非情な裏柳生の総帥に育て上げた、というフィクションである。
　仮にこれが事実とした場合、父への反撥も時が経つにつれて薄らいだ、と思われる。すなわち、大徳寺住持のとき、義仙が境内に編んだ庵の名は**「西江庵」**だったが、これは柳生新陰流の奥義「西江水」に通ずるとともに、亡父・宗矩の戒名（124ページ参照）の一部でもあった。
　列堂義仙は、その父への追慕の念を自らの庵の名としてとどめたといえよう。

Ⅷ　柳生一族略伝──柳生一族

柳生一族 9 尾張柳生の始祖
柳生利厳
やぎゅう・としとし

DATA

生没年	1579（天正2）年～1650（慶安3）年
享年	72歳
通称	兵助・茂左衛門・伊予守・兵庫助
妻	珠
剣術	柳生新陰流
著書	『始終不捨書』
その他	《号》：如雲斎

◉祖父・宗厳の後継者

　「尾張柳生」の祖。柳生新次郎厳勝の2男。柳生の庄で、祖父・宗厳からの薫陶（くんとう）を受け、その風貌は祖父に似ていたという。

　26歳のとき、肥後国主・加藤清正に仕えたが、百姓一揆の処理に絡んで同輩を斬り、1年足らずで熊本を去る。

　そして回国修行の後、柳生に戻った利厳に対して、祖父・宗厳は柳生新陰流の印可を授ける。この時、利厳28歳。なお祖父・宗厳は、愛孫に印可の状

を与えた2年後に、この世を去っている。

　六月朔日、石舟斎は大書院の机に、秘書没滋味口伝書をひろげ、最後の奥書を記すべく墨をすった。老いて涙もろくなった彼は、眼頭のうるものをひとに見られまいと、しきりに懐紙でぬぐった。……　一子相伝の印可の儀式が執行される日、兵助（利厳）は昧爽に起き、水垢離をとったのち、白絹小袖のうえに肩衣をつけた。……印可の翌朝……稽古所に出てふだんの通り弟子どもを相手にすると、気力がまったく違った。

（小説『柳生兵庫助』津本陽）

　印可は柳生一族、金春七郎なども受けており、必ずしも利厳ひとりが授かったものではない。が、宗厳より直々に相伝された目録、太刀などを前に、利厳は身の引き締まる思いであったろう。
　その後再び柳生の地を後にして、12年間諸国を巡り、熊野で新刀流の長刀・槍の認可を受けるなど、修行を積み、1615（元和元）年には尾張藩・**徳川義直**に仕えた。
　この名古屋城下で宮本武蔵とすれ違い、名人同士お互いを認め合った、というエピソードも有名。ただし、真偽のほどは不明。
　1648年、家督を次男・利方に譲って隠居。**如雲斎**と号し、四季の草花を愛でて暮らしたが、2年後、京都妙心寺内の草庵で死去。
　なお江戸柳生・尾張柳生いずれが強いか、という架空の闘いに、利厳が魔界より「尾張柳生代表」として登場する一節がある。

　柳生如雲斎（利厳）と柳生十兵衛、いま剣をとって相対す。……相手（十兵衛）は、まさに月と月影のごとくじぶん（如雲斎）に従ってうごいている。そしてまた月影をうつす水のように無心に見えるのだ。この相手が意識してじぶんをまねているのではなく、反射的にからだがうごいていることは如雲斎にもわかった……。

（小説『魔界転生』山田風太郎）

　ここにも「水月」の応用が見られる。なおこの闘いの勝者は、もちろん、十兵衛である（そうでなければ、物語が進まない）。

Ⅷ　柳生一族略伝──柳生一族

柳生一族 10 女人禁制、柳生最強の連也斎

柳生厳包

やぎゅう・としかね

DATA

生没年	1625（寛永2）年～1694（元禄7）年
享年	70歳
通称	島新六・兵助・七郎兵衛
妻	なし
剣術	柳生新陰流
著書	『御秘書』
その他	《号》：連也斎（浦連也）／《愛刀》：籠釣瓶（肥後守光世）

Ⅷ 柳生一族略伝──柳生一族

◉剣に生きた尾張の麒麟児

　尾張柳生の祖・利厳の3男。兄に清厳、利方がいる。10歳のころ、父・利厳の稽古の後に「我をたたけば、褒美をやる」として、一門の者とたたき合いをし、ときには寝間着の帯も結べぬほどに打たれた、という話がある。またこのころ、熱田神宮に兵法修行成就の祈願をした、とも伝えられる。ともに、厳包の兵法上達への熱い意志が感じられる挿話である。

　13歳のときには、柳生新陰流の口伝を書き留めたメモ帳─『御秘書』─を

作成している。まさに**尾張の麒麟児**と呼ぶにふさわしい早熟ぶりである。1642年、18歳のときに江戸の尾張藩邸に招かれ、藩主・義直より柳生新陰流の伝授を受け、同い年の世子・光友にお目見えし、終生続く友情が築かれることになる。次の一節が、彼の名前を一躍有名にした時代小説からの引用である。

　連也斎は顔を戻した。静かに、「新陰流印可相伝のために参上致してござる」と言った。……光義（光友）は思わず膝を乗り出して水のひろがるように笑みをうかべたが、途中でそれがこわばった。……「ならば其方、死ぬ気じゃな」……とまれ茲に光義は連也斎の相伝を得て、柳生新陰流正統六世を継いだのである。　　　　　　　　　　　（小説『柳生連也斎』五味康祐）

　1651年、「**慶安御前試合**」が催され、江戸柳生・宗冬などとともに尾張柳生の利方、厳包兄弟にも参加要請があった。兄弟は木刀で「燕飛」の太刀を将軍・家光の前で披露し、「汝ら兄弟の燕飛、古今無類」と賞された。そして2日目に家光は人払いの上、江戸柳生・宗冬、尾張柳生・厳包による木刀の試合を命じた、といわれる。

　（宗冬の木太刀は）まるで剃刀のように、兵助（厳包）の着衣の胸を左から右斜下に切り裂いたと云う。同時に兵助の木太刀は、宗冬の木太刀を握る右拳を打つともなく自然に打ち、その手の甲を粉微塵に砕いていた。
　　　　　　　　　　　（小説『柳生非情剣』「慶安御前試合」隆慶一郎）

　ただ、約1週間後、宗冬が剣術を上覧していることからも、残念ながらこの試合自体が虚構であり、空想の産物というべきだろう。
　この厳包の愛刀が「**籠釣瓶**」（肥後守光世）で、自らが工夫を凝らした「柳生拵え」として有名な作品。そのほか「柳生鍔」の造形や庭園作りなど、工芸家、趣味人としても一流で、独特の美意識の持ち主だったことが窺える。剣術修行のため女人を近づけず、生涯、妻妾を娶らなかった。逝去後は遺言により火葬のうえ、遺灰は、かつて兵法上達を祈願した熱田の海に流された、という。

Ⅷ　柳生一族略伝──柳生一族

武芸者列伝 1　剣聖、「新陰流」の開祖・伊勢守
上泉秀綱
かみいずみ・ひでつな

DATA
- **生没年**　1508（永正5）年～73（天正元）年
- **享年**　66歳
- **剣術**　新陰流

その他　《私称》：伊勢守／《官位》：従四位下武蔵守／《諱》：信綱／《別称》：大胡武蔵守

　上野国（群馬県）の土豪の家に生まれ、その前半生は関東を席巻した3勢力――上杉、武田、後北条氏――の渦中にあり、後北条氏との合戦では戦功を挙げ「上野国一本槍」と称された。

　また若いときから陰流、新当流などの兵術（剣術など）を修行し、それを**新陰流**として大成させた。その一方で小笠原流の**軍配兵法**も学び、一家を成した。

　老年に至った永禄年間（1558～69）、秀綱は門人・疋田文五郎などを引き連れて、回国修行の旅に出る。その途中の逸話が残っている。

　一行が尾張国に差し掛かったとき、押し込みを働いた凶賊が、子供を人質にして立て籠もった現場に遭遇する。そこで秀綱は頭を丸め、袈裟を借りて僧の姿になり、握り飯を持って近づいて子供に飯を与える。そして凶賊も一口食べようとした瞬間、秀綱は凶賊を殺し、見事に子供を救出したという。

　敵の一瞬の気の緩みを利用した**謀略**とも読める話だが、新陰流の本質は「謀略、陰謀をめぐらしてでも敵に勝つ」、その1点に集約されている。

　1563年、伊勢国の国司・北畠具教の紹介で大和国に入った秀綱は、この地で門人になった人々に新陰流を伝授する。そのひとりが**柳生宗厳**であり、柳生新陰流の始祖となる。

　陰流と新陰流の違いを、柳生十兵衛に語らせたのが、十兵衛を愛し続けた作家・山田風太郎。

　「陰流とはわが心を敵に陰す剣法だという。剣の勝負は未発のうちに相手の心を――いかなる攻撃をしてくるかという――読むことができる。……陰流とは、それを敵に悟らせぬ剣法であったという」……（中略）……

　「上泉伊勢守どのは、逆に二つの心を持つ法を編み出されて、それを新しい陰流、新陰流と名づけられた。つまり敵を右から打とうと考えたとき、同時に左から打つ心を持つのじゃな。一瞬に敵は迷う。その新陰流の教えを受けたのが、おれの祖父石舟斎と父宗矩だ」と、十兵衛はいう。　　　（小説『柳生十兵衛死す』山田風太郎）

　その後、秀綱は京都に行き、ここで足利将軍や公家に兵法を講義、兵術を披露して従四位下武蔵守に任ぜられ、当時の武士として最高の栄誉を受けた。しかし、故郷に帰ってからの死ぬまでの動静はよく分かっていない。

Ⅷ　柳生一族略伝――武芸者列伝

武芸者列伝 2　無敵！疋田陰流の創始者
疋田文五郎
（ひきた・ぶんごろう）

DATA
- 生没年　1537（天文6）～1605（慶長10）年
- 享年　69歳
- 剣術　新陰流
- その他　《諱》：景兼／《別称》：豊五郎、小伯／《号》：栖雲斎

加賀国（石川県）の人で、母が上泉秀綱の姉妹と伝えられる。つまり秀綱の甥にあたり、その**最古参**の門人である。

1563年に初めて柳生新左衛門宗厳が秀綱と会ったとき、実際の試合を行ったのは、この文五郎（小伯）といわれ、宗厳は完敗を喫する。そのときの様子は次のとおりで、これはほぼ事実なのであろう。

　小伯は新左衛門の構えを見て、「それでは悪うござる」というや、ハタと打った。「いま一度」と、新左衛門がさけんで構えると、「それも悪うござる」
　と、まるで新左衛門の木刀がないかのように打ち込んだ。三度立ち合って、彼は三度打たれた。
　　　　　　　　　　　　　　　　　　　　（小説『忍法剣士伝』山田風太郎）

以後、柳生の地を離れた文五郎は、当時の著名な武将・大名の**兵法指南**を勤める。織田信忠（信長の嫡男）、細川藤孝、豊臣秀次（秀吉の甥）、細川忠興（藤孝の子）、寺沢広高…などである。

かれ（文五郎）の師伊勢守は、こう評したという。「撓を握りさえすれば、機嫌がよろしい」と。　　　　　　　　　　　（小説『秘剣花車』「花車」戸部新十郎）

徳川家康がその剣技を見て「文五郎の技は優れているが、大将にとっては一騎打ちの剣術は不要で、難を逃がれればいい。そのことが、文五郎には分かっていない」と語ったという有名な逸話がある。どこまで本当の話か、は分からない。
　また家康は「匹夫―身分の低い男―の剣」といったともされ、幕末の勝海舟の『氷川清話』にしても柳生宗矩を「剣法の指南役で、ごく低い格」、「僅か剣道指南ぐらいの身分でありながら」と記し、総じて剣術家の位置づけは低い。どうやら芸で権力者に仕える「芸人」のイメージに近い。
　ともあれ、1589年ころに文五郎は「殺生関白」と呼ばれた豊臣秀次から富田流の達人・長谷川宗喜との試合を命じられたが、「一流の使い手同士が戦えば、一方が必ず傷つく」といって固辞した、と伝えられる。
　晩年の文五郎は大坂城に入り豊臣秀頼の指南役となり、城中で死亡したと伝えられるが、その流派は弟子・山田浮月斎によって「**疋田陰流**」と名付けられ、九州各地で栄えた。

Ⅷ　柳生一族略伝――武芸者列伝

武芸者列伝 3　宝蔵院流・槍術の創始者
宝蔵院胤栄
〔ほうぞういん・いんえい〕

DATA
- 生没年　1521（大永元）年～1607（慶長12）年
- 享　年　87歳
- 剣　術　新陰流
- 槍　術　宝蔵院流
- その他　《僧名》：覚禅坊

　興福寺の塔頭――本寺の境内にある脇寺――である「宝蔵院」の院主。

　幼いころより刀槍の術を修行し、1563年に奈良を訪れた上泉秀綱に師事する。そのとき偶然にも試合に参加したのが、近在の柳生宗厳であった。

　後に胤栄は秀綱から新陰流の印可を受けるが、その際の文面は宗厳あてよりも丁寧なものであり、宗厳よりも格の高い存在だったと思われる。

　胤栄は春日明神の霊夢で鎌槍を志し、成田大膳太夫盛忠のもとで修行したと伝えられる。

　その工夫の鎌槍――穂先が3本あることからまたの名を**三日月槍**――とは？

　まずまんなかの穂先、これの断面が平三角形であることは、甲冑をもつらぬく必要上、ふつうの槍と同様だ。が、その両面に出ている二本の槍が、それまでのものはまんなかの槍と同じ作りで、かつ十文字に近かったのを、厚手の鎌に変えた。しかも、一方を長く、かつ刃を外に向け、もう一方を短く、かつ刃を内に向けて。まるで三日月がななめにかかったような槍だ。　　（小説『忍法剣士伝』山田風太郎）

　あるいは、奈良・猿沢の池に映る三日月の影からヒントを得たとも伝えられる。この鎌槍はじつに精妙な武具だったようで、「突けば槍、打てば鳶口、引けば鎌」と謳われた。全長約3mの大槍、まさに仕掛けて仕損じなし。

　あるとき胤栄は、信貴山城の松永久秀の前で妙技を披露し、奈良では弓の名人・菊岡宗政と「弓槍試合」を行ったともいう。宗政は矢をひとつも放たずに逃げ出した、そういう伝説がある。事実ならば胤栄の圧倒的な強さ、である。

　この宝蔵院流には15カ条の式目があるが、その制定に協力したのが**柳生宗厳**、穴沢盛秀（豊臣秀次の長刀師範）などといわれる。ならば鎌槍そのものが「突く＝槍、斬る＝太刀、薙ぐ＝長刀」の機能を有した**総合武具**だった可能性は極めて高い、と思われる。

　晩年に至り、胤栄は仏に仕える身での殺生を嫌い、一切の武具を捨ててしまう。宝蔵院流は崩壊の危機に瀕したが、それを再興したのが、胤栄の弟子で2代目を継いだ**胤舜**。

　胤舜は、宮本武蔵の対戦相手としてよく時代劇、漫画に登場するが、実際に戦ったかどうかは分からない。

Ⅷ　柳生一族略伝――武芸者列伝

武芸者列伝 ❹ 能役者にして武芸の達人
金春七郎

こんぱる・しちろう

DATA
生没年	1576（天正4）年～1610（慶長15）年
享年	35歳
剣術	柳生新陰流
槍術	宝蔵院流
その他	《諱》：氏勝／《別称》：竹田七郎

　大和猿楽4座のひとつ**金春流**の能役者ながら、柳生宗厳から『新陰流兵法目録事』などによって新陰流の印可を受けた。晩年の石舟斎宗厳は、七郎への伝授の日々、といっても決して過言ではない。

　その一方で、七郎からは金春流の秘伝が宗厳に伝えられたという。いわば秘技の交換、両者の飽くなき**武芸への執心**を見る思いがする。

　また七郎は宝蔵院胤栄のもとでも修行し、その槍術も伝授されている。このように宗厳、七郎、胤栄を結ぶ線は「刀（剣）」というよりも、「刀槍」にあったと考える方が自然だろう。

　さて金春座は、大和4座の中でもとりわけ由緒があり、興福寺の薪猿楽の初日公演は金春座と決まっていた。しかも室町初期に能楽を大成した世阿弥の娘婿が金春禅竹であり、禅竹こそが最も世阿弥の教えを受けた能役者といわれている。

　その子孫が**金春安照**（禅曲）─七郎の父─であり、豊臣秀吉の寵愛を受けて金春流の全盛期を築き、大和国に5百石の知行を得たという。

　ちなみに能楽は室町幕府以来、幕府・政権の式楽─セレモニーの都度催される公式芸能─となっており、なにも自主的な興行を打っていたわけではない。つまり能役者とは、ときの権力者に召抱えられた家臣（芸人）なのである。

　七郎は、父よりも早く逝去したために、その事績はほとんど伝わっていないが、金春家の嫡流は＜七郎氏勝─子・重勝─孫・元信＞と受け継がれ、「大坂の陣」の際に重勝は豊臣方として、大坂城に籠城している。

　また①七郎の子・安信は「竹田権兵衛」家を起こし加賀藩・前田家へ、②七郎の弟・安喜は「金春八左衛門」家を起こし尾張藩・徳川家へ、③やはり七郎の弟・氏紀（のり）は「大蔵庄左衛門」家を起こし仙台藩・伊達家へと仕え、それぞれが大藩の**お抱え能役者**として活躍した（193ページ参照）。

　幕末までに②、③は断絶したが、嫡流と分家との間で領地問題などがつきまとい、義絶状態だったともいわれる。そこには、なにかしら柳生の「江戸柳生対尾張柳生」の相克を見る思いもする。

　ついでながら、江戸初期に徳川秀忠がこよなく愛したことから、能楽5座に入った「喜多流」は安照の娘婿・喜多長能（きたながよし）の流れである。

Ⅷ　柳生一族略伝──武芸者列伝

武芸者列伝 5 柳生宗矩の高弟
庄田喜左衛門 しょうだ・きざえもん

DATA
- 生没年　不詳
- 享　年　不詳
- 剣　術　柳生新陰流・庄田心流

その他　《諱》：教高（のりたか）

　越後国（新潟県）・高田藩に伝わる**庄田心流**の創始者。柳生新陰流の分派である。
　庄田家は柳生家代々の家臣で、喜左衛門は柳生石舟斎宗厳に養われたという。剣に優れ、後に木村助九郎とともに柳生宗矩の「高弟」と称せられた。
　その喜左衛門は宗矩の命により、1594年ころに柳生の隠田を密告した、とされる**松田織部之助**を、討ち果たしたことでも知られる。なお織部之助は、柳生宗厳とともに上泉伊勢守に学び、「松田方新陰流」を創始するほどの腕前だったと伝えられる。
　俗説では、関が原の戦い（1600年）の功で柳生家が旧領を回復したとき、宗矩は喜左衛門を呼び、宿敵・織部之助を討ち取るよう命じる。つまり喜左衛門が刺客に選ばれたのだ。

　織部之助が出てきて、「庄田氏か、お待ち申しておりましたぞ」と、いって笑った。（お覚悟か）庄田は、その言葉で、すぐ、松田の心中を察した。……
　……（勝てるか、勝てぬか、わからぬ）……一足退った松田の隙（すき）。わざと勝を譲ってくれたとはわかっているが、それに遠慮すべき時ではないから、庄田は「御免」と、叫ぶと、苦痛を与えまいと、大袈裟に斬って放った勢。松田は、血煙たてて、どっと倒れた。
　　　　　　　　　　　　　　　　　　　　　　　（小説『日本剣豪列伝』直木三十五）

　喜左衛門は、死ぬ前に織部助が披露した「秘剣」を取り入れ、後に「庄田心流」を立ち上げた、ともいわれる。いかにも達人同士の心の交歓が印象的だが、そもそも松田事件自体が裏付けに乏しい話だ。
　一方で喜左衛門の名は、1675年に柳生宗冬が死ぬ間際に書いた遺言状（166ページ参照）に柳生藩の重臣として登場する。となると親子か一族なのかもしれないが、庄田家が柳生家譜代の重臣だったことの証といえる。
　なお、最初の師・石舟斎宗厳に倣（なら）ったのであろう。喜左衛門もまた、『兵法百首』を残している。

　　打ち向かう人の心を相手にて　　常に忘るな兵法の道
　　目に見えぬ心の剣新しく　　磨くや陰の兵法の道

　喜左衛門の「庄田心流」とは、心＝陰から名付けられた、と伝えられる。

VIII　柳生一族略伝──武芸者列伝

武芸者列伝 6 もうひとりの徳川家剣術指南
小野忠明
おの・ただあき

DATA
- **生没年** 1564（永禄7）年〜1628（寛永5）年
- **享年** 65歳
- **剣術** 一刀流（小野派一刀流）
- **その他** 《通称》：次郎右衛門／《愛刀》：波平行安

小野忠明は、前名を神子上典膳といい、上総国（千葉県）に生まれた。

1583年、一刀流の開祖・**伊藤一刀斎**に弟子入りし、ともに武者修行の旅に出て、師の代役を勤めるほどに腕を上げていく。その兄弟子に、身の丈6尺（180cm）を超える小野善鬼という剛の者があり、船頭上がりながら典膳と甲乙つけがたい腕前であった、という。

そのころ、一刀斎に徳川家より剣術指南役の話があり、老境の一刀斎は弟子にその役を譲ろうとする。ただし、事実かどうかは分からない。かくして2人は、その座を賭けて、下総国小金原（千葉県松戸市）の原野に雌雄を決することになるが、この兄弟弟子宿命の対決は、典膳の見事な勝利に終わる。

このとき典膳が、大瓶の陰に隠れた善鬼を瓶もろとも切り割ったため、その刀が**瓶割刀**と名付けられた、という説があるが、原野に大瓶とはいかにも不自然で、もともと一刀斎の佩刀の名だったようだ。ちなみにこの刀は、後に忠明の弟・忠也へ、伊藤家の名跡とともに引き継がれた。この流れを「伊藤派（忠也派）一刀流」という。

そして小幡景憲の推挙を受けた典膳は、**徳川秀忠**の剣術師範に登用され、旗本として2百石を与えられる。柳生宗矩が家康に仕官したのはその1年後であり、典膳の方がわずかに先輩であった。

若いときの忠明には、見世物の剣術使いを打ち殺したり、村民を殺めた無頼の徒の両腕を斬りおとして首を刎ねるなど、血腥い逸話が多く残されている。頬が豊かで眼が細く、いまにも笑い出しそうな愛嬌のある顔立ちと、剣技の凄まじさのミス・マッチが、この剣豪の持ち味なのかもしれない。

その一徹な人柄が災いして、関が原の戦いでは信州・上田城への先駆けが軍規違反に問われて蟄居させられ、また大坂夏の陣では旗本仲間の狼狽振りを中傷したとして、またも閉門を申し渡されている。

こうしたことが重なって、同じ将軍家指南役の宗矩が1万2千5百石の大名となったのに比べ、忠明は加増後も8百石の旗本にとどまった。

だが、その**直情径行**を秀忠に愛されたようで、その一字をもらって小野忠明と改名—小野は母方の姓—したともいう。隠居後は領地に引きこもり、1628年に逝去した。忠明の子・忠常も将軍家指南を勤め、その流れを**小野派一刀流**という。幕末に栄えた千葉周作の「北辰一刀流」もその系譜に連なり、清河八郎、坂本竜馬などの逸材を輩出したことで知られる。

Ⅷ　柳生一族略伝——武芸者列伝

武芸者列伝 7 「伊賀上野の仇討」の剣聖
荒木又右衛門 あらき・またえもん

DATA
- 生没年　1599(慶長4)年～1638(寛永15)年
- 享年　41歳
- 剣術　柳生新陰流
- その他　〈幼名〉：丑之助、巳之助／〈諱〉：保知／〈妻〉：みね／〈愛刀〉：伊賀守金道

　藤堂家・家臣の子として、伊賀国(三重県)服部郷荒木村に生まれる。父は「忍び」だった、という説がある。その後、同じ藤堂家の家臣・服部平左衛門の養子となったというが、実子説も存在する。要するに、彼の出生などはよく分かっていない。

　養父は「大坂の陣」の後に浪人するが、岡山藩主・池田家に召抱えられる。そのとき渡辺内蔵助も、同じコースを辿ったことから昵懇の間柄となり、又右衛門は内蔵助の長女・みねを娶ることになる。

　その後、又右衛門は養家を去って伊賀に戻り、地名から荒木と改姓し、1628年、大和国(奈良県)郡山藩の剣術指南となった。

　この仕官前に又右衛門は**柳生新陰流**を学んだ、とされるが、江戸在住の柳生宗矩が師ということはありえず、浪々の身の十兵衛が教えたことになる。

　ただし又右衛門が30歳前、9歳年少の十兵衛が20歳過ぎという年回りとなり、いささか不自然な面が残る。また又右衛門の修行はそれ以前、以後との説もあり、通称も宗矩から譲られたともいう。こうなると、どれが実際の話かどうかも分からない。

　さて渡辺内蔵助の子・源太夫は評判の美童だったが、男色のもつれから、小姓仲間の河合又五郎に殺される。そこで源太夫の兄・数馬は、藩主の命を受けて**仇討**を行うこととなり、義理の兄・又右衛門に助勢を頼む。

　1634年、長年の苦労の末に、又五郎の動きを察知した又右衛門、数馬など4人は鎖頭巾、鎖帷子で武装して、又五郎の一行11名を伊賀上野の「鍵屋の辻」で待ち受ける。かつて**「伊賀の水月・剣聖36人斬り」**と、謳われた「日本3大仇討」のひとつである。なお、36人斬りは後の講談で創られた、まったくの俗説である。

　又五郎一行は馬に乗り、弓矢、槍で厳重な警護を敷いていた。とりわけ又五郎の義弟・桜井半兵衛は槍の名手として知られていた。そこで少人数の又右衛門たちは、まず半兵衛の槍持ちを襲い、半兵衛が槍を振るえない状態にする、という**奇襲作戦**(謀略)を立てる。

　又五郎一行との死闘は、約5時間にもおよんだと伝えられ、又右衛門は作戦どおり半兵衛を仕止め、渡辺数馬はようやく仇の又五郎を討ち取る。

　一躍有名になった又右衛門は4年間、藤堂家にお預けになった後に鳥取城下―池田家の移封先―に預けられたが、その18日後に急逝した。

　この仇討の背景には、外様大名と旗本との確執があり、そのため毒殺された、という説もある。

Ⅷ　柳生一族略伝――武芸者列伝

武芸者列伝 8　生涯不敗を誇った二天一流
宮本武蔵
みやもと・むさし

DATA
生没年　1584（天正12）年～1645（正保2）年
享年　62歳
剣術　二天一流

その他　《私称》：武蔵守／《諱》：玄信／《別称》：新免辨之助／《愛刀》：和泉守兼重

　宮本武蔵の青年期のことはよく分かっておらず、出生も播磨国、美作国説（ともに岡山県）があり、武蔵の実名も①新免（平田）武蔵玄信、②宮本（岡本）武蔵守政名の2説が存在する。

　武蔵最晩年の兵法書・『**五輪書**』では「生国播磨の武士、新免武蔵守藤原玄信、年つもりて六十」と記されているのだが、別の史料では美作説も依然として有力なのだ。なお『五輪書』からは、彼が「武蔵守」を私称していたことが分かる。

　武蔵は関が原の戦い（1600年）、大坂の陣（1614～15年）に陣場を借りて参戦したようだが、実際だれに属して戦ったのかは詳らかではない。関が原では西軍に属して敗れた、そのように小説などでは描かれるが、なにも確定的な史料があるわけではない。

　1604年、武蔵は京都の吉岡一門と戦って剣名を挙げ、奈良では宝蔵院流・槍術と戦ったとされる。が、佐々木小次郎と戦った小倉の**巌流島の決闘**（1612年）までの足取りもまた不明である。

　その間に武蔵は江戸に出た、という。そこで夢想権之助、柳生流の大瀬戸隼人などを破ったというが、達人とは到底いえない無名の人々だった。

　そのために「なぜ武蔵は、当時の江戸の名立たる剣豪―柳生一門の庄田喜左衛門・木村助九郎、幕屋大休、小笠原玄信斎、紙谷伝心斎、小野次郎右衛門―と戦わなかったのか？」といった問題提起が作家・直木三十五などから出され、武蔵は強敵を避け続けたのではないか……ともいわれている。

　武蔵が尾張藩への仕官を望み、名古屋城下に来たとすれば、江戸から西国に向かう途中であろう。俗説では、そこで尾張柳生の兵庫助利厳と出会うことになる（188ページ参照）。

　巌流島以降、武蔵は大坂の陣で戦い、**島原の乱**（1637～38）では小倉藩・小笠原家の軍師として出陣したというが、実際は足にケガを負い、武功を挙げるには至らなかった。

　そして生涯、仕官も殊勲も叶わなかった武蔵の終焉の地が、肥後国**熊本**である。この地で藩主・細川忠利―柳生但馬守宗矩の弟子―の庇護を受けて晩年を過ごし、『五輪書』を執筆するのである。

　武蔵が死んだとき、その遺言にしたがって甲冑を着せて棺に入れられた。やはり武蔵の宿願は、戦場での一軍の将だった、と思われる。

Ⅷ　柳生一族略伝――武芸者列伝

主要周辺人物略伝 1　下剋上の梟雄
松永久秀
まつなが・ひさひで

DATA
生没年　1510（永正7）年～77（天正5）年
享年　68歳
その他　《官位》：従四位下弾正忠

　京都の商人出身といわれるが、確証があるわけではない。管領・細川晴元の家臣・三好長慶に仕えて頭角を現し、1549年に弾正忠に叙せられる。
　実力を蓄えた1559年には大和国（奈良県）に進出を始め、信貴山城を築城し、小勢力の柳生家厳・宗厳親子はその傘下に入る。
　ちなみに日本築城史上、初めて天守閣を創案したのは、久秀といわれる。
　その後、久秀は主家・三好家を凌ぐ権勢を振るうようになり、天下に悪名を轟かす。その晩年に、織田信長が徳川家康に紹介した有名な「**久秀3大悪行**」とは──。

　家康どの、この老人（久秀）はな、人のなし難いことを三つしてのけた男じゃ。第一にこの男は南都大仏殿を焼いた。第二に主家三好家を滅ぼした。第三に足利公方を弑した。どれ一つでも常人のなし難いことを三つまでしてのけたこの男の面をよく見られよ。
　　　　　　　　　　　　　　　　　　　　（小説『伊賀忍法帖』山田風太郎）

　この久秀の逸話を時系列で記すと、次のとおりである。
①1563年、三好長慶の嫡男・義興を毒殺する。その動機は、義興の妻で絶世の美女といわれた右京太夫に、久秀が横恋慕したためと、俗説は伝える。
②1565年、足利13代将軍・義輝を三好義継（長慶の養子）とともに、京都の御所に襲い自殺させる。京都の公家をして「言語道断」と嘆かせたこの事件こそが、**下剋上**の幕開けであり、事件の背景には、足利義輝が政権奪取を目論んだことがあるようだ。
③1566年、大和国の筒井氏が三好一族と手を結んで久秀を攻撃したとき、久秀は三好一族が陣を構えた奈良東大寺・大仏殿を焼き討つという行動に出た。
　このように久秀は既成の価値観、権威などに一切捉われない人物であり、上記の話とは裏腹に、実際の信長の性格とよく似ており、久秀の**才略非凡**を愛し続けたといわれる。
　事実、信長は久秀を大和国の領主と認め厚遇したが、足利15代将軍・義昭が「反信長戦線」を構築したときに、久秀はその策に乗って信長に反旗を翻してしまう。
　そして1577年に信長の大軍が、久秀が籠城する信貴山城に押し寄せた。燃え盛る天守閣の上から久秀は、炎の中に身を投げ自殺を遂げたという。これが「戦国の梟雄」の最期である。

Ⅷ　柳生一族略伝──主要周辺人物略伝

主要周辺人物略伝 2　「天魔王」と名乗った武将
織田信長

おだ・のぶなが

DATA
生没年　1534（天文3）年～82（天正10）年
享　年　49歳

その他　《幼名》：吉法師／《通称》：上総介／《官位》：正二位右大臣／《愛刀》：長船光忠

　尾張国（愛知県）の織田氏は代々、守護・斯波氏の守護代を勤め、信長はその末流に位置していた。1551年に父・信秀が逝去し、18歳で家督を継いだ信長は、本家筋や近親の「織田一族」と戦い続け、ようやく1560年に尾張国を平定する。
　「桶狭間の合戦」 も、この年である。京都を目指す今川義元の大軍を、信長がわずかな兵で撃破した背景には、天文・気象を占う軍配師が存在したともいわれる。
　意外かもしれないが、信長は江戸時代を通じて庶民には無名に等しい存在だった。その彼を「復活」させたのは、明治時代の日本の軍部である。強大な仮想敵国・ロシアに、弱小の日本が勝つためには「桶狭間・奇襲作戦」しかない。そのプロパガンダのために、信長は稀代の**戦略家**として宣伝されたのである。
　ともあれ信長は、1567年に美濃国（岐阜県）を攻略し、1568年には足利義昭を奉じて京都に入り畿内を制圧する。以降、朝倉・浅井連合軍との姉川の合戦、比叡山延暦寺の焼き討ち、伊勢国（三重県）の本願寺・長島一揆の制圧、伊賀国（三重県）の国人一揆の制圧、大和国興福寺への侵略、武田勝頼との長篠の戦い、石山本願寺との戦い……とひたすら旧勢力—将軍・宗教を中心とした反信長戦線—との戦闘に明け暮れる。そして、仏敵・**天魔王信長**と恐れられた。
　1576年に信長は安土城を築き、中国戦線（対毛利氏）に赴く途中の1582年、京都の本能寺に宿陣しているところを、明智光秀の軍勢に襲われる。有名な**本能寺の変**であり、信長は長刀で防戦するが、最期は自殺を遂げる。また信長の嫡子・信忠の軍勢2千人は壊滅し、彼もまた自害する。
　この光秀の謀反にはさまざまな説があるが、光秀の旧主・足利義昭の策謀が背景にあったと思われる。ちなみに、光秀軍の先鋒が斎藤利三、後の春日局（お福）の父である。
　どうも謀反というニュアンスが邪魔している面があるが、本能寺の変については、以下のコメントが最も客観的な見解であろう。

　（光秀軍の）これほど完璧な勝ち戦は、つまらぬ歴史の定説やあやふやな情報を排除して理解すれば、最大級の評価を与えてしかるべきなんです。
（評論『二人の天魔王』明石散人）

Ⅷ　柳生一族略伝——主要周辺人物略伝

主要周辺人物略伝 3　復権に挫折した剣豪将軍
足利義輝
あしかが・よしてる

DATA
生没年　1536（天文5）年～65（永禄8）年
享　年　30歳
その他　《幼名》：菊童丸／《初名》：義藤／《官位》：贈従一位左大臣

　室町幕府12代将軍・足利義晴の子で、後に13代将軍となる。室町幕府最後の将軍となる15代・義昭の実兄にあたる。
　義輝の30年の人生の多くは、京都と近江国（滋賀県）との往復に費やされた、といって過言ではない。当時、幕府の勢威はとみに衰え、家臣との確執が起るたびに、将軍は近江国に逃げることを余儀なくされた。
　まず1546年、父・義晴が管領・細川晴元と対立したため、親子で近江坂本に避難し、ここで義輝は将軍職に就く。わずか11歳の将軍誕生である。
　その後、義輝は晴元と和解して京都に戻るが、今度は細川一族で内紛が起り、勢力を増した家臣・三好長慶に敗れた晴元とともに再び近江の地へ。
　続いて義輝は長慶に迎えられ京都に戻るが、また晴元とともに京都を追われ、近江国・朽木谷へ。

　（京都でえらい方は）本来なら将軍のはずだが、その将軍義藤（義輝）どのはまだ十六歳。それも陪臣の三好に追い出されて、いまは近江の朽木谷に落去中じゃ。
　　　　　　　　　　　　　　　　　（小説『室町お伽草紙』山田風太郎）

　1557年、22歳の義輝は長慶と再度和解して、京都に戻る。失墜したとはいえども将軍というステータス、武門の棟梁・足利家の血筋という貴種性だけが、この前後の義輝の**存在価値**であった。
　だが、義輝は将軍の権威を活用して政治の実権を握ろう、と考え始める。具体的には、地方の戦国大名に対しての「合戦の和議調停」などの働きかけである。そのような中で越後国（新潟県）の上杉謙信も上洛し、義輝から関東管領に補任されている。また諱も一字賜り、「輝虎」と改めた。
　一方、義輝は後に**剣豪将軍**といわれたように、剣聖・権勢塚原卜伝からは「新当流」一の太刀（護身の剣）を伝授され、新陰流・上泉秀綱からも剣を学んだと伝えられる。
　そして1565年、二条御所にいた義輝を**松永久秀**、三好義継らが急襲する。前代未聞の将軍弑逆事件である。それは復権を企てる義輝が邪魔になったからであり、将軍の代わりとなる従兄弟・義栄─14代将軍─も存在していた。
　そのとき義輝は自らも太刀を振るい奮戦した、と伝えられるが、自殺を遂げたことだけは間違いない。

VIII　柳生一族略伝──主要周辺人物略伝

主要周辺人物略伝 4　石田三成麾下の猛将
島左近
しま・さこん

DATA
生没年　1539（天文8）年？〜1600（慶長5）年
享年　不詳
その他　《諱》：友之（ともゆき）、清興（きよおき）、勝猛（かつたけ）

　大和国（奈良県）の土豪の出身。「幼少期より孫子・呉子などの兵法書に親しみ、よく軍学に通ずる。また薙刀（なぎなた）をよくする」（意訳『名将言行録』）とある。

　筒井順昭、順慶、定次のほか、松永久秀、豊臣秀長、秀保と、主（あるじ）が頻繁に変わった。大和国の権力闘争の激しさを示すとともに、左近自身の気骨のあらわれ、もしくは主人運の悪さなのかもしれない。

　当時より勇名を馳せ、筒井順慶配下のときは、もうひとりの猛将・松倉右近とともに、**右近・左近**と称された。1571年、辰市（たついち）の激戦では、筒井方の先鋒を勤め、味方を勝利に導いた。敵の松永方には、かつての同輩、柳生宗厳・厳勝父子がいた。このとき、厳勝は銃弾を腰に受けて重傷を負う。

　その後、左近は豊臣秀長の養子・秀保に仕えていたが、死去したため、浪々の身となった。そこへ、豊臣家五奉行のひとり**石田三成**が訪ね、言葉を尽くして家臣になるよう頼んだ。三成は、自らの所領4万石に対し、左近に1万5千石を約束した、という。その心意気に感じ、左近は三成への奉公を決める。三成にとっては、自分に欠けていた「武勇」を一挙に手に入れたわけで、安い買い物ともいえる。

　いわば、「三成に過ぎたるものが二つあり、島の左近と佐和山の城」という評判を買ったのである。その左近は1600年、西軍の三成のもとで関ヶ原に戦って、壮絶な討死を遂げる。

　　……三弾が、左近の左ひじ、左脇（わき）、乗馬に命中した。……左近は馬を捨て、槍を杖（つえ）に立ちあがり、「かまうな。かかれ」と声をあげようとしたが、声が出ず、ただ兜の目庇（まびさし）の下の顔が怒り、阿（あ）の字を吐く仁王のように口をあけただけに過ぎない。すぐ、槍とともに倒れた。

　　　　　　　　　　　　　　　　　　　　　　　（小説『関ヶ原』司馬遼太郎）

　東軍に属した黒田藩で、後に左近の勇猛ぶりを追想した際、だれも戦時の左近の服装を思い出せなかった、という。怖れのあまり、左近の具足の色目を見定めるどころか、頭を上げることさえできなかったのである。

　柳生家との関わりでは、**尾張柳生**の祖・利厳を加藤清正に紹介したり、娘・珠がその利厳の妻となったり―これは、左近死後のことだが―して、何かと関係がある。利厳の子・連也斎厳包にも、その左近の血が流れている。

Ⅷ　柳生一族略伝―主要周辺人物略伝

主要周辺人物略伝 ⑤ 江戸幕府・初代将軍
徳川家康
とくがわ・いえやす

DATA
- 生没年　1542(天文11)年～1616(元和2)年
- 享年　75歳
- その他　《幼名》：竹千代／《前名》：松平元康／《神号》：東照大権現／《妻》：朝日姫／《愛刀》：日光助真、三池典太

通説では、徳川家康は三河国（愛知県）岡崎の生まれ。譜代大名、旗本にも「三河以来の家柄」を誇るものが多かった、という。

ただし、『駿府政事録』という信頼できる史料には、「（家康が）雑談の中で幼少のとき、……9歳から18、19歳までは**駿府**にいた、とお話された。伺候しているもの、みんながこの話を聞いた」（意訳）と書かれている。家康晩年の1612年の記録、駿府とは駿河国の府中、現在の静岡市である。

また家康の好きなもの「一富士、二鷹、三茄子」は、静岡ならではのもの。

家康が死後、「東照大権現」として埋蔵金とともに埋められたのは、静岡市郊外の**久能山**。権現＝神だからこそ、神君と崇められたのである。また日光東照宮の建立は、その翌年のこと。

ちなみに「慶安の変」で幕府転覆を図った由比正雪が、軍資金と狙ったのがこの久能山の埋蔵金。だが、企ては事前に露見してしまい、正雪は駿府の旅籠で捕り手に囲まれ、自殺している。

そして幕末、大政奉還した徳川家が、新政府から封じられたのが静岡藩。ここまでくると、この「家康＝駿河国出身説」もかなり説得力がある。

ともあれ、その後、三河国を平定した家康は織田信長と同盟を結び、その死後は豊臣秀吉（1536～98）に協力し、1590年には関八州に封じられる。

晩年の秀吉は、その精力の大半を**家康対策**に費やした、といって過言ではない。家康を五大老の筆頭としたのはもとより、家康の2男・結城秀康を養子とし、自分の母を人質として送り、妹・朝日姫を家康に、淀君の妹・江与の方を家康の子・秀忠に嫁がせたり……等々、縁組の連続である。

が、1600年の関ヶ原の戦いを経て、1614～15年の大坂の陣で、結局のところ家康は豊臣家を滅亡させる。

その家康は大層用心深い性格で、剣術—特に護身の剣—を好んだようだ。

そして疋田文五郎の剣技を見たときに「確かに優れているが、天下の主（大将）は人を斬る剣は必要ではなく、危機を逃れられればいい。その理屈が文五郎には分かっていない」と語ったという。また「匹夫—身分の低い男—の剣」と評した、とも伝えられる。

1594年、家康がまだ秀吉に臣従していたころ、**柳生宗厳・宗矩**親子は家康と会い、彼らの剣術がそのニーズに合致していたことから、後の柳生家の運が開けることになる。

Ⅷ　柳生一族略伝——主要周辺人物略伝

主要周辺人物略伝 ❻ 律儀で非情な2代将軍
徳川秀忠

とくがわ・ひでただ

DATA
生没年 1579（天正7）年～1632（寛永9）年
享年 54歳
その他 《幼名》：長松、竹千代／《妻》：お江与の方（浅井長政・お市の方の3女。淀君の妹）

　徳川家康の3男で、江戸幕府の第2代将軍。
　関が原の合戦で秀忠は別働隊を統括し、進軍途中で信州・上田城攻めに手間取ったために、9月15日の本戦に遅参する、という失態を犯す。その秀忠を弁護したのが家康側近の大名・本多正純。遅参の理由は、秀忠軍の参謀長であった父・本多正信の「不調法」によるものと主張し、家康の怒りを解いたのである。
　もっとも、正信は家康の命により秀忠軍にいたわけで、秀忠としてもその判断にしたがわざるを得ない、という事情もあった。いわば、家康に対する**律儀**ゆえの失態であり、後年、家康が「将軍（秀忠）は律儀第一の人」と評したという。
　そして関が原の合戦の翌年、柳生宗矩は、秀忠の剣術指南役を仰せ付かる。この秀忠の側近くに仕えたことが、宗矩の**大坂夏の陣**での活躍につながっていく。この2人がともに「謀りごと」を好み、さまざまな策を講じて幕府の基礎を固めた、とする小説がある。

　　江戸城では秀忠と柳生宗矩が額を集めて密談していた。ここには料理も酒もなく……（それは）秀忠の暗さであり、ある意味での謹厳実直さだった。
　　　　　　　　　　　　　　　（小説『影武者徳川家康』隆慶一郎）

　もちろんこれは架空の話だが、密謀の結果、2人は豊臣家を滅ぼし、さらには不穏分子である大名たちの取り潰しを実行していく。
　実際に家康死後、秀忠が実権を握ってからの改易数は21藩（137ページ参照）。広島藩50万石・福島正則、山形藩57万石・最上義俊、福井藩67万石・松平忠直などの名だたる大藩が、この時期に容赦なく取り潰されたのである。
　身長は家康と同じ1メートル55～58センチぐらいだが、筋骨たくましく、毛深かったという。「律儀」に加え、娘・和子の入内や相次ぐ大名の改易を断行した決断力・非情さが、2代目将軍の「もうひとつの顔」といってもよい。
　その非情さは、廃嫡の危機から救ってくれた本多正純ですら、自らの政治スタイルに合わないとして、改易する果断さにもあらわれている。

Ⅷ　柳生一族略伝──主要周辺人物略伝

主要周辺人物略伝 7　男運がなかった家康の孫娘
千姫
せんひめ

DATA
生没年　1597（慶長2）年〜1666（寛文6）年
享年　70歳
その他　〈院号〉：天寿院／〈夫〉：豊臣秀頼、本多忠刻

2代将軍・徳川秀忠の娘。母は、淀君の妹・お江与の方である。

7歳のとき豊臣秀頼と政略結婚して、大坂城に入る。千姫としては、伯母の家に輿入れしたことになる。秀頼も11歳の若さで、おままごとのような夫婦であった。大坂夏の陣での落城のとき、淀君・秀頼母子の助命嘆願のため密かに城外に逃れようとした、という。そこに坂崎出羽守が居あわせ、家康の陣中に随行した。これが後年の**坂崎出羽守事件**に発展する。

夫・秀頼は、落城時23歳。色白く、身長6尺2寸（180cm以上）の大男であったという。後に千姫が、秀頼妾腹の女子の命を救い養女としたのも、亡き夫への思いによるものであろう。なおこの女子が、後の鎌倉・東慶寺20代目住持・天秀尼である。

江戸に戻った翌年、家康四天王のひとり本多忠勝の孫・忠刻に再嫁。1男1女をもうけるなど、平穏な日々をおくったが、夫・忠刻は31歳の若さで早世し、再び寡婦となる。その後、落飾（貴人が落髪すること）して天寿院と名乗り、江戸の竹橋御殿にひっそりと暮らした。世に隠れての生活は、男を誘うという**吉田御殿**の伝説を生んだが、事実ではない。

そして、竹橋御殿での生活も15年を経た1642年、世間の注目を集めた会津藩家老・堀主水一族の「集団立ち退き事件」が起きる。

藩主・加藤明成は、自らの失政を批判した堀主水を許さず、そのため主水は、妻子を含めた一族郎党300人を引き連れ、会津を出奔する。

主水たちは逃走の途上、男子禁制の駆け込み寺・東慶寺の天秀尼に妻や娘を託すが、明成はその引渡しを要求する。そこで天秀尼は窮状を母・千姫に訴えた、と史実にはある。そして千姫は会津藩の無法を怒って、旧知の沢庵禅師に助勢を頼んだ、というのは小説上のこと。

「禅師（沢庵）」と、千姫が声をかけた。「その侍は、いったい何と申すものか」……「これは、柳生但馬守の長男」「おお、では、これがあの……」「十兵衛めにござります」千姫は、あらためて、隻眼の剣客の姿を見まもった。　　小説『柳生忍法帖』山田風太郎）

たしかに千姫が家光の信頼が厚い沢庵和尚を知っていた可能性はあるが、これはあくまでも架空の話。この時期、小説の主人公である十兵衛は、長い浪人生活を終えて再出仕中だった。

そして江戸に帰って40年、千姫はその波乱の生涯を70歳で閉じた。

主要周辺人物略伝 8　家光の乳母、「大奥」のプランナー
春日局
かすがのつぼね

DATA
生没年	1579（天正7）年〜1643（寛永20）年
享年	65歳
その他	《本名》：お福／《夫》：稲葉正成（いなばまさなり）

　3代将軍徳川家光の乳母。名は「お福」とされる。

　明智光秀に付属した武将・**斎藤利三**（としみつ）の娘として、「本能寺の変」の3年前—徳川秀忠と同年—に生まれた。なお、利三は、謀反の首謀者として「山崎の合戦」後に処刑される。

　父の死後、母方の一族である稲葉正成の後妻となったが、その後離別し、1604年に京都所司代・板倉勝重の推挙により、家光の乳母になる（乳母公募に応募したとの説もある）。徳川家では、明智光秀を主家を滅ぼした逆臣、とは捉えておらず、その家臣の娘であることは、乳母になる妨げとはならなかったようだ。

　家光の弟・忠長の誕生後、秀忠夫妻の寵愛が忠長に集まるとして駿府に赴き、家康に訴えて家光の**将軍継嗣**に尽力した。

　以来、家光の信任は厚く、**大奥**の日常を切り盛りして、絶大な権力を誇った。この大奥を、老中・若年寄といった表の権力と対等な「実務組織」（表使（おもてづかい）という実務窓口もいた）に育て上げたのも、お福の功績である。

　紫衣事件（しいじけん）の際には、徳川秀忠の命令で上京し、三条西実条（さんじょうにしさねえだ）の妹という資格で参内（さんだい）。このとき後水尾天皇から、杯と「春日」という局号（つぼねごう）を与えられた。

　春日局とは室町将軍・足利家の側室の名称ともいい、お福の信奉する春日明神に因んだ、ともいう。ただ、無位無官の女子の参内は異例であり、後水尾天皇が譲位を決断する直接の引き金となった。この「異例」さにより、小説などに春日局はよく登場することになる。

　寛永5年、後水尾天皇が幕府の専横を憤って俄（にわか）に位を皇女一ノ宮に譲ろうとなされた時、春日局は前将軍秀忠の内意を受けて京都にのぼり、参内して親しく天顔を拝し、ひそかに所司代板倉重宗と譲位後の善後策を謀議して江戸に帰っている。

（小説『柳生武芸帳』五味康祐）

　1629年、家光が疱瘡（ほうそう）を患（わずら）って危篤になったとき、薬絶ちの願をかけ、その後いっさい薬を口にしなかった、という。

　そして薬絶ちのまま、1643年に65歳で死去した。その後も春日局の一族・子孫—稲葉正俊、堀田正盛など—は大老、老中を歴任し、幕閣の中枢に位置し続けた。

Ⅷ　柳生一族略伝——主要周辺人物略伝

主要周辺人物略伝 ❾ 千姫を救出した大名
坂崎出羽守 （さかざき・でわのかみ）

DATA
生没年 不詳1571（元亀2）説あり～1616（元和2）年
享年 不詳
その他 《通称》：左京亮／《諱》：直盛、成正、詮家ほか

　もとは宇喜多家の重臣で、当主・秀家とは従兄弟同士にあたる。宇喜多秀家は豊臣秀吉に愛され、備前、備中、美作の3国57万石（岡山県）に封ぜられ、その中で出羽守は2万5千石を領していた。
　宇喜多家では、重臣・長船紀伊守の専横が目立ち、それを憂えた出羽守が秀家に諫言したが、聞き入れられなかった、という。そこで出羽守は大坂の自邸に立てこもり、伏見の秀家と一戦を交えよう、という騒ぎになる。事態は、徳川家康の仲介でようやく収拾するが、これを機に出羽守は宇喜多家を去る。
　関が原の戦いでは、東軍（家康方）として参戦し、西軍の「秀家憎し」の思いから武功を上げる。これにより、石見国（島根県）津和野4万石の領主となり、姓を坂崎と改め出羽守を称した。
　その後も、**直情径行**で執念深い癖は直らず、家臣を斬って出奔した甥・水間勘兵衛を匿ったとして、伊予国（愛媛県）宇和島藩、日向国（宮崎県）延岡藩を訴え、幕府は両藩を改易処分にしている。なお、複雑な経緯があるのだが、熊本藩主・加藤忠広の改易も、この事件が遠因となった可能性がある。
　1615年の大坂夏の陣では、大坂城・二の丸付近で行き会った**千姫**を護衛し、家康のいる茶臼山に随行した。ときは午後5時ごろ、千姫と侍女たちは「数多くの屍を越えて行った」（『千姫考』橋本政次）という。
　翌年、千姫が本多忠刻に再縁すると聞いた出羽守は、武士の面目を潰されたとして、輿入れの日に千姫強奪の計画を立てる。これを知った幕府は、江戸の屋敷を取り囲み、日夜その動向を見張らせた。そのように物情騒然としたなか、旧知の**柳生宗矩**が使者として出羽守を訪ねることになった。

　……成正（出羽守）と宗矩の密談は、半刻（はんとき）足らずで終わった。玄関で見送る成正も、見送られる宗矩も、表情はきわめてなごやかだった。…「柳生さまのお話、なんでございました」「ことここに及んでは、いさぎよく自決する以外にない。お望みなら、宗矩介錯（かいしゃく）の労をとろうとまで申された」剣名一世に高い柳生宗矩の介錯ならば、これほど晴れがましい最期はない。　　　　（小説『坂崎乱心』滝口康彦）

　しかし、出羽守の切腹の願いはかなわず、うたた寝している隙に家臣に殺され、その首は公儀に差し出された、という。

Ⅷ　柳生一族略伝――主要周辺人物略伝

主要周辺人物略伝 10　生まれながらの将軍
徳川家光
とくがわ・いえみつ

DATA
- **生没年**　1604（慶長9）年～51（慶安4）年
- **享年**　48歳
- **その他**　《幼名》：竹千代／《初名》：家忠／《妻》：孝子／《側室》：お楽、お万など／《愛刀》来国光

　秀忠の2男で、江戸幕府第3代将軍。母は正室・お江与の方である。
　2歳下の弟・国松（徳川忠長）との間に後継ぎ問題があったが、乳母・**春日局**の尽力により、祖父・家康より後継者として指名される。後に忠長は、父の秀忠が亡くなるや、家光の命により自害させられている。
　1623（元和9）年、上洛して第3代将軍に就任。
　青少年期は男色に耽り—柳生友矩への厚遇ぶりにもその気配がある—、周囲の者を心配させた。男色一筋では、お世継ぎができないためである。
　これには春日局も苦労したが、家光34歳の時、ようやく女児が生まれる。そして、38才で待望の男児誕生。後の第4代将軍・家綱である。
　なお側室の中で数奇な運命をたどった者に、**お万の方**がいる。彼女はいったん尼になった後、春日局によって還俗させられた、という。

　　彼女（お万の方）は元、六条三位有純の女である。……そんな彼女に早速面接して春日局は、目を細めて悦んだ。彼女が絶世の美貌で然も十六歳であること、剃髪して坊主頭であること。美童を愛する家光にそれがどう映るかは見えすいていたからだ。
　　　　　　　　　　　　　　　　　　　　　　（小説『柳生武芸帳』五味康祐）

　家光の実質的な治世は、大御所・秀忠が亡くなった1632年からである。
　1635年に発布した『武家諸法度』で参勤交代制などを定め、1637年の「島原の乱」を契機に鎖国体制を完成する。また、果断な大名改易を進めるとともに、幕府内部の職制を明確にして老中・若年寄制度を確立した。
　特に、**病弱**な家光—瘧病、鬱病、眼疾、脚気などを繰り返した—にとって、自らの職務を委譲できる体制の確立は急務であった。
　幕政を進めるにあたっては、この老中体制を活用したが、幅広く柳生宗矩や沢庵の意見も聞くこともあったか、と思われる。
　武芸、能を好んだが、病気の気鬱を晴らすため、という要素もあった。世に名高い**慶安御前試合**の開催も、そのためである。
　1646年、この御前試合が終わってわずか6日後に、48歳で逝去。死因は、肺がんなどの呼吸器系疾患といわれる。
　ちなみに、落語「目黒のさんま」のお殿様は、お忍びが好きだった家光がモデルだとされる。

Ⅷ　柳生一族略伝——主要周辺人物略伝

主要周辺人物略伝 11 柳生宗矩の親友

沢庵

たくあん

DATA
- **生没年** 1573（天正元）年〜1645（正保2）年
- **享年** 73歳
- **その他** 《幼名》：春翁・秀喜／《僧名》：宗彭

1573年、但馬国（兵庫県）出石生まれ。

父は山名家の家臣だったが、7歳のとき近くの宗鏡寺に預けられた後、10歳のとき浄土宗・正念寺で出家し、春翁と名付けられる。その後禅宗に転じ、宗鏡寺に戻って修行に励んだ。柳生宗矩との最初の出会いはこのころと思われる。その後、**大徳寺**に招かれて沢庵と号し、1604年、32歳で大徳寺第154代住持となる。

しかし、「私（沢庵）はもともと乞食の跡を継ぐもの」という在野の精神から、大徳寺を去って故郷の但馬国に戻り、草庵に閑居した。そこに**紫衣事件**が起こり、大徳寺OBとして幕府に抗議した結果、出羽国上山に配流される。

そのとき赦免に尽力した宗矩と親交を深め、その宗矩からの要望により書き与えたものが、柳生新陰流の精神的バックボーンとなる『**不動智神妙録**』である。

> 向こうへも左へも右へも、心が四方八方へ思いのままに動きながら、しかも少しもそこに止まらぬという心境を、不動智というのである。…この道理を悟った人は、千の手、千の眼を持った観音の境地を得たに等しい。
>
> （『不動智神妙録』）

この「不動智」の他、「本心は水、妄心は氷」、「事の修行と理の修行は車の両輪」など、柳生新陰流の奥義に通ずる教えも―『兵法家伝書』よりよほど分りやすく―語られている。なお沢庵には、『**大阿記**』―「大阿」とは、比類なき名剣の意―という一書もあり、宗矩のライバル・小野忠明がこれを読んでいた、という説もある。

家光の信任厚く、1638年、家光の命により品川に東海寺を建立し、沢庵はその開山となった。意に染まぬ江戸住まいで病がちであったが、1645年に73歳で没し、東海寺に埋葬。遺言により墓碑は建てず、盛り土の上に大きな自然石が置かれているのみ。絶筆は「夢」の一字であった。

なお、**沢庵漬け**が沢庵の発明による、という俗説があるが、それは①墓所の大石が沢庵漬けの重石に似ていること、②東海寺に「貯え漬け」という語韻の似た漬物があったこと、からの連想からきているともいわれている。あるいは単純に、③沢庵が、噛めば噛むほど味が出るといって好んだことから、周囲の者がこの皺だらけの漬物を「沢庵漬け」といい慣わしたもの、ともいう。

Ⅷ 柳生一族略伝――主要周辺人物略伝

主要周辺人物略伝 12 「知恵伊豆」といわれた老中
松平信綱
まつだいら・のぶつな

DATA
- **生没年** 1596（慶長元）年～1662（寛文2）年
- **享年** 67歳
- **その他** 《通称》：亀千代・長四郎／《官位》：伊豆守

　徳川家光の側近「六人衆」——後の若年寄——のひとりで、後に**老中**となる。武蔵国（埼玉県）川越藩・7万5千石の藩主。その実務能力は群を抜き、「**知恵伊豆**」と評された。

　信綱は大河内久綱の長男として生まれた。大河内家は財務の能力に長け、その能力をかわれて松平家の養子となることがあった。信綱も養子に入って、松平姓を名乗ることになる。

　小姓として家光に仕えた少年期の、有名な逸話がある。

　家光の言いつけで軒下の雀の巣を取りに行ったところを、秀忠に見咎められる。秀忠は「だれが命じたか」を厳しく詰問し、信綱を大きな袋に入れてぶら下げたりしたが、彼は最後まで口を割らなかった。そこで秀忠は「将来、家光の貴重な家臣となろう」と称揚した、という。

　一方、「知恵伊豆」にふさわしいエピソードも数多い。

　家光が「庭の橋のそり加減」に注文をつけたところ、信綱はとっさに扇子を開いて適当な角度を示したので、家光はおおいに気に入った、という話。

　あるいは、4代将軍・家綱が急に「壁を白壁にせよ」、と命じたので、紙を張って一夜のうちに白壁にし、一同がその機転に感心した、という話……等々。

　同輩の酒井忠勝は、そんな信綱を評して「伊豆守と知恵比べはするものではない。あれは人間というものではない」と感嘆した。

　余談ながら、この忠勝も家光の信任厚く、「予の右手は讃岐（忠勝）、左手は伊豆（信綱）」といわれた人物である。

　1633年、家光上洛の下検分で、柳生宗矩はこの信綱とペアを組んでいる。また1637年、宗矩が家光に諫言した**島原の乱**では、板倉重昌に代わって幕府の総指揮を執っている。

　信綱はオランダ船を回航させ、海上から原城を砲撃させる、という奇手を使うなどして、反乱を収めた。ただ、百姓一揆の鎮圧に外国船の力を借りるとは、と敵味方より非難されたという。上記の「白壁作り」にも通ずるが、自らの才に溺れる傾向があったのかもしれない。

　ただ、島原の乱に加え、慶安の変、明暦の大火などの難事件を解決し、一方で『**武家諸法度**』や法・訴訟制度の制定を行う、といった芸当は、信綱以外には考えられない。

　江戸幕府250年の基礎を固めた功臣といえよう。

Ⅷ　柳生一族略伝——主要周辺人物略伝

あとがき

柳生一族は本当に強かったのか？

「柳生最強伝説」――、かなり心地良い響きがする。

かくいう私どもも長年、映画『柳生武芸帳』シリーズ、『柳生一族の陰謀』、『魔界転生』などを楽しみ、柳生十兵衛ファンとなった。以来、柳生に関する数多くの「名勝負」を見たり、読んだりしてきた。

中でも『魔界転生』（原作　山田風太郎）は、一旦は死んだはずの父・柳生但馬守や従兄弟・柳生如雲斎などが魔界から甦り、柳生十兵衛と対決する。もちろんこれは、架空のお話。だが、このシチュエーションは「最強の剣豪トーナメント」を創出するための空前絶後の趣向といっていい。

片目を鍔で覆い、髪は大髻(おおたぶさ)。愛刀・三池典太を腰に差した旅装束姿。これがいまや、だれしもがイメージする「定番・十兵衛」であり、剣豪としてはじつに１、２を争うほどの人気ぶりだ。

それでは、実際の十兵衛はどうだったのか？

故郷・柳生の庄で12年間もの謹慎生活を送り、その間は兵法研究書の執筆に明け暮れていた。柳生藩の記録には「著述もっとも繁多(はんた)、枚挙すべからず」とある。これが十兵衛の真の姿。

しかも自分自身で「故郷に引き籠っていた」と記しているのだから、これは間違いない話だ。また当時は「七郎」を名乗り、十兵衛という通称でもなかった。こちらは、彼の兵法研究書に記された父・柳生但馬守宗矩のコメントから判明する事実。

ならば、ここまで虚像と実像との間に落差があるのも珍しい。そこで本書は「柳生一族の実像」と「柳生最強伝説」を解明したい、との思いからスタートした。

十兵衛が将軍・家光の勘気を蒙(こうむ)った理由ひとつにしても、「家光が夜な夜な辻斬りをするのを諫(いさ)めた」とか、「剣術指南として家光に容赦ない稽古(けいこ)をつけた」とか、そういう俗説、講談本、創作めいた話は数多くあるのだが、どれもがいまひとつ信じきれない。

また実際に十兵衛の強さを裏付けるような良質な史料も、見当たらない。

さらに困ったことに、十兵衛には合戦に従軍したとか、試合をしたとかの記録もまったく存在しない。この事情は、強かったといわれる「尾張柳生」の祖・柳生兵庫助（如雲斎）にしても同様である。如何せん、その強さを図る「物差」がないのだ。

　その一方で「火の気のないところに煙は立たぬ」というように、強くなければ「柳生」の名が世間で持て囃されるはずもない。

　「柳生最強伝説」が約400年も語り継がれるには、それなりの実力の裏付けがあったはずだ、とも考えられる。

　そこで本書は、さまざまな史料的な制約がある中で、出来るかぎりの史実、稗史—小説のような歴史書—などを収集し、それらを取捨選択して良質のものの抽出に努めた。その意味では**柳生一族に関する史実**はしっかりと網羅でき、心秘かに「決定版・柳生一族」と自負している。

　もうひとつの「大きな幹」——**柳生新陰流の本質**については、武器の変遷などを踏まえて、従来にない問題提起を試みたつもりである。

　さらに柳生一族を彩る「歴史的な事件・出来事」に対しても通説のみならず、意識的に異説を掲げて蘊蓄を傾けることを心掛けた。

　これは硬直的、講談本的な歴史の捉え方を脱却し、読者の方に柔軟な歴史観—**時代を見る視点**を構築してほしい、との思いを込めている。本書をお読みいただければ、「江戸時代」に対する見方は随分と変わるはずだ。

　また本書を横に置いて、「柳生一族」を題材にした映画、小説、漫画、ゲームなどを味わえば、それら各作品の面白さが倍増すること、請け合いである。それぞれの作者がどのように史実を料理し、自由奔放な空想の翼を広げているのか、が一目瞭然となろう。

　「柳生を知る！秘剣を知る！時代を識る！」、これが著者たちの思いであり、その結果を、読者が支持していただけるならば、この上もない喜びとなる。

　本書の完成に至るまでには、参考文献に掲げた先達の研究を大いに参考にさせていただいた。ここに改めて謝意を表したい。

相川　司　　伊藤　昭

著者略歴

相川　司（あいかわ　つかさ）

歴史、ミステリ、保険評論家。日本推理作家協会員。1951年東京生まれ。1973年早稲田大学卒業。斯波司名義でも執筆活動を行う。主な著作：『新選組　知られざる隊士の真影』（相川司著　新紀元社）、『掛けてもいい保険、いけない保険』（相川司著　新紀元社）、『新選組実録』（相川司・菊地明著　ちくま新書）、『新選組のすべて』（新人物往来社編　新人物往来社）、『J's ミステリーズKING＆QUEEN』（相川司・青山栄編　荒地出版社）、『J's ミステリーズKING＆QUEEN　海外作家編』（同上）、『やくざ映画とその時代』（斯波司・青山栄著　ちくま新書）

伊藤　昭（いとう　あきら）

ミステリ、SF評論家。1948年神奈川県生まれ。1972年早稲田大学卒業。主な著作：『別冊新評　山田風太郎の世界』（共著　新評社）、『J's ミステリーズKING＆QUEEN』、『J's ミステリーズKING＆QUEEN　海外作家編』（いずれも　荒地出版社）および『別冊宝島　静かなる謎　北村薫』（宝島社）に執筆。その他、週刊誌、SF誌などに書評を連載。HPアドレス（「ライフ・ダイジェスト」という古今の人生法則の解釈集です）
http://www.jttk.zaq.ne.jp/lifetech/

【参考文献】

　本書を執筆するにあたり、以下の文献を参考にさせていただき、また一部引用させていただきました。ほかにも数多くの文献のお世話になりました。
　ここに御礼申し上げます。（順不同）

『定本　大和柳生一族』……今村嘉雄　新人物往来社
『史料柳生新陰流』……今村嘉雄　新人物往来社
『別冊歴史読本　柳生一族　新陰流の剣豪たち』……新人物往来社
『近畿の名族興亡史』……新人物往来社
『正傳・新陰流』……柳生厳長　島津書房
『新版・柳生の里』……柳生観光協会編　柳生観光協会
『柳生の里』……山田熊夫　飛鳥書房
『兵法家傳書に学ぶ』……加藤純一　日本武道館
『武士道のことが面白いほどわかる本』……山本博文　中経出版
『日本意外史』……八切止夫　番町書房
『日本の歴史をよみなおす』……網野善彦　筑摩書房
『刀と首取り』……鈴木眞哉　平凡社新書
『源氏と日本国王』……岡野友彦　講談社現代新書
『徳川大名改易録』……須田茂　崙書房新社
『新・日本剣豪100選』……綿谷雪　秋田書店
『剣の達人111人データファイル』……新人物往来社
『図説　剣技・剣術』……牧秀彦　新紀元社
『歴史群像シリーズ　68　戦国剣豪伝』……学研
『兵法家伝書』……柳生宗矩　岩波文庫
『沢庵和尚書簡集』……沢庵　岩波文庫
『五輪書』……宮本武蔵　岩波文庫
『武道秘伝書』……吉田豊編　徳間書店
『戦国人名事典』……新人物往来社
『国史大辞典』……河出書房新社
『角川日本史辞典』……角川書店　　ほか

　なお本書は、相川司がⅠ・Ⅱ・Ⅵ・Ⅶ章、伊藤昭がⅢ・Ⅳ・Ⅴ章、と分担執筆いたしました。

Truth In History 3
柳生一族
将軍家指南役の野望

2004年10月11日　初版発行

著　　　者	相川　司／伊藤　昭
編　　　集	株式会社新紀元社編集部 有限会社マイストリート
発　行　者	大貫尚雄
発　行　所	株式会社新紀元社 〒101-0054 東京都千代田区神田錦町1-7　錦町一丁目ビル2F TEL:03-3291-0961　FAX:03-3291-0963 http://www.shinkigensha.co.jp/ 郵便振替　00110-4-27618
カバーイラスト 本文イラスト 本文写真提供	諏訪原寛幸 福地貴子 伊藤　昭
デザイン・DTP	株式会社明昌堂
印　　　刷	株式会社シータス
製　　　本	株式会社豊文社

ISBN4-7753-0334-1
定価はカバーに表示してあります。
Printed in Japan